# 抢占群体心智的
# 符号营销学

RACHEL LAWES
## USING SEMIOTICS IN MARKETING
How to achieve consumer insight for
brand growth and profits

[英]雷切尔·劳斯 —— 著
付倩 —— 译

为什么喜欢？
为什么讨厌？

民主与建设出版社
·北京·

**图书在版编目（CIP）数据**

为什么喜欢？为什么讨厌？：抢占群体心智的符号
营销学 /（英）雷切尔·劳斯著；付倩译 . -- 北京：
民主与建设出版社，2021.9
书名原文：Using Semiotics in Marketing：How to
Achieve Consumer Insight for Brand Growth and
Profits
ISBN 978-7-5139-3673-6

Ⅰ.①为… Ⅱ.①雷…②付… Ⅲ.①消费心理学
Ⅳ.① F713.55

中国版本图书馆 CIP 数据核字（2021）第 153574 号

© Rachel Lawes, 2020
This translation of Using Semiotics in Marketing:
How to Achieve Consumer Insight for Brand Growth and Profits is published by arrangement
with Kogan Page.

著作权合同登记号 图字：01-2021-5210

**为什么喜欢？为什么讨厌？抢占群体心智的符号营销学**
WEISHENME XIHUAN WEISHENME TAOYAN QIANGZHAN QUNTI XINZHI DE FUHAO
YINGXIAOXUE

| | | |
|---|---|---|
| 著　　者 | ［英］雷切尔·劳斯 | |
| 译　　者 | 付　倩 | |
| 责任编辑 | 刘　芳 | |
| 策划编辑 | 苑　浩　路姜波 | |
| 封面设计 | 创研设 | |
| 出版发行 | 民主与建设出版社有限责任公司 | |
| 电　　话 | （010）59417747　59419778 | |
| 地　　址 | 北京市海淀区西三环中路 10 号望海楼 E 座 7 层 | |
| 邮　　编 | 100142 | |
| 印　　刷 | 天津旭非印刷有限公司 | |
| 版　　次 | 2021 年 9 月第 1 版 | |
| 印　　次 | 2021 年 9 月第 1 次印刷 | |
| 开　　本 | 880 毫米 ×1230 毫米 1/32 | |
| 印　　张 | 11 | |
| 字　　数 | 270 千字 | |
| 书　　号 | ISBN 978-7-5139-3673-6 | |
| 定　　价 | 59.80 元 | |

注：如有印、装质量问题，请与出版社联系。

# 推荐序一  品牌的符号化与高势能

读完英国管理学家雷切尔·劳斯的这本书后，我很受启发，其中的真知灼见堪称余音绕梁。

《为什么喜欢？为什么讨厌？》追问了符号营销的本质，回归了品牌在大众心理学、认知科学领域的基本逻辑。总体来讲，好的品牌的核心特征是：能获得消费者的喜欢，最好能带给人们一种审美上的愉悦，在更高层次上，能从思想领导力和科技领导力的层次进行牵引。这背后是品牌人和营销人长期追寻和探索的品牌价值逻辑。

从这个意义上说，品牌不是一门操控人心的显学，反而是一门顺势而为的科学。一家公司想要做好品牌并不容易，因为它需要战略的牵引、科学的认知、精准的方法论和深入的用户／客户互动反馈，这是一个闭环。本书的框架非常严谨，在内容和架构上已经形成了"小切口，大纵深"的闭环。

周掌柜咨询团队曾参与华为、百度和中国平安等公司的品牌战略项目，我们深切感受到，"治大国如烹小鲜"的道理同样适用于大型企业，这也是我推崇本书的一个重要理由——符号的表达是一个很好的"小鲜亮点"。

从中国企业的实践中可以看出，符号不仅包括 VI 识别，也涉及产品设计、用户体验识别、组织文化识别、企业CEO和高层管理者的外在识别，以及公司品牌的宏观识别，这些构成了广义的品牌识别。从更高的层面上讲，中国人对品牌的理解也有些独特，会从顶层设计深入挖掘品牌背后的"思想领导力"和"科技领导力"。这些都非常重要，有利于形成"高势能品牌"。

所谓"思想领导力"，就是一家公司的价值观、文化所指向的思想内涵。很多小公司往往认为只有组织壮大了才能树碑立传，这其实很片面。小有小的美学特征，也可以有更大的理想和胸怀，就像人一样，有思想的人都是受人尊敬和喜欢的。而所谓"科技领导力"，是在中国社会蓬勃发展的过程中，需要展现出的驱动生产力特性。科技虽然是中性的，但中国公众更倾向于将其作为带有褒义色彩的名词来认知。

可以说，"科技领导力"和"思想领导力"是中国公司在品牌建设中比较独到的切入点，是关于品牌的产品世界、认知世界之后的思想世界和精神世界的表达，但这背后同样需要专业的"符号学"和"认知学"形成来落地支撑。在我们的实践中，这方面叫作"感知领导力"。

在实战中，"感知领导力"不仅包括符号的多维度表达定义，也包括对超大型组织功能、组织矩阵的交叉定义分析，如果展开说，将会形成一个很大的表格，表格中包含着对消费者和企业之间的每一个可感知触点形成的分析定义。

《为什么喜欢？为什么讨厌？》这本书介绍了符号学研究的万能模型，总结得非常到位，可以看出作者积累了丰富的实战经验，其中也包括品牌触点的思想。符号学模型其实也可以放大到更广义的品牌建设中，高明的方法论总是相通的。

说一点题外话。我在战略管理项目实践中非常推崇欧美国管理学家的作品，我从中学到了很多东西。虽然和国内普遍的审美相比，专业的东西略显琐碎和复杂，但这就是专业的基本内涵。我曾经安排团队对100位世界顶级管理学家进行研究，根据我们的统计，100位世界顶级管理学家中有67位美国人、21位欧洲人，还有几位分别是印度人、日本人，中国人对世界管理学基础研究的贡献较少。

我们需要反思的是，中国管理学家的品牌研究方法缺少原创性和系统性。另外，商学院象牙塔式的教育模式比较脱离实践，很容易形成一种"歌功颂德、只讲成功"的学术氛围。这样只是在树立学习标杆，并没有深入到专业问题的实质，很难从中提炼出具有普遍意义的独到方法论。

这本书是非常典型的欧美学者的研究方法论，它的切入点很小，体系自洽，操作性强，内容非常实在，值得我们沉下心来推敲和学习。比如，书中提到"由外而内的市场调研新范式"就很值得思考，这和战略管理中基于外部环境形成领导力的思维不谋而合：读懂外部环境和外部实践、超越内部习惯视角是非常重要的。

在中国的符号学实践中，其实还存在一个细节，那就是中国人非常善于用文字作为符号载体。所以，中国历史上的贴符驱邪也好，祝福也罢，都包含着对符号学意义的认可。我们的战略咨询和品牌咨询客户百度，就有几项非常好的符号学实践。比如，百度世界大会提出的"AI这时代，星辰大海"这个品牌口号就是符号的一部分，而且非常有穿透力。百度智能汽车业务也提炼出"无限智能，时刻进化"的品牌宣传语，配合着研究apollo与星辰大海融合的海报等，这些都是符号学的生动体现。

中国平安也非常重视符号学，如果你仔细观察平安的橙黄色的品牌VI识别，就会发现，它体现了符号学对群体安全感和信赖感的把握，平安的符号传播展现的是专业和正直的品格。而华为手机的品牌文化更多强调思想领导力、科技领导力、感知领导力，更倾向于把品牌识别和民族自强精神联系在一起，这也是非常成功的实践。这些案例各有千秋，或许也带有超级公司视角的"高势能品牌"倾向，但都蕴藏着符号学的元素。

总结一下，我一方面非常认同这本书的研究方向、框架模型和经验总结；另一方面，我想提醒广大读者，要把符号学和战略管理顶层设计的目标结合起来。2017年，我和我的团队去英国剑桥大学与嘉治商学院院长克里斯托弗·洛赫（Christoph Loch）先生交流，我们交换了彼此对中西方管理学的看法。当我讲到中国人如何把围棋、太极的模型运用于战略决策分析的时候，他惊叹道："原来中国人的决策模型如此简单和高效。"而当我们具体展开一个关于边缘战略的研究时，主要还是用西方标准的建模技术进行分解讨论，这样大家就容易形成共识。就像今天读到劳斯女士的符号学作品一样，我从直觉上认为，这本书的专业知识与中国的一些哲学思想有充分的空间来融会贯通。

谈到这里，我不得不澄清一点：战略和管理研究不应该进行非黑即白的东西方区分。我个人甚至认为，中国战略管理学发展最好的姿态是，站在世界性基础研究大师的肩膀上，表达我们对独特实践的阐释。谦卑比自信更重要。日本的丰田生产方法、战略时钟和精益制造，根本上还是一套一脉相承的方法论。中国企业在实践中最好是学贯中西，以欧美的理论框架思维为主，少一点靠抖机灵来俘获人心的套路。当然，当前中国的管理学研究也有很强的理论框架建设能力。

最后，感谢这本书带给我和我的团队启发，希望这套符号学方法论能升华为更多企业的品牌视角，也期待中国战略管理学界能孕育出更多这样基于实践和深刻洞察的著作。感谢出版机构的朋友给了我这个机会，让我来谈一点不成熟的看法。我的很多感慨都源自对"为什么喜欢？为什么讨厌？"的本质的追问。这确实是一本从客户和用户视角出发，拥有人格化辩证思维和指导意义的好书。

周掌柜

战略管理专家

北京周掌柜管理咨询有限公司 CEO

百度、中国平安、华为、联想等公司顾问

英国《金融时报》中文网专栏作家

凤凰网财经首席战略顾问

# 推荐序二　品牌要有卖点，更要有记忆点

很高兴能读到《为什么喜欢？为什么讨厌？》这本书。在当下的市场中，各式各样的营销理论层出不穷，但大都没有将理论与训练系统地结合起来。难得的是，这本书在解析符号学的应用方法后，还提供了很多可行性练习，可以让大家更好地消化和吸收本书的理论。接下来，我会结合自己多年从事多个品牌管理的经验，谈一些对本书内容的看法。

作为管理学和经济学融合的分支，品牌管理与心理学、计算机科学、数据科学、社会学等学科的联系越来越紧密。我们看到，这10年来，品牌管理的商业环境在变、客户需求在变、竞争对手在变，甚至时不时会有其他领域的从业者来个"跨界打劫"。与此同时，无论是技术驱动还是用户需求驱动，产品和服务都变得越来越多元化，触达用户的渠道效率也越来越高。事实上，无论市场环境和营销打法如何演进，"以用户为中心"的底层逻辑始终没有变。如果投射到品牌管理上，则品牌战略的本质也一直未变，那就是"需求管理、差异构建，价值溢价"。

需求管理是品牌管理的地基。传统的用户需求管理是用来反映供需关系的，这种管理模式更多的是一种线性工作模式，知道用户的想法就够了。但现在的用户越来越成熟，更加看重品牌和产品能给自己带来什么价值。这本书就提到，符号学是一种找出消费者想法来源的研究方法，

是一种专门为解码文化实践，追踪和预测市场变化而设计的研究方法，也正是如今更注重可持续性和互惠关系的"需求管理"所需要的支持工具。

我在华为和腾讯都负责过相关品牌管理工作。华为云和腾讯应用市场都面临如何快速解决市场认知的问题，不同点在于，一个是 To B（面向企业客户），一个是 To C（面向消费者）。

华为在对不同体量和性质的客户需求进行深度洞察和分析，匹配当时存量市场的竞争格局、潜在市场空间和自身优势后，找到了不同类型客户在选择"上云端"时的底层痛点——安全、便捷和可持续成长。因此，华为云项目在产品的卖点与价值包装、品牌主张、内容、活动策划、媒体投放以及思想领导力传播等方面，都紧紧围绕"有技术、有未来、值得信赖"展开，在第一年就从技术领导者切入，迅速打开了局面。

腾讯的互联网公司基因和软件产品特点，决定了他可以一方面动态挖掘用户使用习惯以及潜在喜好，一方面通过产品的快速迭代进行动态优化。所以，在意识到用户不仅把应用市场作为一个下载工具，更是当作一位"个人助手"后，腾讯借助流量，通过"霸屏式"精细化营销，迅速强化了认知——My App。腾讯应用市场用不断优化的产品说话，最终留住了用户，完成了"满足用户的需求——吸引用户的内心——迎合用户的心智——帮助用户实现自我价值"的旅程。

差异构建是品牌管理的骨架。讲到这里，大家应该已经意识到，做好需求管理后，差异构建也就水到渠成。符号学告诉我们，要分析符号背后的联系。我把它理解为基于底层逻辑的 Deep Dive（深层沟通）。基于我自己的管理经验，我认为差异构建的战术大致有三类：第一，开创新品类，构建品牌护城河，成为领导者；第二，在已有品类下，挖掘差异化的可能；第三，利用品牌矩阵，进行矩阵化管理和运营。

## VIII 为什么喜欢？为什么讨厌？

差异化的底层逻辑来自用户和需求，也就是说，要与用户深入交互，满足其动态需求，与各方共享创造的价值。换句话说，差异化如同一种符号，是快速占领用户心智的重要方式之一。 在开创新品类方面，露露乐蒙（Lululemon）的案例值得研究。它把运动与时尚相融合，打造了"运动休闲"领导者的形象，对后进入者形成了品牌壁垒，牢牢占据了用户的心智。我前面还提到华为云的破局。在品牌战略上，华为从技术领导力切入，与AWS（亚马逊云服务）"市场教育者"定位的一骑绝尘和阿里云的市场领导者定位相区隔，事实上就是一个差异构建的例子。

同时，差异构建往往可以在CEO（首席执行官）的思想领导力传播和战略传播中窥探一二。比如，荣耀的"风系"——"笨鸟不等风""无惧风停""风物长宜放眼量"，华为云的"上不碰应用，下不碰数据，不做股权投资"，OPPO的"万物互融"等。在第三类品牌矩阵管理方面，众多车企是做得比较成熟的。华为和荣耀之前的双品牌运作也是在多品牌管理方面比较成功的例子，两个品牌互为补充，互相成就，在用户、产品和渠道上共同承接公司战略落地。

价值溢价是品牌管理的屋顶。这需要我们站在更高的维度来思考产品和品牌。落实到战术上，我们可以简单理解为：用产品创造价值，用价格捕捉价值，用传播沟通价值，用渠道传递价值。关于这一方面，我相信大家读了本书后会获益良多，因为无论是有形的、无形的事物，还是视觉图像、文字语言、语音片段，甚至是满足用户视觉和听觉之外的三感（嗅觉、触觉、味觉）的需求，品牌在获取用户心智的过程中都离不开符号学的分析与应用。

这让我想起我当年操盘一款旗舰手机产品的情况。当时我面临最大的挑战是，如何在60天里让这款产品同时在中国、美国和欧洲获得品牌高势能。首先，用户之前对产品的认知是：性能好、黑科技、质量高。结合这款手机当时的产品定位，我最终决定从"美、潮、个性"的角度切入，在用户心里进行差异化认知渗透。其次，中国、美国和欧洲的用户对同一款产品诉求不同，一旦在中国发布后，如果另外两个地区不马上发布，用户就会没有了兴奋点和爆点，因为现在的传媒非常发达。解决方案还是要从品牌管理的本质中寻找，其中一点就是：给每一站的发布找到"记忆点"。

我需要从三个发布会地点中，找到能够充分诠释"美、潮、个性"的场地，配合能直接引起联想的内容、媒介渠道和传播形式。于是，我把中国选为第一站，以"叛逆的正能量"为品牌讨论话题，配合娱乐营销驱动的产品传播；接下来是美国，我通过行业意见领袖的专业点评为品牌造势，通过各领域意见领袖群像来驱动产品传播；最后一站是欧洲，我通过品牌白皮书的发布，让用户驱动产品传播，从而最终形成闭环。同时，海外的传播势能又给第一站的中国市场带来了第二次传播高潮。

结合我自己17年To B和To C的品牌管理经验来看，我认为"产品要有痛点，更要有观点；品牌要有卖点，更要有记忆点"。用户的需求，本质是在寻找意义的价值。除了功能价值，用户在消费你的产品时，还愿意为别的什么东西掏钱？用户在做决策的时候，为什么会喜欢你？有时候又为什么讨厌你？品牌管理者把用来创造自己产品的价值观和审美，有效沉淀在消费者的认知中，从而形成的一种商业价值，这种价值才叫品牌。

我相信，在读过这本书之后，你会有不一样的思考。

王南

战略沟通与品牌管理专家

曾负责华为、荣耀、华为云、腾讯和OPPO的相关品牌管理与战略沟通

# 序言

"

第一次和雷切尔·劳斯博士会面时，我和她在伦敦海德公园的大型圣诞集市上散步，在一派隆重的节庆氛围中，雷切尔用一双训练有素的眼睛审视和解读着集市上的各种游乐设施和摊位，并从符号学的角度解析着其意义。雷切尔的每一项分析都传达了不同的符码和代码，揭示了隐蔽的文化内涵，涵盖了包括现代家庭、民族认同、性别和社会阶层等在内的广泛主题。仅仅对平凡的事物匆匆一瞥，她就能洞悉其中隐含的奥义，这真是一种神奇的体验。

从那时起，每当我在工作中遇到品牌相关问题，需要新的文化见解或对合作品牌有新视角时，我都会第一时间打电话给雷切尔。多年来，雷切尔的分析为我提供了深刻的见解，使我为客户制定了新的品牌和传播策略，为英国最受欢迎的一些快销品品牌注入了新的活力。这些策略反过来又让企业专注于自身业务、重新燃起消费者的热情，并为企业带来了利润。

作为商业符号学的奠基人之一，雷切尔所践行的分析方法无疑具有相当的深度和严谨性。在这个行业中，很多公司才刚刚意识到商业符号学的全部潜力，我还没有见过像她的研究那样具有启发性和实用性的其他研究。她的分析都以深厚的学术底蕴作为支撑。早在完成学业之前，她就发表过论文。她拥有社会心理学博士学位，撰写了40多篇学术会议论文，定期在《国际市场研究杂志》发表文章。目前，她还在市场研究协会教授高级定性方法课程。不过，她的符号学方法的神奇之处在于，她将自身的学术背景和对商业的热切关注进行了结合。由于她为一些国际上数一数二的大企业提供了 20 多年的符号学专业服务，她调研成果的商业应用始终处于行业前沿和中心。

本书带着雷切尔独有的商业视角，非常聪明地对通常而言过于复杂的学术性内容进行了简化。自从在这一领域开展研究以来，她为自己设定的使命就是，让符号学尽可能地通俗易懂。从 2002 年的获奖论文《解密符号学》（《国际市场研究杂志》，第 44 卷）开始，她就在努力完成这一使命。这种脚踏实地的研究方法使她成为英国符号学的领军人物之一。

在本书中，雷切尔将自己的教学经验用文字呈现了出来。她创造出一种简易的符号学操作方法：将时而令人困惑的学科分解成若干组成部分，逐一对每个组成部分进行阐释，并告诉我们如何运用它们来形成真正的洞见。她在本书中深入浅出地讲述了这些理论知识、实用框架以及商业案例和应用，使得本书具备很强的实用性，让人眼前一亮。不论你是想进行自己的符号学分析，还是想委托一项市场调研，本书都能在理论方面给你提供清晰的指导和坚实的基础，并为你示范何为优秀的商业符号学实践。本书概述了符号学能为企业解决的各种问题，可能用到的各种技术，或许最重要的是，它还告诉我们肤浅的分析与更深入、更有洞见的研究之间的区别。我发现，商业领域的符号学研究通常都是浅尝辄止，但雷切尔却能让读者避免浮于表面，直达要害，确保读者能接触到真正具备洞察力的符号学。

总之，雷切尔提醒我们，符号学在市场调研组合中有着持续的相关性和重要性。她强调，符号学所创造的洞见和其他方法论所创造的洞见是不一样的，因为前者是通过解读文化符码而非向消费者提问得来的——因此，前者能提供文化洞见而不是消费者态度。用她自己的话来说："如果你知道文化是如何发挥作用的，你就能设计出具备文化契合性和受人欢迎的品牌和营销传播策略。"根据我的经验，正是这种文化契合性赋予了营销活动难得的"真实性"和"相关性"，而此二者对激发消费者的热情至关重要。

丹尼尔·谢拉德（Daniel Sherrard）

葛瑞·伦敦（Grey London）公司，品牌与沟通策略总监

## 消费者及其支出

2018年，美国一位准新娘给要来参加她婚礼的宾客发送了一系列极其严苛的要求，这些要求火遍全网，从脸书传到红迪网（Reddit），再到推特，最后连传统新闻媒体都进行了报道。这位准新娘把婚礼场地定在夏威夷，她对宾客的着装和举止都提出了非常具体的要求。宾客被告知，届时婚礼现场将举办"同步舞蹈"沙滩舞会，而且不是什么人都能参加的。婚礼的着装要求根据每位宾客的性别和体重情况而有所不同，非常严格。体重在160磅①以下的女宾要穿最鲜艳的亮色服装，饰品也要足够华丽，要统一穿天鹅绒质地的绿色线衫，橘色麂皮长裤，配一条巴宝莉丝巾，一双红底鲁布托高跟鞋。这一身装扮需要宾客自掏腰包，有时尚博主指出，符合要求的一双鞋最低要700美元，一条丝巾也要400多美元。体重在200磅以下的男宾要穿白色和紫色衣服。儿童要穿红色衣服（具体是哪种红色，也有明确要求）。不满足以上体重条件的，女宾必须穿一身黑，男宾必须穿迷彩服。

---

① 1 磅约等于 0.45 千克。——译者注

## XIV 为什么喜欢？为什么讨厌？

另外，在舞会结束后，来宾还必须换上晚礼服。准新娘指出，来宾参加晚宴的服装预算不能低于1000美元，她还大度地表示，珠宝首饰和做发型的花费也可以计入这一数额。在这份苛刻的清单传播开来并受到广泛批评后，愤怒的准新娘又发布了第二份声明。她告知宾客，要是不愿意遵守着装规定，不参加舞会也行，可以参加其他活动：帮忙清理餐盘，录舞会视频，或者给她的蜜月凑份子钱（详见2018年12月7日《都市报》报道[1]）。

如果你从事婚庆行业，或者正考虑涉足这个行业，那么现在正是时候。现在的小情侣在婚礼上的花销与日俱增，在2017年到2018年的短短12个月间就大幅飙升。英国《独立报》2018年7月23日的报道指出，英国人一场婚礼的平均花费是30,355英镑，创下了历史新高，比上一年增加了约12%。同样在2018年，被很多人视为婚庆行业风向标的《新娘》杂志指出，美国人在婚礼上的花销也大体相当。[2]2017年，美国人一场婚礼的平均花费为27,000美元，但在2018年猛增至44,000美元。《新娘》杂志还指出，为这些豪华婚礼埋单的人也变了。最初为婚礼埋单的是新娘的父母，但这种情况在过去几十年间逐渐有所改变。由娘家埋单，可以解释成旧时代的习俗，那时候，女方在出嫁前必须乖乖待在家中，保持处子之身。随着时代的发展，女性越来越独立，北美和西欧地区的平均初婚年龄已从20岁（婴儿潮一代）逐渐延迟至30岁（现在），而且如今的情侣往往婚前同居，各自都有收入。这样一来，年轻人自己出钱办婚礼变得越来越普遍。然而，飙升的婚礼预算突然又扭转了这一局面，父母不得不再次为孩子的婚礼埋单。根据《新娘》杂志的调查，2017年，半数的新婚夫妇全额负担了自己的婚礼，3/4的新婚夫妇至少为自己的婚礼做出了某种贡献。但到了2018年，也就是美国人的婚礼预算飘升了75%这一年，有42%的新婚夫妇答应或要求双方父母为他们的婚礼全额埋单。

这是怎么回事呢？一项针对婚庆行业的粗略调查表明，年轻的千禧一代和Z世代其实在很多事情上都相对节俭。这也正是我们的期望：从人口统计学角度看，他们热心环保，不喜欢浪费，关心可持续发展，喜欢乡村美学，等等。2019年3月27日，《福布斯》杂志引用了时尚电商平台Lyst的研究："根据Lyst的数据，二手婚纱的浏览量同比上涨了93%，带有'复古''二手'等关键词的婚纱的浏览量也上涨了42%。"[3]《福布斯》还在这篇文章中特别提到了P2P（点对点）二手交易平台Stillwhite，用户可以在该平台上转卖婚纱。Stillwhite在16个国家开展业务，据称已经为卖家带来了2600万美元的销售收入。此外，珠宝商也指出，年轻情侣在挑选订婚戒指时，正在逐渐远离独粒钻石，转而选择更不寻常的、更符合道德的"宝石"，包括人造宝石（见时尚商业网2019年2月1日[4]和《婚礼》杂志2018年11月30日的报道[5]）。现在的婚礼蛋糕以"裸"为时尚，大家抛弃了以往坚硬华丽的皇家糖衣，反而更青睐粗糙的、像是半成品的奶油蛋糕，而且也很少再给蛋糕做外饰。最近几年，美国的新婚夫妇特别热衷于乡村主题的婚礼，他们用回收的梅森瓶（一种有密封螺旋盖的大口玻璃瓶）当花瓶，用黑森布（粗麻布）当桌布，用各种彩色布条、旧椅子部件来装饰婚礼现场，这和千禧一代追求真实生活的传统完美契合。

但按照这些完全可以设想的千禧一代的品位和习惯，他们在婚礼上的花费又为什么突然这么高呢？那位新娘的刁钻要求——"同步舞蹈"的规矩也好，让来宾提供各种服务也好，夸张的着装要求也好——又是从何而来呢？这可不仅仅是因为场地提供方和餐饮服务商提高了报价。

很大一部分原因在于，数字文化导致婚礼的公共可见性与日俱增，有时仪式还在进行中，新人和宾客就已经争相在"照片墙"（Instagram）等平台上展示婚礼图片了。有多达4000万人会在拼趣（Pinterest）这样的平台上搜索婚礼方案的灵感。[6]婚纱即便是二手货，也必须是二手的高级定制婚纱，它的价格高达几千美元[①]。婚戒上镶的也许不是宝石，但尺寸要够大、成色要够好（婚戒价格太低可能会让新人成为"婚戒羞辱"的受害者，这也是数字文化的一方面，网友会在社交平台上拿新人的婚戒恶意地开玩笑：婚戒太小不行，看着太廉价不行，不符合潮流也不行）。蛋糕不必是翻糖的，但必须有好多层，只要它不倒，能有多高就多高。[7]婚礼现场的饰品可以是梅森瓶和黑森布，但今天的婚礼还有很多与传统婚礼不同的特征，比如，要有花墙（用来拍照留念的背景），有为宾客尤其是伴娘精心准备的伴手礼，有适合拍照的光效，最好来一场迷你度假（不同于蜜月的婚前短假）。组织这么一场活动，已经超出了新郎和新娘DIY的能力范围，因此还得请很多婚礼策划人。

　　对商界来讲，本就收入可观的婚庆行业突然崛起是个好消息，了解现在和未来新人的需求，不能仅从他们个人的心理癖好下手。如果说对婚礼的品位只关乎个人喜好，那么婚礼理应比现实情况更加多样。但实际上，从高耸的蛋糕到圆摆晚礼服，伴娘单身派对人数从一两人增加到七八人，婚礼照越来越强烈的戏剧效果，当代西方婚礼表现出了高度的一致性。婚礼逐渐回归到一种越来越昂贵的

---

① 我在 Stillwhite 上搜索 2018 年 7 月英国的婚纱价位。售价不超过 200 英镑的在售婚纱有约 2000 件，价格在 3000 英镑以上的婚纱数量也差不多，综合均价为 4500 英镑。这个高端市场在广告中表示其折扣在六六折，意味着平均原价约为 6750 英镑。该平台上的高端礼服的设计师包括 Oscar de la Renta，Pallas Couture，Steven Khalil 等。

模式。

个人婚礼所遵循的规范其实是一种文化规范。它是一种共性，而非个性。这些规范源于文化，当准新娘通过拼趣接受"婚礼应该是什么样子"的教育时，宾客在婚礼结束前将现场每处细节的照片上传到社交媒体上时，这些规范都在维系着文化。

如果你是提供婚庆产品和服务的人，或是负责营销这些服务的人，那么你就需要符号学。实际上，所有为消费者提供产品和服务的行业都需要符号学，特别是在业务规模很大，覆盖多个国家或地区的情况下。

符号学是一门研究消费文化的学科。传统的市场调研主要是询问消费者个人的态度和偏好，然后将结果汇总起来。与传统的市场调研形式不同，符号学是一种找出消费者的想法来自何处的研究方法。这是一种专门为解码文化实践、追踪和预测市场变化而设计的研究方法。它尤其与符号学符号有关：物体、视觉图像、语言片段和其他承载了意义的交流项目。比如，鲁布托高跟鞋的红色鞋底是财富和繁荣的象征，这个品牌的名称也是如此。带有大裙摆和长拖裙的晚礼服也是一种符号学符号；对很多新娘来说，它是"迪士尼公主"的象征，而迪士尼如今也推出了自己的婚礼珠宝系列。想想看，八件丝绸长裙整整齐齐挂成一排，每件礼服上都绣着伴娘的名字，用的是配套的、专用的衣架——这是一种符号学符号，而这种符号正昭示着"新娘真正在乎她的朋友"。

新人在婚礼前做出的每一个消费决定，从现场音乐的选择到请柬的风格，都涉及符号学符号。对于营销人员，拥有识别、解码和组织这些符号学符号的能力，将是一种巨大的竞争优势。你将知道应该为消费者提供什么样的产品和服务，为什么这些东西值得购买，以及该如何把它们卖出去。你将有能力开发出符合消费者需求的新产品和服务，甚至在你将这些产品放到消费者眼前之前，他们都不知道自己有这个需求。令人兴奋的是，你可以基于你对全球文化、区域差异和变化趋势的深刻理解，来设计你的商业主张和营销策略。

　　本书是一本完备的符号学教程。它是一本实践指南，能让你掌握我在过去 20 多年的职业生涯中积累的技能，20 多年来，我在几乎所有面向消费者的品牌领域都工作过。如果你读了整本书，做了所有的练习，最终你一定会对消费文化有深刻而透彻的理解，从此以后，你的品牌和市场营销工作会变得更加有利可图。

## 本书架构

　　本书分为 12 章，按照一门符号学指导课程的顺序进行编排。本书假设读者在符号学领域是零基础。在读完本书后，你不仅能收获符号学分析的技能，还能得到关于项目设计、实施和汇报的技能。不管你供职于品牌方、广告公司、品牌战略咨询公司、市场调研机构，还是对符号学感兴趣的个体研究者或营销人员，本书都可以帮你拓展技能，让你在利用文化洞察力向消费者销售产品时具备全新的视角。

　　开头的两章主要涉及符号学的商业背景。第一章介绍了市场形势的变化及其给市场调研和洞察消费者的方法带来的相应变化。它介绍了在市场调研和市场营销中运用符号学的方法，并解答了初次接触符号学这门学科的一些人可能存在的疑问。第二章呈现了一个具有里程碑意义的案例分析，展现了符号学是如何在充满挑战的市场环境中，以远远超出品牌所有者预期的方式，改变了一个家居品牌的命运，并将其推向新的成功的。第二章也鼓励读者开始将符号学运用于自己的调研项目，并将其应用于解决各种常见的营销难题。

　　第三章是一个独立的章节，寥寥数页浓缩了一个调研项目的完整实施过程。它为设计、实施、交付符号学项目提供了蓝图。当你读完本书更有深度的其他章节后，你会希望回到第三章，它简明扼要地向你展示了如何从头到尾实施一个项目。它还为如何撰写一份融合了符号学分析的研究提案提供了指导，因而对市场调研人员和咨询人员十分有用。

接下来的三章组成了一个部分，详细介绍了如何进行符号学分析。它们作为一个整体，可以帮助你确定应该使用哪种类型的数据以及如何处理它们。第四章对广告、网页文案和包装等解码项目进行了具体说明，解释了如何识别和解码个别的符号学符号，如视觉图像、单词、短语和实物等。第五章从符号学符号这一微观视角转向了趋势、社会变迁和消费文化这些宏观视角，还展示了如何对大范围的消费者习惯和需求进行解码和解释，如上文提到的婚庆行业的迅速扩张和深层次的一脉相承。符号学的这一个方面，在学术文献以外的出版物中难得一见，它可以帮助读者培养出一整套完整的技能。第六章还深入探讨了另一套鲜少被讨论的关乎创造力和创新能力的符号学技能。符号学中充满了发明新事物的有用技巧，所有的营销人员都可以学习如何使用这些技巧。第六章提供了循序渐进的指导和关于如何做的演示。

第七章和第八章提供了收集数据和组织符号学研究的多种新方法，即使你已经习惯于解码和分析各种符号学元素，你可能也想不到这些方法。符号学通常被认为是案头工作的一种，但事实上，在收集数据阶段，我们完全有理由出门去做一些田野调查。第七章介绍了在这方面该怎么做。第八章介绍了有抱负的研究人员应该如何将符号学与另外两种密切相关的研究方法（人种学和语篇分析）相结合。这三种方法因为都聚焦于文化而被联系在一起，因此它们是并行不悖的。第八章展示了它们之间的联系，同时强调了它们之间的差异，还提供了将这些相似但不同的分析方法应用于单个数据集时的指导性练习。

第九章和第十章向读者展示了，在搜集和分析完数据后，如何用符号学来完成自己的调研项目。第九章以几个常见的营销问题为例，向读者展示了如何识别有价值的见解并将其转换成可行性营销策略。第十章对读者如何分享自己的符号学研究成果提供了指导，包括避免常见陷阱的实用建议。它可以确保读者的调研成果在具有可信度和严肃性的同时不至于过分啰唆。它可以保证读者的研究报告里没有无用的东西，报告所包含的内容会让利益相关者跃跃欲试。如果你完成了书中所有的练习，那么到第十章结束时，你就已经用符号学完成了一个非常专业的调研项目，而且这个项目已经可以发表并向目标读者展示了。

第十一章展望了符号学的未来，并特别关注了两个问题。第一个问题是技术的作用。技术的崛起或许是社会变革的决定性标志，而第十一章解释了作为符号学学者，我们应该如何更好地利用这种变革。第二个问题涉及符号学在全球的传播。随着符号学作为市场调研的一种形式流传开来，它在印度和中国等国已经具备了自己独特的风格。在未来，随着不同国家的学者和营销人员采用、扩展符号学并加入其本土专业知识，符号学将变得越来越多样化和多元化。

最后一章为读者在符号学方面持续进行自我教育提供了启示。它不仅是一份阅读清单，更是一份经过精心编排的指南，包括了我为不断提高自己的符号学技能、更新自己关于消费文化的知识所做的事情。此后，你要根据自己独有的兴趣和参与社交世界的方式，开始设计你自己的持续自我发展计划。

本书是我漫长人生旅程的一段高潮。我花了将近 7 年的时间接受高等教育，先后取得了理学学士学位和心理学博士学位。我从事商业实践

20 年，从商业符号学刚刚起步到今天，我用符号学为多达 20 个国家的品牌拥有者和营销人员解决问题。这是一段疯狂的旅程，让我对品牌、消费者和营销的方方面面都有了独到的见解。在本书中，我邀请你陪我一起走过这段旅程。它会改变你的职业，最终改变你的人生。一旦出发，你就不会回头。我把这本完整的符号学手册放到你面前了。现在请打开第一章，让我们共同开启这段旅程吧。

# 引言尾注

1 Scott, Ellen (2018) Bride who was shamed for weight-based dress code says she'll hold a polygraph party to find out who snitched, *Metro*, https://metro.co.uk/2018/12/07/bride-shamed-weight-based-dress-code-says-shell-hold-polygraph-party-find-snitched-8220178/ (archived at https://perma.cc/BM2L-C7Z3)

2 Park, Andrea (2019) Here's how much the average wedding in 2018 cost – and who paid, *Brides*, www.brides.com/story/american-wedding-study-how-much-average-wedding-2018-cost (archived at https://perma.cc/4984-PT92)

3 Roberts-Islam, Brooke (2019) Second-hand wedding dresses a sustainable step too far? *Forbes*, www.forbes.com/sites/brookerobertsislam/2019/03/27/second-hand-wedding-dresses-a-sustainable-step-too-far/#45ae0be23259 (archived at https://perma.cc/Q3B3-QVN2)

4 Lacombe, Gabriella (2019) Lab-grown diamonds on the rise in the millennial bridal market, *Fashion Network*, https://ww.fashionnetwork.com/news/ Lab-grown-diamonds-on-the-rise-in-the-millennial-bridal-market,1062777.html#.XTdovujYqUk (archived at https://perma.cc/KP9T-S2T8)

5 Tynes, Jacqueline (2018) How to buy an engagement ring like a millennial, *Wedding Wire*, www.weddingwire.com/wedding-ideas/how-to-buy-an-

engagement–ring–like–a–millennial (archived at https://perma.cc/R8FQ–N8Y9)

6 Jacobson, Ivy (2019) Guess how many people use Pinterest for wedding planning every year, *The Knot*, www.theknot.com/content/pinterest–wedding–planning–study (archived at https://perma.cc/ZF42–92CX)

7 www.instagram.com/p/B0Q_TVjBAYG/ (archived at https://perma.cc/7XJ7–FSKN)

# 目录 "

## "[ 第一章 ]
## 符号学：市场营销行业的搅局者　　　001

第一章

# 符号学：市场营销行业的搅局者

第一章
Chapter One

## 内容预告

　　本章为本书的第一章，本章意在将读者引入营销符号学的领域。

　　过时的传统营销已经越来越难以适应多元市场和时代变化，铺天盖地的广告投放，令消费者厌烦的推销，都逐渐被市场排斥。与此同时，传统的市场调研方法受到了网络线上调研的冲击，但是线上调研经常出现数据与现实不符的偏差。

　　要更好地理解消费者，理解市场不断出现的新潮流，揭开消费者背后隐藏的谜题，就需要将符号学应用于商业营销上。

# 日渐失宠的传统营销方式

　　市场营销行业在变，市场调研行业也在随之变化。如果你是相关领域的从业人员，一定也注意到了以下这些改变。

　　传统的销售方式已经过时了，时下流行的是关系营销和内容营销。这里的基本原理是：传统的销售方式，包括打推销电话、铺广告、向陌生人铺天盖地地发送销售消息等，目的都是催促人们采取行动，让他们购买产品。而现在，营销人员已经认识到，人们不喜欢推销，也不喜欢自己的时间被与自己毫无共同利益的人所占用。新的营销方式有一套全新的逻辑，其基本原理是：人们不愿意看广告，除非广告内容在形式上能带来一些附加价值，他们喜欢看广告的话，就不会觉得这是在浪费时间。这也是一种基于"助人"理念的营销方法。根据这一新认知，你应该确立这样的目标：通过给人们提供一定的内容来帮助他们，如专业知识和解决问题的办法，以此来建立起品牌资产。然后，当你的潜在客户有购物意愿时，他们会直接来找你，因为他们觉得他们了解你，并且对你有很好的印象。

在 2017 年和 2018 年，很多面向消费者的品牌都在网红营销①上投入了大量资金。品牌方这样做的理由是，"照片墙"上一个成功积累了成千上万个"粉丝"且和产品有关联的年轻时尚博主，可以比品牌方用传统方法自行销售更有效地卖出手表或鞋子等产品（而且成本更低）。与这种销售方式相关的关键词是"可靠"。品牌方发现，喜爱他们品牌的年轻博主虽然不是专业的营销人员，但由于深受粉丝信任，他们自带"可靠"光环，这种效果是传统销售方式难以匹敌的。具有讽刺意味的是，事情往往不像看起来那么简单，一些年轻的网红并不完全可靠，他们会购买成千上万个以虚假账号形式存在的"粉丝"，让自己的影响力看起来更大。更多的"粉丝"意味着更大的覆盖面，更大的覆盖面使他们能够向品牌方收取更高的费用，而实际上这些产品的受众可能只是虚拟账号。虽然品牌方已经识破了这种把戏，在花钱进行网红营销时也更谨慎了，但这种做法依然存在。网红和品牌方之间的中介机构也开发了一些工具和软件，以确保他们给品牌方列出的网红名单是货真价实的。

内容营销和网红营销是数字营销的两种方式，通过这些方式品牌方可以在目标群体花费时间最多的地方——目标群体的脸书

---

① 原文 influencer marketing，另译影响者营销。——译者注

（Facebook）、油管（Youtube）和推特（Twitter）等账号——去接近消费者。改善数字营销是一项高度复杂的业务，营销人员会进行各种对比：在脸书主页上和脸书群组中做营销，哪个效果更好？在照片墙上创造模因和在油管上发布视频，哪个更有优势？模因能够触达更多的人，速度更快。由于人们时间紧迫，视频的受众会少些，但那些观看视频的人，对信息的接受程度会更高。

伴随着营销领域的深刻变化，市场调研业务也发生了变化。越来越多的公司认为，既然设计和实施线上调研比以往任何时候都更简便、更实惠，他们足不出户就可以做调研了。定性研究也可以在公司内部进行，而且很容易被技术化——既然你能在瓦次普（WhatsApp）①里拉个潜在消费者群，想问什么随时都可以问，为什么还要花钱请机构去做单独的、面对面的访谈呢？如果你是市场调研从业人员，而你的业务核心是用焦点小组之类的传统方法开展工作，那么你应该已经注意到，你的客户现在对这套方法越来越不满意了，他们期待你在你的方案里加入一些与众不同的新东西。

这些变化并不意味着市场调研行业的终结，但也的确表明，市场调研行业的服务对象的关注点已经不同了。现在，他们的关注点不仅仅是更高效、更经济地进行市场调研。他们的关注点还包括一个方面，即将调研对象当作离散的个体进行研究时，需要对调研对象的品牌偏好进行单独提问，但这不一定是了解一个群体的最好方式。从这个角度来看，更好地了解人群的方法是，认识到大量的人都有相似的行为

---

① WhatsApp Messenger 是一款国外智能手机用户常用的通信应用程序，类似国内的微信。——译者注

方式。某些群体会基于同样的理由来观看油管上的视频，比如，针对同样内容的视频，对标题做一些小改动，就能精准预测出他们观看视频的理由。某些群体也会出于相似的原因关注某个明星，比如金·卡戴珊（Kim Kardashian）的粉丝有更多相似之处而不是不同之处。某些群体会在妈妈网（Mumsnet）和红迪网等数字平台寻找与自己有共同兴趣和观点的人。

这是看待消费者的一种宏观视角。营销人员比以往任何时候都更加清晰地认识到，消费者之间的个体差异并没有那么大，他们的行为已经证明了这一点。这也解释了为什么强调深度而非广度的传统的市场调研方式开始变得昂贵和过时。

尽管如此，市场调研仍然有其作用。以宏观视角看待消费者并没有消弭与消费者态度和行为相关的许多谜题。比如，许多人将某个品牌拒之门外却对另一个品牌另眼相看，或者一个品牌在某个地区大受欢迎却在其他地区无人问津，我们需要弄清楚这是为什么。令人欣喜的是，获取消费者看法的方式也在演进。现在流行的一个词是"文化"。如果你能理解消费文化，不管是在地域层面、年龄群层面还是流行的亚文化层面，就能知道是什么打动了消费者，就能更好地吸引他们，说服他们购买你的产品。

## "由外而内"市场调研的新范式

市场调研行业有自己的生命历程，也有自己的发展规律。大约20年前，早在市场营销完成其最新转变之前，市场调研行业就已经悄悄引入了各种新方法，鼓励研究人员从文化层面而非个人心理层面对消费者进行思考。因为在涉及文化而非个人时，市场调研行业的发展稍稍领先于营销人员的需求，所以这些方法迟迟得不到认同。如今，营销人员已然意识到从消费文化层面对消费者进行研究的价值，即研究消费者共有的信仰、习惯和品位，于是这些新方法开始变得炙手可热。这相当于市场调研行业发生了巨大的范式转变：我们看待研究对象的方式发生了深刻转变。这种转变有时也被称作由"由内而外"向"由外而内"的研究方式的转变，我们有必要花点时间思考一下这些术语的真正含义。

在整个20世纪，所有的市场调研活动都是对人类心理学的一种演练。市场调研的工具和手段都来自心理学，包括精心设计的问卷调查、讨论指南、投射测验等。在这种传统模式下，市场调研人员的工作就是效仿心理学家，运用他们的工具来挖掘心理学产物，如被认为根植于人们头脑中的态度、品牌偏好和信念。这种方法后来被称为"由内而外"的研究方法。

近年来出现了一种新的研究方式。这是一种"由外而内"的研究方式，涉及观念上的根本转变。它不是试图从人们的脑中获取心理学产物，而是首先询问这些态度、偏好和信念是如何出现在他们头脑中的，它们源于何处。这种新方法给出的答案是：它们源于人们周围的文化，是消费者与生俱来的一部分。

市场调研行业出现了一系列新的研究方法，它们的特点就是"由外而内"。这些方法有：

## 人种学

人类学的重要组成部分。这是一种通过观察人类行为来研究文化的方法，在实践中，这种方法通常会被降格到这种地步：对一个潜力尚待开发的行业的消费者进行超长的深度访谈，或者陪同客户购物以进行观察。

## 语篇分析

这是一种鲜为人知的文化研究方法，一种完全不同的理解口语与书面语的方式。

## 符号学

这可能是最令人兴奋的一种文化研究方法，它以前所未有的能力区别于其他文化研究方法：解码视觉图像并阐明它们对消费者的意义。符号学通常被定义为"对符号和象征的研究"，但它也是对说服艺术的研究。因此，对于所有与品牌或消费者打交道的人来说，符号学都是一种强大的工具。这一研究方法令人振奋且影响深远，能改变使用它的人的世界观。符号学是本书的主题。在这里，你会发现一份详尽的自我教育计划，它以符号学的商业应用为主题。当你完成书中所有的练习后，你看待消费者和品牌的角度将会有所不同。你将不会再怀念过时的研究方法，你在市场营销或市场调研领域的职业生涯将被永远地改变。

# 关于"苹果"，你会想到什么

在符号学中，人们谈论的符号和象征到底是什么意思？举例来讲，请你想象一种水果。你想到的是苹果吗？你可知道，在 17 世纪之前，

"Apple"①一词指代的是所有的水果，甚至包括坚果？而你脑中的苹果是什么样的？是不是红色的？

让我们打开谷歌图片（Google Images），搜索"剪贴画苹果"（clipart apple）。在搜到的几乎所有图片中，苹果都是红色的，尽管现实生活中大多数苹果是绿色的，或者是绿色、黄色、红色相混合的颜色。在西方文化中，小孩子刚开始学习识字时，都会读以"A is for Apple"②开始的书，书里配图中的苹果往往也是红色的。在某种程度上，苹果可以指代一般的水果，而且就是"红色"的，虽然这与人们现实生活中的体验并不一致，但这种观念已经延续了几百年。时至今日，当消费者还很小的时候，甚至连自己的名字都不会阅读和拼写的时候，他们的头脑中就有这种印象了。

被咬了一口的苹果又代表什么？如果你脑中出现了"失去清白""灵光一闪"甚至是"罪恶"之类的想法，可能是因为你接触过亚伯拉罕诸教③的文化或神话，在这些宗教体系中，夏娃吃了智慧树上的"禁果"，导致了人性的堕落。

你来自希腊或北欧国家吗？如果是的话，你应该能从"金苹果"这个意象中读出一些含义，而来自其他文化背景的人则领会不到这些含义。圣经中苹果的含义问世之前，金苹果是罕见之物，是生命之树上结出的果实，人吃了可以长生不老。

---

① "Apple"的中文对应词为"苹果"，此处指17世纪之前，"apple"曾代指一切水果。——译者注
② Apple 一词以 A 开头，A 是字母表的第一个字母，相当于中文里把第一个韵母"a"和"妈"字相联系，方便识记。——译者注
③ 亚伯拉罕诸教，或亚伯拉罕宗教、沙漠—神诸教、天启宗教，指三个世界性宗教：犹太教、基督教、伊斯兰教（按出现时间排列）。——译者注

　　这样看来，苹果公司在命名和选择品牌标徽时，似乎做了一个非常明智的选择。"苹果"具有上述所有层次的含义，如其体现和代表整个行业的影响力（苹果公司是科技企业的翘楚）、清晰的愿景（这点要归功于有自主意识的夏娃）和珍贵性。根据每个人所接触的文化信息的不同，"苹果"的含义也有所不同。比如"一天一个苹果，医生远离我"这句话，就给了它"健康"这一宝贵含义。

　　不同的文化，会赋予"苹果"或好或坏的不同含义。在中国，"苹果"的"苹"与"和平"的"平"同音（中文中有很多的同音字，听来一模一样，但意思大不相同），因此苹果也有"和平"之意。在中亚，苹果代表着浪漫，甚至有"求婚"之意。在印第安文化中，"苹果"于20世纪80年代作为一个俚语出现，是形容一个人"投靠"美国白人、与自己的文化失去联系的污蔑之词[1]（Trusler，2015）。

　　再回到谷歌图片页面，你可以迅速浏览一下苹果公司从20世纪70年代末开始使用了20年的彩虹色苹果徽标。根据你的年龄和文化背景，彩虹可能会意味着幸福、乐观，也许还代表春天，这就是为什么很多儿童品牌和产品会用到彩虹。但如果你所在的人群已经受到各种国际性LGBTQ+[2]新闻的影响，那么彩虹便代表着"同志自豪"或"LGBT+平权"。

　　苹果公司在一些对LGBTQ+人群持保守观点的国家开展业务，如

---

[1] 指"红皮白心"，像苹果一样，外表是红色的，而里面是白色的，形容一些人有红色的皮肤，而思想却和白人一样。——译者注

[2] LGBTQ就是通常所说的性少数人群，即女同性恋者（Lesbian）、男同性恋者（Gay）、双性恋者（Bisexual）、跨性别者（Transgender）、酷儿（Queer）等，也被称为彩虹人群。LGBTQ+中的"+"可理解为"等等"，旨在覆盖类似人群整体，不遗漏。——译者注

果今天还使用"彩虹"这个符码，就会被解读为一种大胆的政治声明，至少在某些市场上，苹果会选择避免这种状况，而在其他市场上，继续使用"彩虹"符码能传递"包容性"的积极信号。

我们在思考上述案例时，已经开始进行符号学实践了。这是一个深入的文化分析过程，这个过程揭示了文字和图像对具有不同人口特征、位于世界不同地区的消费者的确切含义。这个过程有助于我们设计出更好的广告、包装、更有吸引力的品牌、更有趣的商品陈列和更具用户黏性的网站等；有助于我们理解为什么消费者会对某些营销传播活动做出某种反应，并且可以对消费者的反应进行预测；能让营销人员和品牌方掌握主动权，确保向正确的人群传递正确的信息。如果你是市场调研人员，那么符号学将改变你看待消费者及其文化的方式，扩展你的服务范围，提升你的竞争力。如果你需要符号学，那就让这本书来帮助你提升专业能力吧，即便你还在起步阶段，专业基础为零。

## 找到消费者喜欢的符号

上述例子——分析"苹果"的多重含义——只是符号学方法的一种简单展示。它以一种直截了当的字面方式来解读"符号和象征"。由于易于理解，这种方法（分析"符号和象征"的意义，辨别其对品牌的影响，例如，"苹果"是否应该被用作品牌符号）便成为营销人员能够掌握和接受的第一种应用方法。时至今日，关于符号学的大部分商业活动都指向此类目的：选择品牌标志和徽标，确定产品包装上应包含哪些元素，为公司网站匹配合适的视觉设计和音效。

　　当然，符号学远不止于此。有时，营销人员在没有完全意识到的情况下就进行了符号学思考。在本章开头部分，我提到，目前的市场营销专注于两种非常有趣的观念，这两种观念立刻会被符号学家识别为符号学符号。第一种是"助人"，就是与内容营销和关系营销相关的那种"助人"观念。第二种是"可靠"，正如上文提到的网红营销，以及所有针对年轻人的营销活动。当营销人员认识到这两个词对特定的消费者群体（特定亚文化群体）的重要性，进而对它们产生兴趣，将它们作为营销策略的重点时，他们就是对符号学入门了。他们认识到了这些词的特殊价值——与特定文化相关，而不是个人偏好的问题。他们意识到，拥抱那些对他们的目标受众有文化意义的观念，可以让他们的生意更赚钱。

　　一些有经验的公司已充分认识到，"助人"和"可靠"都属于符号学范畴。他们不会预设自己早已明白这两个词的含义，不会在自己的营销文案中大肆宣扬这些词而不将它们与更大范围内的现象相结合，而是会雇用符号学家为自己解决问题。符号学的任务就是找出为什么这些词对特定消费者群体很重要，是否在具有不同特征的人群中或地域范围内存在差异，最重要的是，公司还能做什么和应该做什么来体现自己的"助人"和"可靠"，而不是简单地把这两个词搬出来。符号学家会通过研究文化的产物来解决这个问题。他们不会局限于观察单个符号和象征，如苹果和彩虹，而是会识别目标文化，然后尽可能地审视该文化的全部交际性输出，想办法将"助人"和"可靠"融入更大范围内的具体文化概念或信念体系中。说得更实际些，这意味着要想把东西卖给年轻人，就要在自己的数据集里尽可能多地纳入年轻人之间产生的交流内容，其中当然包括他们的博客、"照片墙"订阅源、面对面的社交互动等。符号学家不会简单地指出这些词是有用的，而是将这些词与被目标市场视为优先事项的更宽泛的价值观相联系。有时我们称之为"大符号学"或"自上而下符号学"，这也是第五章的主题。品牌方可以用这种方法更好地理解消费者，让自己领先于消费者不断变化的需求。

## 读懂有态度的消费者

对于提供定性研究服务的市场调研机构来说，符号学能解决很多实际问题，并增加定性数据分析的深度。这里我举几个例子，展示一下自己作为实践型符号学家的工作日常。以下是研究人员和营销人员在处理定性数据或需要生成定性成果时经常问我的几类问题：

◆他们做了观察研究，用视频记录了消费者购物和使用产品的情况。他们能看到消费者的表面行为，但更希望找出这些行为的含义。

◆他们做了定性研究，问消费者要了很多照片，却不知道如何处理这些照片。

◆他们做了定性研究，并形成了大量文字记录，但更希望通过报告性文字，揭示消费者谈话中的心理和社会动态。

◆他们搜集了同一商业类别的很多广告，想用一种不浮于表面的方式阐释这些广告之间的差异。

◆他们遇到的客户或老板希望通过快销品的包装来表达复杂的人类情感。这似乎颇有难度，让人在做提案时不知道从何下手。

◆他们从事广告工作，需要就一个老生常谈的话题提出独到见解，从而开展新颖且有吸引力的营销活动。

此外，他们中的一些人认识到，符号学不仅能提供关于传统市场调研中常见问题的解决方案，它本身就是一套完整的研究方法。作为一种独立的研究方法，符号学绝对是有用的，它包含了本书介绍的各种技巧和流程。作为一种离散的研究方法，符号学独特的吸引力体现在它优于传统研究方法的以下能力：

◆可以通过揭示品牌与消费者沟通的机制，展现意义是如何被传递的。这有助于营销人员设计出更好的品牌、广告和包装。

◆可以从消费文化中搜集数据样本，并利用这些样本推导出社会和文化结构，比如特定群体（如千禧一代、Z世代）、社会阶层体系以及包括身份认同政治和特殊利益集团在内的政治体系。这有助于品牌方和营销人员设计面向特定受众的品牌和信息传播方式。

◆可以积累大量关于品牌和消费者如何在世界不同地区传达意义和相互理解的知识。这能帮到那些需要满足多个市场消费者需求的国际品牌，以及希望扩大影响力的本土品牌。。

◆可以追踪社会和意识形态以及大众品位的变化。这有助于营销人员理解和预测社会趋势，有助于创意工作者设计出合乎现在和未来消费者需求的产品和服务。

◆符号学以其解码视觉图像的独特能力而闻名。

聚焦于消费文化的符号学虽然与语篇分析和人种学有所重叠，但在解释视觉图像的意义方面，符号学仍是目前唯一可知的市场调研方法，它不仅仅是在单个符码符号（如"苹果"）的层面上，而且在涉及多个符码协同作用的复杂的视觉信息层面，提供了一种系统的、可信的、文化敏感的方法。符号学能让我们做出更优质的广告、网站、社交媒体内容、零售店设计和推销活动。

# 走入符号学，你需要知道

### 符号学如何解读消费者

符号学是一门关于符号和象征的学问，我认为，这就意味着它是用来解码广告和包装的。

当我在 2002 年写下《解密符号学》一文时，它所针对的市场调研领域的读者大部分都还不知道，有一些研究方法不需要与消费者进行直接互动。当时，几乎没有可用的符号学或语篇分析方法，只有极少的人种学方法。几乎整个市场调研行业都在让人们回答问题，不管是用定量的还是定性的方式。符号学则不同，它研究的不是人类个体和他们对问题的回答，而是文化以及我们接触文化的方式，这样的研究对象很难界定，只能通过研究文化产物来进行。文化产物包括众多由人类辛勤劳作得出的成果，如建筑、时装、熟食、社会机构（如企业和教育机构）、私人和公共服务、零售和购物等。这些文化产物的组成部分，即构成它们的颗粒单元，就是符号学符号。符号学家研究符号学符号，不是因为他们喜欢用集邮或猜火车的方式来搜集东西，而是因为这些符号能揭示文化是如何运作、如何影响消费者的。如果你知道了文化的运作方式，就能设计出具有文化契合性、受人欢迎的品牌和营销传播方式了。

不仅如此，作为一种研究方式，符号学还有一种意想不到的好处，那就是我们不需要再做客户问卷调查了。比如，如果想了解品牌之间有什么不同，我们可以利用符号学，直接研究品牌传播，把品牌所传达的意义与其所表达的价值观相对应。为了不使我们认为需要把人的因素排除在外，有两件事要牢记：

1. 价值观和意义是属于人的价值观和意义。它们不是自然的产物，不是出自上帝之手，而是在一定文化背景下，由人制造出来的，这些人和品牌方想出售产品的对象是一样的。我们在进行符号学研究时，并不是要把自己从消费者中分离出来，而是要靠近他们，不过，我们要把他们看作一个整体，而不是挨个给他们做调研做采访。

2. 我们用符号学方法进行研究时，不一定需要和消费者交谈，但这并不是说要主动避免和消费者交谈。实际上，消费者说的每句话都充满了符号学符号。从我自己的商业实践经验来看，如果想得出有关某美妆品牌（打个比方）竞争群的有用观点，我会先了解消费者对美妆的看法和观点，然后再去考虑怎么做品牌传播，因为由消费者自然产生的美妆话题非常多，我们必须承认这些内容很有用，而且，在市场上投放品牌的设计师、营销人员和零售商本身就是消费者。毕竟所有人都要去逛超市的。每个人都是某种文化的"付费"会员，有时我们本身就处在我们试图推销的商品的文化中。

## 我们是否需要用定性研究（如焦点小组方法）来验证符号学观点

客户有时喜欢用验证的方式来构建符号学和其他更传统的定性研究之间的关系。第二章有一个例子，我们认为它是一个非常著名的案例研究："重塑查敏（Charmin）品牌"。在那个案例中，客户用符号学方法形成了见解和建议，并将其转化成了刺激材料，然后用刺激材料测试了焦点小组的反应。这是一种非常合理的方法，符号学是一种开发概念刺激材料和故事板的极好的方法，成功率还挺高，它不是那种见效慢、成本高的试错法。

用这种方式将符号学与定性研究结合起来并没有什么错。你也可以选择对调二者的顺序。如果定性数据是通过焦点小组或线上社区等类似方式产生的，那么对手头的话题进行符号学分析，将有助于你发现你的焦点小组是存在异常，还是他们在说一些常规的东西（这也很有用，表示他们能代表更大范围的人群）。即便如此，我们也不能说这是在用符号学验证定性研究。

在第十章，我会对取样、信度、效度等进行更多的讨论。在这里我只想说，我认为这些完全不同的研究方法需要各自的效度测试，因为它们有不同的框架，基于不同的假设在运作。那种研究个体人类，针对消费者态度和品牌偏好进行提问的市场调研方式，其效度依赖于人类样本的大小和质量。这就是为什么定性研究永远不如定量研究，随机取样不是缺点，但样本量小、便利取样是缺点。符号学研究的不是个体人类，而是文化。我们不是对人群取样，而是对文化产物取样。保证其效度的办法之一，是确保在调查中能获取到大体的文化切片。这样就不会显得只是凭借单一的数据点来研究消费文化。只要将数据点和文化产物类型广泛地纳入考量，我们就能做出成功的分析。

## 符号学研究要用到定量分析吗

在符号学研究项目中纳入定量数据本质上并没有错，就像关注消费者在焦点小组中所说的话本质上并没有错一样。但是，我们在处理定量数据时必须非常谨慎，原因有以下两点：

1. 数字是语言的一种形式。它并没有脱离语言和文化，而是语言和文化的一部分。因而，在符号学实践的大多数时候，你都需要将数字视作一个研究主题，而不是解释性资源。例如，在分析过程中看到食物包装上或广告里写着"占你一天摄入量的1/5！""半价优惠""八成猫咪都爱吃"时，你很容易就能看出来这是一种符号学操作，是一种有说服力的修辞技巧。正因如此，你也要注意到，以下表述并不具有符号学性质："我们的新型自动符号学产品对数据的解码速度是原来的50倍""客户满意度较去年提升50%"。用符号学术语来说，你在这里看到的是"量化修辞"。量化修辞的目的是使表达看上去准确、可信、有说服力。它是用来吸引人的。作为符号学家，你可不能买这些数字的账，而应该批判性地看待这些数字是如何在营销中兜售故事的。

2. 我们在处理数字时应该小心的第二个原因是，计数这一活动是针对那些容易被识别、被呈现、可视且能被贴上标签和分类的事物的。在符号学中过多地关注"计数"会让分析流于形式：把大量视觉图像按其大致物理特征进行计数，比如按"图像以红色为主""图像以绿色为主""图像显示的是一个成年人抱着一个婴儿""图像显示的是汽车"来分。很不幸，此类符号学分析经常会形成劣质的分析报告，报告中，红色的图像被标记为"能量"或"力量"，而实际上有的图像只是在表示一种口味；绿色图片被标记为"自然"，但图中可能是核弹头；成年人和婴儿的图片被标记为"哺育"，但图中可能是特朗普抱着选民的孩子；汽车图像被标记为"自由"，但图中可能是无家可归只能暂住车里的人。我们当然要避免这种情况，当人们试图用符号学自动完成计数工作时，这种情况会更加严重。如果你的分析本来就很薄弱，那么试图靠大量的数据来扩大规模只会带来更多更大的问题。在这种情况下，小样本反而更好，因为这样更能让研究者本人，一个活生生的人，有机会在做决定前考虑到每个数据点。

更大的问题在于，有时图像或其他数据点的有趣特征取决于它所缺失的部分，而非已有部分。它之所以有趣，是因为它遗漏了什么，而不是包含了什么。比如，一个毫无装饰、略显荒凉的极简风购物商场，在泰姬陵外摆造型拍照却没有丈夫陪伴的公主，一个摘下婚戒的名人，消失的文身，没有客人的聚会，没有桌椅和书的教室，没有驾驶员的车。如果你总是担心数量问题，你就会忽略那些有价值的洞见，这些洞见源于你意识到什么东西缺失或不存在的时候。不存在的东西很难计数。请试着去做那种因为质量而成功的分析报告，而不是依赖于大量数据所造成的印象。

### 写方案时，我该怎样向客户解释符号学的增值方式

这个问题的答案取决于你为什么要在项目中加入符号学分析。符号学不是用来提高市场调研项目的格调，到最后才丢进去的。它是一种理解文化和人类信息沟通的方式，所以，除非符号学对于你的业务目标或研究目标而言必不可少，否则就别用。


"文化"问题举例：

◆怎样才能让客户的品牌一直领先于最新的健康流行趋势？

◆我们的品牌在 A 国和 B 国都卖得很好，但在 C 国和 D 国就积压在仓库里。是不是因为当地消费者的某些文化趋势是我们不知道的？

◆我们的品牌知名度很高，但是面临消费者老化问题。怎么才能让品牌显得年轻，更贴近消费者呢？

这些问题显然与文化有关，无法靠消费者自行解决。消费者善于在谈话中举例说明文化问题，但他们不是文化分析专家。

"沟通"问题举例：

◆我们想在品牌中传达出特定的信息或概念。我们想知道竞争对手是怎么做的，能不能选择别的方式来传达新的内容？

◆消费者认为我们的品牌有点遥不可及、高冷、不讨喜，我们担心是不是我们表达的语气不对。问题出在什么地方，该如何解决？

◆我们想在营销传播中就某热门社会问题做出回应。怎样表述才能不冒犯别人或显得傲慢呢？

这些都是明显与信息沟通相关的问题，不论是视觉的还是语言的。消费者非常善于对信息沟通做出反应，有问题时也会告诉你，但你不能指望他们精准定位问题并提供解决方案。如果你遇到了一个与文化或信息沟通有关的问题，而且你不能指望消费者为你解决，那就是需要符号学的时候了。符号学是专门为揭示文化问题而设计的研究方法，即文化问题有何表现，它如何在日常生活显现出来，如何在信息沟通中呈现出来。它还是一种系统而有序的研究方法，利用经验证据来得出结论。在条件允许时，请在自己的符号学分析中提供示范、样本和试用内容，让客户对分析成果预先有个概念。

我遇到的有些问题不属于我所处的文化，我不会说那种文化的语言，这种情况适用符号学吗？不论你是在属于你本土文化的市场中进行符号学研究，还是作为外来文化人员进行调研，都是有利有弊的。

当你研究本土文化时，你的优势在于，你对本土市场的运作方式已经有了很多了解。你说的是自己的语言，你充分了解这里的文化环境，你对一系列品牌与消费者的行为和互动情况都已有所体悟。这就很省时了，你可以高效地拿到需要的结果。你的弱势在于，研究自己的文化时，你很难将自己从生于斯长于斯的日常生活环境与由各种信仰和假设织就的网络中抽离出来，因而难免"不识庐山真面目，只缘身在此山中"，由于太过熟悉反而无法看清眼前的事物。在一次研讨会上，一位与会者对我说，她参与的一个项目的一位研究人员认为，不需要报告"本国人将除臭剂喷在衣服上而不是身上"这件事。对那位研究员来讲，把除臭剂喷衣服上而不是腋下是常规做法，不值一提。即使客户发现这种做法其实并不寻常，还很有趣。

相对的，当你研究其他文化的时候，你的优势在于，你不会犯这种类型的错误。在你不完全熟悉的文化中，几乎所有事物对你而言都是陌生的，都值得关注，因此，你能识别出消费者和品牌的行为是基于特定文化的。事情不再会因为看上去"正常"而被忽略。研究一种你未掌握的文化的难点在于，你可能无法理解自己的研究对象、不会当地的语言、对消费者和品牌的常规行为没有清晰的认识。在这种情况下，有一个当地代表协助你工作就再好不过了。这位代表不一定是受过训练的符号学家——他可以是客户方的，也可以是当地研究机构的人，只要够机灵就行。我曾经做过和斯堪的纳维亚人的口味相关的项目，还有中文数字购物项目，通过与在当地生活和工作的研究人员合作，我在这些项目上都取得了出色的成果。在分析过程中，他们能帮我把传单上的外语翻译过来并解释"这事在我们这里应该怎么解决"，这个过程相当于一堂语言速成课。

## 培养专业的符号学能力看上去很复杂，能否把它简化成几个关键技能

掌握符号学是一份"全职"工作，这会让你一辈子都停不下来。做得越久，付出的越多，你从中得到的也就越多，你的分析能力和商业洞察力也会有所提升。实际上，要想提升符号学技能，走哪条路都有无限可能（我在第十二章会再次说到这个观点），但站在旅程的起点，我先给你列出一些关键技巧，它们有助于你培养核心竞争力。这些关键技巧是：

### 熟练运用科学的方法

科学是理性探究的基础，所有的市场调研方法都有其科学基础。符号学在以下方面明显偏离了这种方法：假设所有的事物都是社会性建构，质疑被量化的或被认为是自然物的文化产物，倾向于观察自发行为而非实验室中所制造数据。如果你想从一个事物中做引申，最好先完全理解你要从中做引申的事物，这样成功的可能性更大。如果你还是在校学生，还用不到这种科学方法，那么今后在开始做符号学研究前，记得提醒自己这些基本原则。它们能让你立足于经验性证据，帮助你解答有关取样和效度的问题，让你远离那种属于文学杂志而非营销策略的花里胡哨的写作方式。

**弄清符号学中重要术语的含义，再准确加以运用**

一个符号学标识，就是一个传达意义的信息传播单元。"符号"并非指"某物的图片"。代码是有规律地聚集在一起，共同创造意义的符码的总和。一个代码在其效果上可能是规范性的，这意味着人们愿意遵守它，并要求不遵守这种规范的人承担责任，但是"代码"比"规范"有更具体的符号学意义。"解构"是指对文本（如电视广告）进行细致的解读和批判性的符号学分析，直到其意义所赖以存在的机制被揭开，其内部运作原理暴露出来。解构并不意味着"就某件事写一篇文章并从中挑出几个符号学符号"。如果没有把文本条分缕析，你就还没有解构它。如果你觉得自己现在还不太清楚这些术语的意思，不用担心，本书的目的之一就是让你读完后可以自信地使用符号学语言。书的末尾有一张术语表，你可以按需查阅这些符号学关键术语。

**养成一个习惯：弄清楚你的研究对象有什么社会或文化目的**

这是一个重要的方法，它可以让你不只是"描述事物"，还能"解释事物"。打个比方，如果你的研究对象是一个很大的卷筒冰激凌，奶油堆得很高，撒满配料，那么你对其特征的描述可能是：蛋卷是什么颜色的，蛋卷外面的标签纸是怎样设计的，配料颗粒有多大。但这些特征都是次要的。它们也许是值得关注的符号学符号，但不是你分析中的首要目标。你的任务不是去问 Ben & Jerry[①] 的卷筒是什么样的，而是要问这个品牌为什么存在。它的目的是什么？它是如何融入所在地的文化的？对于当地文化中有关食物、零食、健康等规范性观念，

---

① 澳洲冰激凌品牌。——译者注

该品牌做何回应？它是否与这些规范性观念相符？抑或与这些观念相悖？消费者接触到该物品时能得到什么好处？需要付出什么代价？在什么场合消费者肯定会吃它？在什么场合消费者吃它就不合适、不被认可？关注事物存在的原因，一定不会让你失望。做到这点后，你在描述事物外观时就会变得更有趣味性，更言之成理。

　　在下一章中，我们将进一步了解企业如何运用符号学做营销，以及符号学如何直接影响企业的"最终赢利"。在第三章中，我会给出一个现成的方法，教你用符号学自行开展调研项目。

# 第二章
# 洞察群体偏好的新工具

第二章
**Chapter Two**

## 内容预告

本章会介绍如何在实际业务中运用符号学。学完本章，你将会：

· 掌握符号学的商业应用；

· 理解对品牌和消费者进行的符号学分析是如何影响客户的最终赢利的；

· 对符号学市场有一个大致的了解。

本书是一本营销符号学自学课程，读者可以以此为起点开启自己的符号学实践。

本章会提出各种问题，带你思考并写下自己正面临或遇到过的商业和营销问题。本章结束时，你应该至少选出一个项目，在跟随本书学习的过程中进行实践。

本章案例讲的是，瑞典林木造纸公司爱生雅（SCA）在收购宝洁旗下的一个品牌后，如何在高风险的商业环境中使用符号学扭转了该品牌的颓势。

所有为商业目的服务的符号学项目都始于某种挑战或某个问题。持续关注问题本身，能给你的研究一个具体目标，有助于你制订项目计划，让分析有个大致框架。要想使分析不脱离正轨，确保最终结果能直接转化为营销解决方案，这是最佳方式。

# 营销挑战热门榜

### 练习 1：挑选一项营销挑战

全书会列出一系列相互关联的练习，这是第一个。

如果你能完成所有这些练习，那么学完本书后，你会得到各种有价值的洞见，而且能用它们解决某个或多个营销问题。我们的首要任务是选出一个问题。

先来看看下面的清单，即"营销挑战热门榜"，此处列举了符号学的各种商业应用场景。该清单虽然不完整，但也足够丰富，可供你找出跟自身经验相关的问题。请从你正面临或曾遇到的挑战中找一种与下表所列项目类似的，它可以是你自己的公司遇到的，也可以是客户的。如果能找出两三种符合自身情况的挑战，那就更好了。

请开始做笔记，记下自己选择的挑战。在跟随本书不断进行实际演练的过程中，我们将一起解决这些问题。

以下是符号学众多应用场景中的一部分。请从下表所列项目中找出至少一种与你的专业经历相关的挑战。

◆创建或发布新品牌。

◆重新定位品牌。

◆宣传收购结果。

◆让老品牌重焕生机。

◆让营销宣传更清晰、更有煽动性。

◆让品牌、产品或服务看起来更高端。

◆传达品牌、产品的"物有所值"和"物美价廉"。

◆找出各类产品和消费者行为中的流行风尚。

◆从货品陈列、宣传、设计等方面，想办法让店铺或平台更吸引顾客。

◆让本土品牌走向国际，把国际品牌介绍给本土受众。

◆让产品和品牌更符合各个细分群体（按市场、人口特征、族群等细分）的特定需求，比如千禧一代或Z世代。

# 案例分析：重塑查敏品牌

2011年，商业符号学尚处于起步阶段，还不具备现在的知名度，几乎无人问津。在当年伦敦市场营销协会的年度大会上，有人讲了一个案例研究（Lawes and Blackburne, 2011）。该研究被提名为最佳论文，大会评审团评价其为：有史以来最具说服力的符号学商业案例。该案例产生了一定影响，因为它讲述了一个精彩的故事：一个企业如何使用符号学扭转了品牌业绩，从预计亏损的状态，摇身一变，成了出人意料的成功典范。该论文的题目是《重塑查敏品牌》[①]。

## 商业背景

该业务甲方为爱生雅，是瑞典一家居家产品公司，其产品包括厨房用纸、面巾纸、厕纸等，在爱生雅中负责此块业务的公司现在叫爱

---

① 《重塑查敏品牌》在参会的同年已发表，可在世界广告研究中心（WARC）官网查看。本章所涉及的该文内容严格限于WARC出版物所列内容之内，均属于公开内容。

思缇 ① （Essity）。爱生雅当时遇到了一个棘手的问题。它本就拥有诸多品牌，从英国的维尔特（Velvet）到德国的芮琪娜（Zewa），当时它又成功从宝洁手中收购了厕纸品牌查敏在欧洲的经销许可。这是一次激动人心的收购。查敏是宝洁花费数亿英镑打造的品牌，所以宝洁在收购案中附加了严苛的条件。爱生雅被要求在三年后不得再使用查敏的所有品牌资产，包括品牌名称、徽标、著名的吉祥物，也就是那只可爱的"查敏熊"，而正是它们造就了该品牌的认知度。

在此背景下发挥作用的，还有一个额外因素：查敏有着异常忠实的消费者群体。虽然查敏的市值已经超过 9000 万英镑，但与英国最大的同类品牌皇冠（Andrex）和维尔特还是相去甚远。但在消费者忠诚度上，查敏比与它差距最小的维尔特还要高出 50%。在焦点小组访谈中，当爱生雅试着用维尔特的吉祥物"MD 宝宝"代替查敏熊时，效果一度非常糟糕。查敏熊只是众多品牌资产中的一件，但爱生雅不得不放弃。

爱生雅也知道，如果把忠实消费者最爱的元素都去掉，必然会造成亏损。公司十分重视米尔沃德·布朗恩（Millward Brown）所做的分析，分析指出，在该情况下，查敏的品牌知名度损失预计高达26%，销售额损失预计达20%，爱生雅需要三到四年才能恢复元气。爱生雅之后又请劳斯咨询公司加入顾问团队，就重塑品牌的程序和如何尽量减轻此类损失进行符号学分析。爱生雅的难题是，如何才能避免惹怒忠实消费者。答案似乎是，既要改掉与查敏相关的一切，又要看起来什么都没变。

在劳斯初步做完符号学咨询后，爱生雅决定试着在英国把查敏打

---

① 音译，下文音译不再标注。

造成一个全新品牌。在德国则采取不同策略，爱生雅将查敏放在知名的本土品牌芮琪娜旗下，这一做法也为之后评估查敏的品牌重塑效果树立了一个非常有用的对比标杆。

## 目标

决定打造全新品牌后，爱生雅面临的迫切问题是，在替换其即将失去的宝贵的品牌资产时，怎样最大限度地减少忠实消费者的权益损失。这就带来了以下任务：

◆找一个新的吉祥物，代替原来的那只熊（要想不被宝洁律师找麻烦，新吉祥物不能是熊）。

◆确定一个新品牌名称。

吉祥物和品牌名称可不能随便编造，以往的品牌名称和吉祥物承载了什么意义，新的品牌名称和吉祥物就必须向顾客传递同样的意义。替换原来那只标志性的熊是一项艰巨的任务，因为它辨识度太高，而且背后还有一个完整的虚拟世界。品牌名称也是一样，爱生雅明白查敏这个名字对消费者来说也是意义非凡，新名字也要让客户感受到类似的含义。

这些不仅是执行层面的问题，也是打造新品牌时存在的最深层次的问题。为了识别出上述"意义"的宝贵突破口，也就是宝洁在出售品牌时并未传授的细节，爱生雅设定了很多符号学研究目标，从而生成与整个品牌相关的洞见，让品牌设计提案有逻辑依据。这些目标包括但不限于：

◆挖掘查敏和竞争对手品牌的意义和情感价值。在这一步，我们需要将每个品牌作为一个整体进行考量，明确其品牌名称和吉祥物的特殊含义和价值。

◆挖掘出这些含义和情感价值与品牌的视觉和音效设计有何联系。

◆揭示英国公众对厕纸的理解方式，根据英国文化对待这些产品的方式（如何想象、谈论、描述它们），揭示这些理念如何服务于大众。厕纸通常被视为一种低交互产品，人们看重的是它的柔软度等功能性特征，所以，查敏的消费者忠诚度这么高，原因依然是个谜。

我们一边展开研究，用符号学提出了各种各样的建议，一边趁机把这些想法放到焦点小组中进行验证。我们觉得这种验证很重要，因为一开始提到要对查敏品牌进行改变时，我们就在焦点小组内看到了非常剑拔弩张的情绪反应。

我们必须认识到，这些研究目标中的大多数甚至是全部，都是明确的符号学目标。这些目标不涉及人们对厕纸的个性化和私人化的态度和想法，而是关于非私人化、非个性化的东西，如英国文化、相似产品、这类产品能传达的意义等，它们存在于文化层面，能影响大量的消费者。

## 方法：如何运用符号学

我在下一章会列出一个符号学研究的"方子"，它理论上适用于所有的调研项目。我们可以将之视为开展符号学研究的教学模板。在实际工作中，根据我们的特定目标，每个符号学项目的实际研究过程都有所不同。在本案例中，我们采用的分析步骤如下。

首先，观察整个产品类别和竞争状况。我们审视了各家产品的包装、广告、整体品牌，想找出存在于厕纸品类中的意义惯例，这些意义惯例是消费者给我们的信息，可供我们理解一个新品牌。具体而言，我们要放开以往关于柔软度、韧性、吸水性的刻板主张，它们限制了厕纸品牌对自己的描述，也限制了消费者向市场调研人员传达的内容。做这类分析，必然要先识别出品牌传播中的表面可见特征，比如当中出现的动物、居家内饰、森林等；也需要涵盖那些因缺少某些元素而形成的突出特征，比如有时候广告中不出现成人，旨在说明该厕纸专供婴幼儿使用。接下来我们会进行"自上而下"的符号学提问：这些信息为什么存在？它们服务于谁的利益？在传播中专门放进某些符号学符号而排除另一些符号，会给品牌和消费者带来什么好处？以这种方式设计的传播方式和内容能完成什么样的社会目的和功能？

之后我们又审视了更大范围的文化背景，做了些研究，以弄清此类厕纸呈现的形象，以及外部世界如何理解和对待它们。我们因而得以掌握英国文化的特点（如果有的话），及其对待这类事物的方式。同时，我们研究了英国的个人卫生和卫厕用品发展史，包括不同品牌近年来的广告宣传和更长时间内的历史事件。这些都是自上而下的符号学问题，我们会在第五章详细讨论提出这种问题的机制。

在进行以上工作的同时，我们还和多个机构进行了共同研讨，在研讨中，我们创造性地为查敏想出了很多备用的新品牌名称，还提出了关于动物吉祥物的很多想法。之后我们把研讨会的成果进行了自下而上的符号学处理，即针对每个名称和备选吉祥物，检测其在语言和地域层面突出的符号学符号、意义和传达意义的方式。比如，我们一眼就能看出某些名称所代表的明显含义，如柔软度，有的名称则具有暗示意味，如暗指亲密关系或听上去像是来自一种异国语言。

## 结果：符号学洞见

这项研究用了几周时间才完成，包括参加多机构研讨会的时间，我们最终向爱生雅拿出了大量有趣的调研成果。其中包括许多关于英国市场的有用信息，关于竞争对手传达意义的方式；我们当然也对品牌名称和吉祥物提出了建议，给出了清晰的、理性的、可视的证据来论证这些建议。在2011年那场业内会议的相关论文和出版物中，爱生雅和劳斯指出了所有可用洞见中的几个重点，提醒与会者注意：

◆英国人对卫厕相关事项感到焦虑和尴尬，与其他文化相比，这种心理非常明显。如果卫厕品牌能为消费者创造一种弗洛伊德所说的"焦虑转移机制"——创造一个对象去吸引人们的注意，就能减轻和缓和他们的尴尬情绪。当时，所有的英国厕纸品牌及其传播内容都很喜欢使用焦虑转移机制，比如卡通人物家庭，而且画面中的场景都不是洗手间。

◆焦虑转移机制不是随机的，甚至表现形式也不多样。对于排泄的地点和方式，成年人必须严格遵守社会规则，但在英国文化里，人们允许某些小家伙享受特权，如婴儿、儿童和动物——不论是野生动物还是家养宠物。成年人在说到和想到上述对象的需求和行为时，要比谈论自己的情况时更加轻松自然。这也是为什么厕纸广告里充斥着小狗、学步期的小孩儿，还有查敏熊一类的形象。

◆对查敏熊的符号学分析表明其具备某些特点。查敏熊不以真实的熊的形象出现在包装和广告里，它不是野生的或动物园里的那种熊，也不是一个无声无息的玩具熊，而是一个高度拟人的卡通形象。它有很多人的特征：直立行走，说英语，有一个和人类家庭一样的家。这和英国文化中的其他熊一样，比如鲁珀特熊、维尼熊、帕丁顿熊，其他国度也有这样的熊，比如迪士尼《丛林之书》里的黑熊巴洛。

◆在对英国文化中拟人化的熊做了进一步的符号学分析后，我们发现它们具备某些共同之处。重要的一点是，野生的熊其实非常危险，而拟人化的熊都完全没有威胁性：都不太灵活，也没有尖牙。它们的形象总是圆润、笨拙、身体重心很低，显得憨憨的，就像霍默·辛普森①那样。这些卡通形象都和蔼可亲、智力不高(维尼熊是出了名的"没头脑"，这也是它吸引小朋友的一大原因；帕丁顿熊也总是糊里糊涂)。它们都没有确切的年龄，有的看上去像是成年了，但却表现出小孩子般的性格、脾气，一副刚学会走路的小娃娃形象。这些都让我们清楚地看到，我们打造的新品牌需要这样一个吉祥物：它能转移人们的焦虑，必须是一种动物，形象要很萌、很天真无邪。

◆我们审核了研讨会上给出的关于吉祥物的很多提议，否决了一些传达的意义不对的(太强势、太成人化、太软弱、不可爱、不够让人有保护欲)吉祥物，最后在所有提议中确定了最符合本案例要求的一个。我们选择了考拉——很多英国人在度假时见过，或在别人的度假照片里看到过。大众普遍认为它们跟人类宝宝很像。英国游客很喜欢抱着考拉拍照(尽管野生考拉并不算友好)。考拉即使已成年，身体也是圆润而稚嫩，一副像极了人类的惊奇、可爱的表情。我们在焦点小组中对考拉和其他几个选项进行了测试，在查敏的忠实消费者中，考拉以绝对优势胜出。所以，考拉正是符合这些忠实消费者需求的品牌吉祥物。

---

① 动画片《辛普森一家》中的父亲。

◆分析品牌名称相对简单一些。我们在创意研讨会上得出了20多个名字，通过排除一些选项，我们迅速得出了新厕纸品牌名称要遵循的基本规则。从语言学的角度来看（符号学方法中有一半是语言学的，另一半是人类学的），查敏的名字中有一些显著的特征和价值。它暗含某种情感——被可爱的动物和婴儿吸引的感受。要想把查敏的品牌辨识度延续到新的品牌名称上，首字母"C"很重要。查敏这个词开头的"Ch"，发音很轻，能代表纸巾的柔软特性。这种发音在法语词汇里十分常见，会让英国消费者联想到女性气息和优雅气质。我们系统地排除了缺乏此类特质的候选名称，还有那些可能造成误解的名称，比如属于英国某些地区的俚语和俗称，最终得到的词是"酷雪"（Cushelle）。它有与"查敏"相同的语言学特征，又和"查敏"完全不一样，能满足宝洁的要求。和吉祥物一样，我们也在焦点小组里对新名字进行了测试，收到了热烈的反馈。

◆根据这些调研成果，爱生雅大胆设计出一个新品牌——酷雪，并找到了一个吉祥物，它拥有和之前拟人化的熊相同的特征，甚至比熊更萌。虽然很多消费者认为考拉是一种熊，但实际上它属于有袋目哺乳动物，完全符合宝洁律师对于"查敏熊和酷雪考拉必须不一样"的要求。爱生雅之后围绕这些新品牌资产设计了包装，发布了电视广告来宣传这一吉祥物。

## 实际应用和商业成果

现在回想起来，重新打造一个原本深受喜爱且有着忠实消费者基础的品牌，是一项非常冒险的业务。在重塑品牌之前，查敏在英国的市值高达9000万英镑。米尔沃德·布朗恩的分析已经向爱生雅表明，新品牌可能流失掉以往的品牌认可度，销售额亏损或高达 20%，要花三四年才能恢复原有的市场份额。而在德国，查敏逐步变为芮琪娜旗下的品牌，由此产生的损失和他们的预测非常一致。实际销售额损失达到了 21%，只比米尔沃德·布朗恩的预测多出不到 1%。

英国的情况却很引人注目。尽管英国消费者最初对查敏品牌的任何变动都很抗拒，但这些改变没有造成任何损失。这已经超出了爱生雅的预期，而实际上，与酷雪品牌绩效相关的几乎所有指标，都以查敏的绩效作为基准线开始上升。根据凯度（Kantar）① 搜集的数据，该品牌的市场渗透率、人均消费额、人均购买卷数、次均消费额以及次均购买卷数都在上升。就算在分析中排除促销等其他因素的影响，结果依然如此。唯一一个没有上升的指标，是顾客的购买频率。综合销售效果远超爱生雅的预期。爱生雅原本的想法很简单，只要能把原有的忠实消费者留给酷雪，尽量减少损失就行。

2011 年，爱生雅通过市场研究协会和世界广告研究中心发表了这一由劳斯咨询完成的里程碑式的案例。如今几年过去了，酷雪已经不再是新品牌，它有足够的时间来找到自己的利基市场。爱生雅收购查敏时，该品牌在英国的规模比当时第二大品牌维尔特小 20%。2017年发布的一份市场占有率报告（英国统计研究部，Statista.com）显示，查敏最终取代了维尔特的地位，成了除零售商品牌外的英国第二大厕纸品牌。这种持续增长证明了酷雪的强大吸引力，及其满足消费者不言而喻的情感和文化需求的能力。

---

① 凯度是在全球范围内提供数据、洞察和咨询的公司。——译者注

# 把握群体情感和文化

为市场调研撰写简报，就像构成市场调研行业的大多数其他活动一样，是由内向外的研究模式形成的，而该行业正是基于这种研究模式建立的。市场调研行业通常将其活动和洞见建立在个体心理学模型的基础上，试图挖掘出个体消费者头脑中的态度和看法，因此，市场调研专家自然会用心理学语言进行写作。我们长久以来形成了一种思维惯性，会把消费者当作市场调研的出发点和落脚点，把所有内容都限定于消费者能回答的问题，以及受访者能参与其中的活动和任务，这些活动和任务可能是能被相机捕捉的，也可能是内在的、个人的心理活动体验，如动机和品牌偏好。

在某些情况下，心理模型及其话语体系并不是达成研究背后的商业目标的最佳方式。知道这一点后，爱生雅非常有前瞻性地运用了符号学，那时符号学还是一种处于初始阶段的商业手段，并没有多少有说服力的案例。现在看来，当时的商业环境的某些面向是比较容易让人想到要运用符号学的：

1. 查敏品牌存在已久，市场份额足够大，明显有能力向大量客户（在 2017 年有 560 万英国客户）传达某种意义。如果这种意义只存在于个体及其内在心理层面，那么人们会因为截然不同的原因"喜欢"查敏和酷雪，但事情并非如此。当然，从无到有创建的新品牌也得向大量的人传递信息，但该案例的突出特点是，查敏在被爱生雅纳入旗下时，相较于很多较小的品牌，如厕纸品牌尼基（Nicky）和热吉娜（Regina），已具备非常多的既有意义（虽然宝洁并未明说），所以后者无法和它一样利用消费者的想象力，让人更多地购买自己的产品。

2. 这类产品的使用在英国是个敏感话题。消费者谈到厕纸时会不太自在。所以，很多市场调研方法要用到的问答形式，在这里就不太理想。

3. 爱生雅需要按照宝洁的要求做出改变，而这些改变是消费者不愿接受的。当消费者固执地认为什么都不该改变时，我们很难从他们那里获取关于品牌该如何改变的优质建议——除非你已经有了一个可以展示的好办法。

4. 该商业问题很明确，就是需要找出替代词和图像来传达既有的意义。消费者又不是人类学家或语言学家。我们不能指望他们用人类学语言告诉你，卡通熊对他们的吸引力在哪里，也不能让他们用语言学的方法解析品牌名称的构成，再重组一个新的品牌名称。消费者擅长的是给出反应，对刺激产生正面或负面的感受。因为查敏的忠实用户的反应特别强烈，我们便把他们作为研究的关键一环，但也没有让他们帮我们完成文化和语言学分析。

5. 应对该挑战需要一定的创造力。完成这项工作需要成年人的想象力，足够开阔的思维，把"袋目动物"和"带法语发音的辅音串"这些看似毫不相关的元素，用一种简单的方式表达出来，同时要能够有效剔除那些司空见惯的形象，如猩猩、海洋动物，还要排除带有地域性质或阶级意味的词。

在对符号学进行了近 20 年的商业应用后，我已经处理过各个国家、各种商业类别的大量问题。所有这些问题都有一些共同的商业环境特征，这能帮助品牌方和咨询机构理解在什么情况下适合使用符号学。根据我的经验，遇到以下需求时，就可以用符号学：

### 紧跟文化变革

一家生产玩具的公司意识到自己的广告有问题。这是一个久负盛名的品牌，已经存在了很久，但它对文化变革的反应一直不够敏捷。几十年来，大人与孩子的关系，以及大众对玩具和儿童娱乐的看法已经发生了改变。这在大众文化中也有所反映——消费者身边充斥着育儿书籍、油管视频、各种形式的广告、各种关于儿童和育儿的文化产物，这些现象全都在传达一个信息：现在的孩子和我们那时候不一样了。符号学可以用来找出这些变化，这将有助于我们把玩具生产公司老式的广告风格带到 21 世纪，摆脱庄重有余、不够亲切、略显呆板的广告。

### 在品牌中注入情感

一个乳制品品牌颇有野心地想要将自己与"怡人""信得过"等意义联系起来。从某种意义上讲，乳制品和厕纸一样，是所有人都会用但又不会花太多时间去思考的产品。消费者很难明确地说出自己对产品有什么感受。在竞争中，这类产品大都在标榜产品的功能性、健康性。客户想通过刺激消费者的情感达到直接的宣传效果，但是不知道该怎么用设计决策语言传达出强烈的情感。

### 面向敏感型受众

一家银行需要告诉公众自己完成了一次收购。该银行先前只在一个国家运营，不过它新近收购了相邻小国的一家国有银行。在本国客户中，有的人对这一收购感到开心，因为这好歹代表了该银行的壮大，其他人则不大在意。但是，在被收购方所在的小国，至少有部分客户比较爱国，是被收购的国有银行的忠实客户，容易对别国银行的收购行为感到不满。虽然他们心里不舒服，但收购已是既成事实，该银行必须将这一消息公之于众。该银行用符号学方法对邻国进行了深入调研。调研成果明确了那部分敏感的客户真正在意的符号学符号和意义，然后帮该银行的广告公司设计了一次让所有人都感觉良好的宣传活动，也照顾到了部分客户的民族自豪感。

### 展示沟通的力量

　　一家提供商场内部广告位的公司，需要说服媒体广告位的买家：商场广告位比廉价的户外广告位更有价值。完整的符号学研究项目应该包括实地考察（详见第七章）和人种学研究（详见第八章），作为以上工作的一部分，我们根据商场零售环境和消费者日常行为中的直接资料，找出了让商场广告显得有趣的特征。我们和客户一起，用符号学原理给一个虚拟品牌设计了广告，让客户把广告同时投放到自己在商场内和户外的广告位上。紧接着，我们对出现在这些地点的消费者进行了量化研究，结果表明，对于在商场内投放的广告，客户吸引力和回应度都高得多，这证实了广告位价格的合理性。同时，这项研究的符号学属性，也给未来的媒体广告位买家提供了一个风尚指南——符号学的实用技术和技巧，任何人都可以运用到自己的广告中，最大限度地俘获商场里的受众。

### 练习 2：撰写营销简报

　　请拿出你的日志。在阅读这本书的过程中，选出你想持续开展的营销挑战，确保它至少是之前的"营销挑战热门榜"所列项目中的一种。

请注意，你可以将该榜单所列项目进行分组，用符号学方法对每组进行如下研究：

◆最简单的一类关乎品牌和营销传播。此类项目的要求是进行更清晰、更有动力的宣传，传达一定的价值观和信息。在符号学中，这类分析经常被称为自下而上的分析，因为它是从最小单元的符号学元素出发的，如单个的词语和象征。分析会指出这些词语和象征的含义，然后逐步对产生这些符号的文化进行总结。我们将在第四章对自下而上分析进行详细讨论。

◆某些项目是关于消费者的具体问题的，包括细分市场、人口统计数据、社会群体和购买群体。问题包括：这些群体想从品牌和机构那里获取什么？如何才能调动他们？这类问题可以被看作中级难度的符号学问题。消费者是看得见、摸得着的，不是抽象的概念，但要回答此类问题，需要具备进行符号学研究的社会科学框架，不是简单地对包装、货品陈列等提出建议。这类符号学分析没有特定名称，你可以认为它介于"精细化的自下而上分析"和"粗略的自上而下分析"之间。在符号学项目的某个阶段，我们很难不对消费者本身进行思考，因为在检验各种符号和象征时，我们检验的就是人类为满足自身需求而创造的文化产物。

◆有的项目要解决的是社会问题，其中包括最新的社会趋势、跨文化差异和全球消费文化等。这是符号学研究中最复杂的一类问题。"社会"不同于消费者，很难被直接看到和操作。研究此类项目需要对符号学实践有一个概念性框架，并且对社会和文化变迁有广泛的知识基础。在符号学中，此类分析通常被称作自上而下的分析，因其始于符号学中最大的粒度元素，如意识形态、文化和社会变迁。我们会在第五章对自上而下的分析进行详细探讨。

◆最后，有些项目挑战的是我们的创造力。这些项目不一定是最困难的，但需要的是商业符号学方法中最难得的技巧，因为从业人员中很少有人知道符号学创造出的那些创新思维技巧。我们会在第六章进一步探讨该主题。

确定你面临的挑战属于哪一类。你面临的挑战适用于哪套方法，或者哪套方法对你的项目而言最重要？现在，你已经对自己打算用符号学解答的问题有了大致的想法，试着写一个简报，告诉那些提供符号学服务的人，你希望他们做什么。

写简报时，你要考虑：

◆利益相关者的需求。

◆商业目标和研究目标的区别。现在先把商业目标放在首位，下一章再对研究目标进行深入探讨。

"重塑查敏品牌"这个项目包含了上述所有商业挑战元素，但它始于一个自下而上的问题，即"我们该如何替换丢失的品牌资产"。随着项目的推进，我们的视野逐渐开阔，纳入了关于消费者（为何查敏的顾客对品牌如此忠诚）和消费文化（厕纸及其使用在某种程度上不太适宜谈论，该怎么解决这个问题）的问题。

下面是简报的一个范例，你可以用它启发自己的写作。该简报与购物有关，是一个非常常见的研究简报，主要侧重于自下而上的分析。品牌方是一家虚拟公司，名为BB食品。该公司认为符号学研究应该形成一整套清晰的符号和象征，以用于包装、店面装饰，促进销售。但这份简报也包括一个与消费者心理和行为相关的更大的目标。简报最后还提到了一些观点，即当下的社会趋势（如设计趋势）和机构（如咖啡厅和餐馆）也可能很重要。你可以看看查敏项目与该范例的内容有多接近，它可以代表一种项目类型，即品牌方需要提升品牌营业额的项目。

# 简报范例一：增强消费者与产品的互动

---

### 项目名称

增强购买者与产品的互动——烘豆。

### 背景

做完一些定性研究后，BB食品公司对烘豆购买者的思维模式和店内行为都有了新的认识。我们已经了解到，购物者通常按需购买烘豆，这种购买行为不是突发性的。他们会自行走到熟悉的区域，迅速找到常买的牌子所在的货架，然后拿东西，很少或者根本不需要四下打量。因此，我们很难在店内的货架布置方面找出可以影响和吸引消费者的介入方式。

让消费者在烘豆货架前觉得眼前一亮对BB食品尤为重要，因为它在这个品类中推出了一个新品牌。"奇幻烘豆"（Fancy Beans）是其推出的一款精品调味烘豆，价格比同类竞品要高。推出新产品时，BB食品想通过包装设计打造一款更出众、更高级的产品，包装现代、图案简洁，符合当前的设计风尚。但现在的包装在货架上一点都不突出。BB食品想让奇幻烘豆这个品牌发展起来，所以需要了解更多关于烘豆的符号学知识，来吸引高端购物

---

群体。

于是，BB食品想利用符号学，增加店内布置和客户间的互动。我们想知道，怎样才能让商场内的提示更吸引眼球；可以引入哪些刺激感官的提示信号，来鼓励购物者在货架区四处看看，并且多关注精品烘豆区；能否将咖啡厅、餐厅和其他高级食材所用的提示，借用到店内的货架布置中。

## 商业目标

了解各种感官提示信号，提升店内布置的互动性，让客户多看、多试新产品。

## 所需信息

希望符号学研究能告诉我们奇幻烘豆的包装应该具备的所有特征，告诉我们购物者如何利用提示信号在店内走动，就如何使用店内提示、加强该产品类别与购物者的互动提出建议。

我们会利用这些信息，找出一些能帮助BB食品的规律，让购买烘豆的人告别原来的"自动导航"模式。

## 预算

待定。

## 时间表

我们希望对烘豆进行详尽的符号学调查，在约四周内拿到结果。

# 简报范例二：让产品留下健康的印象

第二份简报的侧重点有所不同。一家市场调研机构需要迅速得到自己所需的创意和洞见。从下表中可以看到，项目时间和成本压缩严重，该简报作者不想把项目做得太大，只想针对某一社会问题（大众对心理健康看法的改变）可能对消费者想法和品牌传播造成的实际后果，得出专业、原创的观点。此类简报更具体，时间安排很紧，通常是由咨询机构和广告机构发布的。

---

**项目名称**

成熟女性的心理健康状况。

我们的客户打算推出一系列营养品，目标是让产品在消费者心中留下有益身心健康的印象。核心消费者群体是成熟女性，属于愿意为身心健康多花钱的群体。为了设计营销活动，我们需要更多地了解心理健康的大环境及其对成熟女性的影响。

具体而言，我们想了解以下两个主题：

◆成熟女性如何理解心理健康问题，她们和该问题有何关联？她们在这方面面临什么问题，她们认为怎样才算健康状况良好？

◆我们如何把自身品牌和其他品牌区分开，市场充斥着各种杂音，各方对何为健康争论不休，怎样才能让品牌提出独特的观点？

我们的预算非常有限，且最多只有两天时间。希望能在本周五下班前，以线上沟通和电话交流的形式拿到成果。

---

# 符号学市场前景广阔

按以上两个范例准备的简报，类似于惯例和常规业务，是品牌方、营销人员、广告机构和研究机构每天都在做的。在20年前的世纪之交，符号学几乎还没有被应用于市场营销。营销行业内的各种组织、商业杂志、行业大会、专业协会、市场调研服务商和客户，都还不知道这种研究方法。而现在，仅仅在领英上，就有两万人声称自己从事符号学市场营销。符号学已经有了自己的行业大会，如符号学大会，还有政府机构组织的会议，这些机构包括市场研究协会，他们还会评奖，组织开展管理培训项目。私营企业和非营利组织的调研，都在使用符号学方法。联合利华、宝洁、各大零售商、银行、制药公司、医疗健康服务商、政府管理机构、广告行业企业、非营利组织等都在使用符号学方法。现在，符号学家已经学会如何在商业领域发挥自己的本领，符号学正炙手可热。它为消费者和消费者身处的世界提供了新的视角，激发了人们的创造力、创新力，推进了企业的品牌战略，指导了品牌宣传的设计方向，为各种营销难题提供了解决方案。我们今天所知道的符号学，起源于欧洲和美国，但随着中亚、中国、印度、非洲等地的品牌和营销人员对符号学的应用，符号学已在世界各地流行起来。

本章的练习到此结束，在开始学习下一章之前稍事休息。你可以访问网站warc.com，在搜索栏输入"符号学"（semiotics）搜索更多内容。在我写作本书的2019年，在该网站搜索"符号学"，能搜出95个案例分析、139篇文章和445篇研究报告。你可以点击浏览案例分析，大致感受一下，符号学是如何应用于不同行业，为完成什么商业目标服务的。复习一下你的日志内容，按自身情况调整自己的简报。现在你可以开始学习第三章了，第三章的内容是提案写作，以及一个开展符号学分析的万能公式。

# 第三章
## 符号学研究的万能模型

第三章
Chapter Three

## 本章预览

在本章，我会努力用较少的篇幅将自己约 20 年的商业符号学经验做个总结。希望在学习完本书所有内容后，你在需要整合项目内容、推动项目进程时，会自主地重拾本章。学完本章，你会学到：

◆一个万能的符号学项目模型，几乎适用于所有的商业情形。

◆一份简便的事项清单，包括符号学项目设计中的问询、计划、待办和备忘事项。

◆更深入地理解如何才能把符号学分析做得具备说服力和专业性。

◆提案写作所需的材料。不论你是机构研究人员还是自由研究人员，都可以在工作中把提案用作推销自己的工具。

# 第一步：了解客户为何要雇用你

当你开始做一个符号学项目时，最要紧的事是了解客户为什么要雇用你，他们想达成什么目的。这听起来容易，但在实际的商业实践中，很多符号学家却经常出现如下状况：

◆预设客户想要的就是自己最容易给出的成果；

◆未确认客户对符号学的看法，以及在他们眼中符号学能（以及不能）做什么；

◆未询问客户，为什么认为符号学比其他市场调研方法更适合解决他们的问题，又为什么没有直接找品牌顾问做咨询；

◆未询问关键利益相关方是谁，为完成自己的商业目标，客户还找了哪些机构。

开展工作前，你要先调查以上问题，因为这会影响你对调研项目的设计方式。跟其他调研项目一样，符号学项目也需要先行设计，因为它也有多种可选的研究方法。你不用每次都重复同样的公式，能掌握多种方法会更好，这样就能根据客户的需求调整研究过程。

有一种情况很普遍，即经验有限的符号学家会认为，符号学就是识别出各种"符号"，然后把它们分门别类成各种所谓的"符码"。最后，他们可能会再把这些"符码"分组，拿到客户面前，让品牌去占领这些"高地"。虽然大多数符号学项目中都会出现符号和符码，但也并非总是如此。而且机械地采用"符号—符码—高地"这一公式，会忽略项目的设计、计划，丢失对客户需求应有的敏感。这会损害我们的创造性，而客户之所以请你来，就是希望你提供原创的想法。上述做法的结果很可能是，客户要求你返工，并且不会再找你合作。

在项目设计中，你或许不会考虑以下创新观念和要点：

◆你打算如何平衡自下而上和自上而下分析的权重？对于细化包装和广告文案等宣传内容而言，自下而上分析非常重要；对于理解消费者和社会潮流而言，重要的则是自上而下分析。

◆你想把消费者的话语和行为纳入数据集中吗？你打算与这些消费者直接接触吗？你要进行现场调研，搜集观察资料吗？有的研究者认为，既然不是非得与消费者直接接触，就完全没必要把消费者纳入研究中。但是，消费者的言行都可以成为极具价值的研究资料。

◆你打算用符号学特有的工具来激发创造力，寻找创新的机遇吗？我们将在第六章学习更多相关内容。

◆客户要求你提出对未来的看法了吗？如果是，你需要取得该品牌或同类产品的相关历史资料，对其过去有所了解。

---

符号学有两种分析方法。在大多数项目中，你需要同时用到这两种方法，但你应该根据项目目标来平衡二者。自下而上的分析涉及检验"文本"，文本可以是任何内容，从包装上的词语、社交媒体日常，到30页的焦点小组报告，都是文本，我们要从中挑出有意义的元素，这些元素就叫"符号"。自上而下的分析是指，运用符号学中的概念性工具，对来自特定地理区域或消费者亚文化的意识形态及其影响进行批判性分析。

---

# 第二步：把商业目标转化为研究问题

如果你是一名自由研究人员或机构研究人员，这会是你的提案写作中非常关键的一步。如果你是品牌方人员或客户方的全职营销人员，你也要确保自己知道如何把商业目标转化成研究问题，且不遗漏任何重要内容。让我们重新看看上一章关于烘豆案例的简报，找出该案例中可以帮助我们完成工作的研究问题。

## 烘豆案例

烘豆案例中的客户 BB 食品写了一份详尽的简报，非常准确地表达了它希望符号学帮它完成的事情。请注意，客户已经对消费者进行了一些定性研究：他们观察过消费者在货架区的表现，注意到购物者经常自行走到货架前，且很难再真正注意到其他产品。BB食品认为，要想改变这种情况，一种办法是在货架区使用"提示信号"，可以借用咖啡厅、餐厅等其他场所中高端食品类别的提示方式。由此，你可以先设置以下几个研究问题：

◆在可能出售BB食品产品的众多超市、商店和其他零售点，在货架或店内设计方面，有哪些装置或提示信号能让购物者眼前一亮？

◆在各种销售制备食品的场所，包括咖啡厅、餐厅、街边市场、节日市集等，卖家是用什么提示信号来让食品看起来更有趣、更能激起食欲、更让人想尝一口的？

◆如果消费者没有在烘豆货区进行挑选，那么他们会在哪些区域浏览商品呢？这些区域或许包括：酒品区、书籍杂志区、手工制品店和点心铺。通过这些货品的陈列方式，我们能学到什么东西，可以用于烘豆的陈列呢？

BB食品对包装也有疑虑，他们指出了一个具体问题：他们原本打算让包装设计显得新潮，但现在的包装却在货架上被淹没无踪。符号学家经常被要求解决这种问题，而你得给出自己的答案。为此，你可以按下列顺序设置研究问题：

◆现在的包装上和包装内，有哪些符号学符号偏离了规范？明确地说，也许BB食品已经做出了关于标签设计的决定，即把产品标记为不同于"一般烘豆"，但这标签却贴到了锡罐上，而锡罐是同类产品的标准配备。

◆包装上哪些符号学符号是和竞争对手相同的？

◆在实际操作中，到底是什么导致产品包装不够引人注目？是因为它的颜色和摆在一旁的竞品的主体色调融为一体了，还是因为其他品牌用了同样的设计元素但做得更出色？如果是这样，让其他产品更加突出的是什么？

◆在同一家店铺的罐装食品和其他食品中，代表"高级"的符号学符号是什么？一种"高级"和另一种"高级"有多大区别？

◆在同一家店铺的罐装食品和其他食品中，代表"现代感"和"现代主义"的符号学符号是什么，"现代感"与"现代感"之间的差异有多大？

◆"高级"和"现代感"在多大程度上有所重叠？

◆对于包装上能产生高级感、现代感和更具主导性的符号学符号，客户会选择什么？

这个问题列表颇长，虽然不够详尽，但从这些问题出发，便可以逐步把消费者的期待转化成符号学家的任务列表。问题总是加不完的，为了让内容更简洁明了，我没有加入关于导航的问题——研究该问题，需要详细查探不同商店的货架布局，总结对方招揽顾客、为顾客做路线指引的方式。我也没有明确提及"感官"一词，即便这是一种有用的提示，因为"提示信号"可以包括声音、气味和质地等。最后，我也没有加入任何自上而下的问题，即关于烘豆的文化意义和大众期待的相关问题，虽然以上问题对该案例而言也都恰如其分。值得注意的是，我现在所做的主要事务，就是落实客户用到的概念。也就是说，当客户使用"浏览""参与""高级"等词时，我们则试着赋予这些词实际的、在现实生活中的意义，而这些意义将让我们意识到，我们肯定能找到这些想法在店铺内"崭露头角"的证据。

## 成熟女性及其心理健康问题

该简报比烘豆案例的简报短得多，需要我们更侧重于自上而下分析。也就是说，虽然该简报中的第二个问题"如何使我们的品牌与竞争对手有所区别"暗含了对竞争者信息的自下而上的考量，让我们能认识自身弱点以及与对手的差距，但该简报的第一个问题"成熟女性如何理解心理健康问题，她们和该问题有何关联"是更偏重于文化层面而非传播层面的问题。对于该案例，你可以按如下方法来设置研究问题：

◆成熟女性会在什么地方遭遇对心理健康问题的讨论？把可能出现此类讨论的地方列出来，以便我们研究大众处理该问题的方法。这些地方可以是：线上社群（找到她们在线上聚集的地方），全科诊室和其他公共服务场合，大众传媒和流行文化平台，如女性生活方式杂志、电视剧等。

◆在这些地方以及话语信息中，"心理健康"指什么？其中包含哪些话题，不包括哪些话题？有没有关于"良好的心理状态"的讨论，还是说人们并未讨论这一话题？

◆心理健康问题在什么程度上被正常化或边缘化了？它是被限定为"每个人身上都会发生的事"，还是被当成了"一种大多数人都未曾有过的罕见经历"？

◆在这些话语信息中，心理健康问题的解决方案在哪里？大众是否普遍期待自己能从自身出发解决这些问题，比如培养"乐观的心态"？这些问题是否被塑造成了一种可以克服、只需要在日常生活中做点改变就能解决的困难，比如长期运动、摄入各种维生素，多吃蔬菜？还是被塑造成了一种需要药物干预的问题？

◆ "成熟女性"是什么意思？面对心理健康宣传时，这些女性如何看待自己的状态？女性会不会一到 50 岁，就突然开始经常被问某些问题，如与绝经、情绪波动和潮热相关的问题。有没有什么困扰年轻人的心理健康问题，是成熟女性（明智地或是错误地）认为自己不用担心的？简而言之，在成熟女性所处的心理健康环境中，是否存在年龄歧视或种族歧视？该环境是否偏袒了经济状况好的女性，而歧视或忽视了低收入群体女性？

这些都是自上而下的问题，关乎文化习惯、传统、习俗，关乎社会实践和信仰结构，它们提出了各种意识形态问题，如社会群体是如何被纳入这些议题或被排除在外的。

列出研究问题会很耗时，但却能帮你预先设想需要搜集哪类资料，搜集过程中还会涉及什么内容。它还能帮你设计出契合研究目的的项目。

# 第三步：和客户一起头脑风暴

接下来，如果客户有时间，和他们开一场头脑风暴会议是很好的选择。这场会议最好是面对面的，你要事先准备好所有的研究问题，因为这能激发你的符号学思维，让你针对所探讨的主题拿出想法。

反过来，你要从客户那里学习的是，如何从他们的角度看待其产品所属的类别、他们的消费者，以及他们如何理解自己面临的问题。你可以把这场会议当作一次人种学访谈。客户也许并不是该产品的目标消费者，但是，如果说公司内部的小文化圈是个俱乐部，那么作为公司员工的他们就是全额付费会员。如果你是客户，也就是说你是品牌方，或是给本公司做项目的全职研究人员，请为利益相关方组织一场研讨会。抓住这一机会，尽可能多地弄清这些人对世界的看法，他们认为哪些事是理所当然的，哪些事明显还需要别人做解释说明。

记住，要弄清这个公司是否有某种已被接受的、他们不希望你妄加挑战的概念模式或潜在主张。也许整个公司都认为：所有的购物者都是在执行购物任务，或者他们肯定在某个细分市场上花了很多钱。

会议结束后，再看看你的研究问题，在必要时加以完善。

# 第四步：搜集文化样本和群体偏好

现在你可以开始搜集资料了，因为做过精心准备，你也知道需要找什么资料，去哪里找。从上述两个项目看，我们的资料要有以下来源：

## 客户或自己的公司

◆客户自己的广告、包装、市场宣传内容、网站内容。

◆竞争对手品牌的上述材料（客户有的话）。

◆市场情报、市场调研报告和原始资料，如焦点小组研究或访谈记录。

◆可能采取的设计思路。做过的品牌宣传和市场活动，不论成功与否。

◆货架区、促销活动、店内布置等照片。货架区平面图，如果有的话。

◆品牌发展时间线——存在了多久，发展历程如何？

### 实地考察

◆购物者行为——不是每个项目都需要做，但对很多项目来说，只要做，就会很有用处。去可以观察人们日常生活"行为"的其他地方做调查。

◆真实场地的照片。客户或许可以给你很多烘豆货区的照片，但你也可以去其他地方拍照片，如咖啡厅、餐厅、市场、书店、酒馆以及路边广告等。

◆搜集一些物理文献，这对心理健康项目会很有用，比如，在全科诊室候诊厅搜集的传单。但要注意，这个案例给你的时间非常有限。

◆购买产品，这可以揭示很多东西，而且有趣。客户可能会发给你他们的罐装烘豆的高清图片，但我建议你自己买一罐，把它和其他竞品一起放在桌子上看看。这样，你才能实际地拿着它，感受其重量，仔细观察，得到切身的感受和理解。

### 数字平台

◆智能手机软件。

◆网站，包括自然形成的线上社群。"自然形成"的意思是，消费者中的社团并不是以市场调研为目的被刻意组织起来的。

◆其他数字平台，如推奇①（Twitch）和迪斯阔②（Discord）等电子游戏用户常用平台。

◆线上档案平台是很好的资料来源，可供查找以往的广告和其他

---

① Twitch 是一个面向电子游戏的实时流媒体视频平台。
② Discord 是一款适用于游戏玩家一体化语音和文字聊天的即时通信软件。

文化碎片。即使是由用户自己维护的档案，如拼趣，也会出人意料地好。

◆数字电视和观影平台，如网飞（Netflix）。

## 图书馆和纸质档案

◆这一资料来源并未被充分利用，当你需要查找资料时，这简直是无价之宝。我曾经去过伦敦大英博物馆，查找一名19世纪苏格兰产业家的相关官方记录，因为他当时的生活和家庭状况跟我客户的品牌起源有关。

多少资料才算够呢？要搜集多少材料，你才敢说自己已经有了"一个样本"？对此我有以下三条原则。

1. "总之，资料永远不嫌多。"如果客户给你资料，不要拒绝。你可以说清楚，因为项目时间有限，你可能没法针对资料包里的每项内容都做出细致的报告。重点是，即使是浏览文字记录和平面广告，也可能会有新的、不寻常的现象跳到你的眼前，或是一张惹眼的图片，或是一段出人意表的文字。

使用这些资料时，你可以迅速对该类产品的规范有一种感受，这能让你更迅速地看出不合规范的地方。这些地方就是需要专门挑出来多加注意的，因为它们在试图说明某些问题。

2. "如果资料里再也找不出没见过的新内容，资料就够多了。"换个说法，如果你还能从资料里找出新东西，那就还需要更多资料。这种"东西"可以是你根据项目需求查找的任何内容——只言片语、民间智慧、广告词、设计决策、代表性人物、产品影像、提及"烘豆"和"心理健康"的说辞，等等。请持续搜集这些资料，直到再也找不出不同的内容为止。

3. "你是在搜集文化样本，不是人的样本。"定性市场调研一直被这种观念所困扰：样本总是不够大。这种市场调研方式总是处于下风，要为样本不够大而道歉、做说明，仿佛只是定量研究的一个穷酸亲戚。这是因为定量研究和定性研究有一个共同点，用的都是消费者心理模型——就是我之前提到过的自内而外的模式。它们研究的都是个体的人，试图挖掘人们大脑中的东西，如态度、品牌偏好、动机等。在这种模式下，我们要假设每个人都有所不同，都有独特的性格，所以我们必须将足够多的人纳入样本，囊括他们的所有反应，以便对更大范围的人群下结论。有一点非常重要，即明白符号学与这种模式恰恰相反，符号学是一种自外而内的研究方式。你不是在搜集人类个体样本，而是在搜集文化样本。文化在实践中变成了人类生产的文化输出，符号学家称之为"文本"。一段文本，可以是一罐烘豆、一则广告、一条记录、一种店内布置或是上述任何一项。根据前两条原则，你会知道你的样本中何时有了足够多的文本，之后就可以通过这些文本对产生这些文本的文化生成合理结论了。

我自己最爱的原则是"资料永远不嫌多"。如果你有幸从客户那里拿到很多资料，不管是过往的品牌宣传内容、市场情报、近期市场调研成果、备选的设计思路、尝试过但并不成功的品牌宣传和市场决策等，即使研究时间非常有限，也请照单全收。资料越多，你对项目就能看得越全面。

# 第五步：识别符号的关联意义

分析符号学符号是第四章的主题，届时我们会深入研究众多细节，现在先简单介绍何为符号，如何在碰到符号时识别它们。

符号学符号是符号学分析中最小的传播单元。一个文本，如一罐烘豆、一张关于心理健康的传单，都是由以下多种符号学符号组成的：颜色、图像（照片、电子图片或插图）、语言、字体、空白、论证性文字（配方、功能说明、体验说明、产品交付和益处说明）、物理维度以及各种材料。在某些情况下，气味和材质都可以成为符号学符号。比如，有时候消费者光是想想"新车的味道"就觉得很诱人。

符号学因其解码视觉图像的特殊功能而不同于其他研究方法，因此常有研究者直接把符号学符号等同于"某物的图像"，这是一种需要摒除的错误概念。符号学符号是文本的构成元素，如颜色、形状、图案、标徽等所有被赋予了意义的元素。这些意义不是由某个人或某个公司赋予的，而是随时间的推移，被文化赋予的。比如，如果说红色的关联意义是"第一"或事物最初的样子，或者在西方文化中意味着"力量"和"性"，在中国文化中意味着"好运"，那是因为，这些文化环境作为一个整体，一直在用红色重复强调这些意义，直到所有人都接受了它们。

未被赋予任何意义的东西不是符号学符号。如果你现在拿起一支笔随意写写画画，那么这些涂鸦不是符号学符号，只是涂鸦。或者，用据传为弗洛伊德说过的一句话来说："有时，一支雪茄仅是一支雪茄而已。"

浏览一遍你的资料包,列出你找到的所有具有意义的符号学符号;记下它们出现的地方。不要试图把这个过程自动化,或者至少不要自动生成列表却不检查结果是否合理。自动化程序可以识别传单上的文字,照片里的颜色和形状,但无法识别意义(这个问题将在第十一章详细讨论)。

## 第六步:理解符码背后的消费者思维

符码并非符号学分析中囊括一切要素的代表,它不是分析的终点,也不一定和每个项目都相关。但在大多数项目中,符码都会以这样或那样的形式出现,所以我们必须知道它是什么。

最简单的解释是,一套符码是某些符号学符号的集合,这些符号经常同时出现在同一个地方。比如,很多工作场合都有着装规范,包括很多条款,如男性要打领带、穿有领衬衫、深色套装。同一套着装规范会要求女性最好(甚至必须)穿裙子,但不能太短。此外,这套规范可能还会要求女性最好(甚至必须)化妆,而且必须是职场妆、"裸"妆,不能有闪亮的眼影和夸张的睫毛;规定员工必须留短发或束发,也许还禁止涂指甲油;规定必须穿或不能穿高跟鞋。这些职场人士,也需要出席其他非工作场合:周末要去农贸市场、夜店或舞厅。这些地方的着装规范就不一样了,职场套装在这些地方无法得到认同,穿成那样可能会被禁止入内。

在符号学中,符码正是这样的存在。它们是一组符号学符号,相互之间没有必然关联或天然关联,但能按常规组合在一起,达到某种效果。最后一点很重要。正如"某物的图像"，只有被赋予了某种意义并得到了普遍认同，才能称得上符号学符号；一组事物要被称作符码，也必须能共同营造某种效果。符码告诉人们该如何理解周遭的世界以及如何行动。它们自身并不是"规范"，但却具有规范性。"规范性"是一种符合人们预期的理解和行为，如果我们不予遵守，就会产生危害。办公室着装规范的规范性在于，如果你穿着晚礼服或泳装来上班，就会有麻烦。食品包装上的"健康"符码的规范性在于，告诉消费者怎么理解该食品，该什么时候吃它。比如，什么可以减肥，什么对心脏好，感恩节或圣诞节大餐里要是少了某种食物，你的家人会不开心。

符码可以被视为包含了一些关于消费者如何理解市面上的产品、该采取什么行为的指导规范。作为符号学家，你的工作是识别符号的含义以及符码的规范性功能。

以上区分不是随意做出的。如果一项符号学研究失效了，那通常是因为研究者没能将他们的活动与任何焦点小组分类练习区分开来。全世界的消费者都擅长根据事物外观进行分类。如果给他们十包八包茶叶，他们能毫无困难地区分出功能性包装和装饰性包装。你就别再用这种分类来冒充符号学研究了。这样做，客户是不会拿你当一回事的，他们或许不是符号学专家，但他们知道焦点小组能做什么，他们希望你拿出更厉害的本事。此外，仅凭缺乏意义的"符号"和缺乏规范性的"符码"，你会在接下来必须给出商业意见时觉得困难重重。

记住，你的工作是做出解释，而不仅仅是描述。任何焦点小组都能根据商品外观说出广告和包装的差别是什么。要完成符号学工作，你得解释为什么产品看上去是这样的。对符号学符号进行观察后，你会就产生它的社会或文化得出某些结论。

# 第七步：自上而下，分析群体文化背景

我们现在正稳步迈入自上而下分析法的领域。这是符号学中最强大的方法，同时，因为人们长期以来对它认知度较低，不知道该如何运用它，它也成为最容易被忽视的方法。人们似乎觉得，他们大可以直接进行自下而上分析，识别几个符号和符码了事，而不必费工夫进行自上而下分析。自上而下分析是第五章的主题，我们届时会进行详细探讨。就本章目标而言，简要谈谈何为自上而下分析以及为何它很重要就够了。

思考符号学作为一门学科的历史和发展史，可以帮我们理解自上而下分析的影响力和相关性。它于 20 世纪最初几年在欧洲和美国同时出现。在美国，符号学是形式逻辑的一个分支，在欧洲则是与逻辑学毫不相干的语言学的一个分支。两个分支的学术性都很强，都强调科学性。二战后，符号学依然属于逻辑学和语言学，除了在战后不久出现的几次事件，符号学依然具有纯粹的学术性。简单来说就是，人类学家，这群一直在研究将人类社会联系在一起的人类文化和社会结构（家族、有组织的用餐、工作、教育、法律等）的人，发现符号学蕴含了一些非常有用的洞见。他们注意到，"二元对立"等概念性产物（我们之后会谈到），不只是可以用来解决语言学家的问题。人类学家于是自问："如果我们将原本用于探寻语言工作原理的语言学方法，用来探究社会运转方式，会发生什么？"探究的成果超乎所有人的预期，导致符号学在社会科学领域乃至最终在商业领域，燃起了燎原之火。

往回翻几页，再看看成熟女性及其心理健康项目中的研究问题，那些问题被我称作"自上而下"问题。注意，这些问题不是在解码符号和象征，而是在研究意义是如何自行组织，又是如何在更大的社会范围内被组织起来的。何为"成熟女性"？在你所研究的文化中，哪些问题被看作她们所特有的？人们是否认为她们面临的仅仅是绝经问题而不存在食欲不振或性别焦虑的问题？这些问题有何解决方案？是靠药物治疗还是靠改变生活方式，甚至是靠改变心态来解决？成熟女性及其心理健康这一文化性话题涉及哪些人？哪些人被排除在外？该话题是否存在年龄歧视？是否关系到白人女性和富裕女性？对于其他"不配"谈论此话题的女性，她们的健康问题是否遭到了忽视？该话题是否存在性别歧视？关乎成熟女性及其心理健康的话题，是否造成了对女性的歧视、限制或是在贬低她们的行为，让她们沦为笑柄，在职场不受欢迎，薪酬更低？当你问出这些问题时，你就不再局限于自下而上的文本分析，而是在问：什么样的社会才需要产生那类文本？这些文本为什么被需要？谁能从中受益，谁会受其所累，或因其存在而被边缘化？谁在为这些文本所塑造的现实状况埋单？世界上其他地方或历史上其他时期的情况是否有所不同？

　　这就是自上而下分析，也是符号学真正的能力所在。你要不断地找出符号和符码，弄清是什么样的社会需要那些符号和符码，在此之后，针对品牌和消费者，你才能说出一些真正原创的、有见地的观点。

# 第八步：回顾商业目标

　　现在你已经完成了项目的分析工作，有了很多有趣的发现。通过自下而上的分析，你发现了很多符号和符码；能说出它们的目的，也能分别指出哪种符号学符号承载着何种意义。通过自上而下的分析工作，你已经揭示出很多与生成这些符号和符码的社会或文化相关的内容。以上工作能使你对人们的行为方式（不论是在超市、职场，还是在舞厅活动、在家中用餐）的原因给出深刻的评论，也能使你说出谁会从这些行为中获益，谁会为此埋单。

　　回到简报部分，让我们再看看那些商业目标。

　　在烘豆项目中，你做了很多自下而上的分析工作，烘豆公司应该会很满意，因为你能相当详尽地告诉他们，在店面和货架方面，可以引入什么样的符号学符号，以引起消费者的注意，说服他们多四处看看，用哪些符号能让产品看起来更高端，在货架上脱颖而出。还有一项附加价值，你现在知道了烘豆的很多文化意义，让客户在应用符号学符号时，能大致清楚其中的原理，了解它们是如何吸引消费者去了解其品牌的，会激发怎样的购买和食用行为。

　　在心理健康项目上，你把大部分时间花在了自上而下的思考上，客户对此也会感到满意。对于成熟女性以及围绕她们的心理健康环境，你在短时间内就能给出原创的观点。你能识别哪些人是未获得充分服务的次级目标群体，指出哪些话已经被用得太多，新品牌可以向哪些偏见发起挑战，进而做出创新。你能告诉客户，与心理健康相关的主流文化言论，如何在某些方面造福女性，比如让她们可以就潮热接受荷尔蒙替代治疗，又如何在别的方面使她们遭受损害，比如让其他人认为她们缺乏魅力、不讲道理。这些都是品牌可以利用的洞见。作为一项附加价值，你可以指出从文本中发现的某些支持你主张的符号和象征，客户可以选择把它们用到宣传中，或是对其进行更改或颠覆。

关于如何从资料中得到洞见进而形成营销策略的更多内容详见第九章。

> 请始终专注于客户的商业目标。符号学本质上非常有趣且回馈丰厚。但仅仅让自己有收获并不能让你赚到钱。你是被雇来解决特定的商业问题的，所以要集中注意力解决问题，克制住长篇大论的冲动，不要天马行空而不顾及你写的内容能否影响客户的最终盈亏。

## 第九步：做出客户需要的最终报告

现在该写下你的研究发现了。关于写作的众多内容详见第十章，本章会给出一个简易的符号学实践"良方"，对于文本和视觉成果输出，以下是我最想给出的建议。

## 逐条罗列你的观点，用可视化材料举例

我经常制作幻灯片，当我试图用自己的洞见或发现说服客户时，我喜欢放进很多视觉证据。烘豆项目的文档估计会很长，因为客户目标涉及的主要是自下而上的问题，所以他们应该想要看到大量可供其使用的清晰、亮眼的视觉化符号学符号示例。不要在幻灯片里堆砌太多内容。一页只说一个问题，最多用一两行文字、两三张图片，向客户展示你在谈什么，或举例说明你希望他们做什么。心理健康项目的文档要相对短些，因为时间非常有限，而且你的主要洞见都是抽象的，不是简单的实物。尽管如此，也要严格遵守上述原则：幻灯片内容不能过多。一页只说一件事，向客户展示示例，告诉他们你的想法从何而来，在现实生活中有何体现。

尽量不要用 Word 文档。这种方式仿佛在鼓励你滔滔不绝，一直写下去。做符号学研究时，你很容易在创意的激发下信马由缰，最后把报告写得跟这本书一样长。客户没时间读这么长的东西，几百页的文字，你自己都很难从中找到一个出众的观点。要想把符号学的文本报告写得易读好用，需要遵守很多规则。因此，把各种信息逐条列好，对各个事项进行示例说明，是为了方便大家。

如果你需要准备一份简短的文档，或由于技术限制无法放进所有图像（譬如本书这种情况），可以考虑用网站或其他数字平台存放视觉资源。

## 专注于客户和读者所需的内容

你纳入报告的材料，只能与客户的商业目标相关。我最近看了一个符号学分析实例，分析的是某款经过全新设计、外形独特的果汁饮

品。关于包装形状的意义，报告作者完全放飞了想象。问题在于，他
没能给出任何证据表明该包装对其他人而言也具备这样的意义。客户
请你来不是要你告诉他们，他们的产品让你想到了爷爷最爱的那件衣
服，想到了你在秘鲁的神秘度假之旅。他们需要你说出该包装在消费
者眼中的意义。符号学符号的意义，必须是得到一致认可、被公众获
知的意义。要是你确实想到了很多意义，但比较私人化，无法影响客
户的最终盈亏，那就别提了。

### 为你的主张提供充足的支持性证据

　　尽量不要围绕一个单独的文本去构建一个完整案例分析。很多学
生和处于事业起步阶段的符号学研究者常犯这样的错误，这样做是无
法让顾客满意的。近期在一个很受欢迎的社交媒体平台上便出现了一
篇这样的分析文章，该文章遭到了读者的负面评价。文章只用了一张
截自热门情景喜剧的静态图作为仅有的支持材料。作者非常真诚地试
图解码这张图，解释其中的某些符号学符号——时尚元素、发型、家
具、室内设计，揭示这些元素是如何赋予剧中角色意义的。本文似乎
想表达：这些意义，无论是对这部特定的情景喜剧，还是对一般的情
景喜剧，甚至是对电视剧之外更广泛的文化而言，都是成立的。而其
收到负面评价的原因主要在于，作者只讲了这一张图。读者说，"这
是一个虚构场景，根本不能说明现实生活的任何情况"，还说"要是
想让我们了解更多电视相关的知识，你自己最好多看几部电视剧"，
最残忍的说法是，"换个合适的工作吧"。你要避免发生这种情况，
别像这位一样，费尽心思地对流行文化进行符号学思考，到头来别人
却叫你换工作。你需要明确读者为什么要关注你说的话，还要提供充

足的证据，让读者有合理的理由同意你说的话。

## 语言要清晰简洁

不要堆砌辞藻。用一种接受过适当教育的人都能懂的语言就好。如果你已经是符号学资深学者，会阅读哲学和人类学方面的研究文献，你就会发现自己被各种冗长的专业术语淹没了，有些词甚至是作者为了特定的目的临时编造的。这些词的存在有其特定原因。知道什么叫"阈限"[①]，什么叫"异轨"[②]，什么叫"滑点"[③]，对资深的符号学从业人员来讲也是件好事，但你不需要为了让人高看一眼而随时掉书袋。我念博士的时候也是，总想让人知道我有多聪明，惹得我的导师给我提出了这样一条宝贵建议："不要把简单的事变得高深，而要把高深的东西变得简单。"

## 练习 3：练习写提案

耐心读完本章前文的众多内容后，你就可以采取行动了。打开自己的日志，根据笔记内容和之前写的简报写一个提案。

---

① 阈限（Liminality）一词源自拉丁文"limen"（英语 threshold，意思是极限），指"有间隙性的或者模棱两可的状态"。阈限也是心理学名词，指外界引起有机体感觉的最小刺激量。这个定义揭示了人感觉系统的一种特性，那就是只有刺激达到一定量的时候才会引起感觉。——译者注
② 异轨（法语：détournement）是当代媒体作品的变体，它是一种"将旧有作品以颠倒的方式重新创作"的手法，而被选做重新创作的原作品（détourned）必须是一个被大众所熟悉的媒体，以便能够有效和迅速地传达与原作相反的意图和信息。——译者注
③ 滑点（Slippage）是指订单的执行价格比设定价格差。这意味着报价出现了大的变化。一般在市场上出现重大事件时会出现滑点。——译者注

## 072 为什么喜欢？为什么讨厌？

### 背景和商业目标

用几段话或一页幻灯片总结整个简报。

### 研究目标

先试着把你的研究问题列出来，然后把问题列表从头看一遍，形成研究目标，目标要包括你想通过研究取得的预期成果。

### 方法

用几句话解释为什么符号学工具适用于解决当前问题。如果你的专业经验告诉你，要解决该问题，把符号学和人种学或定性方法相结合是个好办法，那就把它们都加进来，并说清楚你为什么要这样做。

### 资料

你会用到什么样的资料？举例说明，列明资料从何而来，应该由谁提供。

### 过程

说明你在研究中用到的自下而上分析和自上而下分析的比重，以及这一比重会如何影响预期成果，但不用讲得太深入。

记得提出你需要开一场头脑风暴会议，客户需要在会议上给你讲解他们的业务状况，而你会带他们了解符号学思维。

### 讨论

用一两页文字给你的客户进行一次有吸引力的预览，说明你要探讨什么样的主题，可能会讲什么内容。建议做一个短小的样本分析，这不会占用你很多时间，但却能产生深远的影响。

成果提交

告诉你的客户（想象中的或真实的），你在项目结束后能为他带来什么实际好处。

时间安排和成本

这一部分比较棘手，因为受以下各种因素影响，你的安排可能会产生变化：

◆你是否会开展观察性的田野调查，或跟消费者沟通？

◆你需要多大的样本资料量？

◆客户的竞争对手品牌有多少？在这些品牌中，他们要求你重点做出详尽评价的有几个？某些类型的产品品牌，如手机品牌，竞争对手其实很少。时尚用品和甜食等其他类型的产品，品牌就数不胜数了。除非项目本身有需求，不要过分致力于提供对大量品牌的详细分析。

◆该研究是否为跨国项目？需要翻译材料或与国外人员合作吗？

◆你是否需要为不同读者准备不同版本的最终报告？

虽然有诸多变数，但我们还是能做出大致的预估。再回头看看我们的简报范例，你会发现，烘豆项目客户给了你四周时间完成一个项目，项目涉及大量具体问题，肯定需要你去购买产品或做门店拜访。而另一边，心理健康项目客户只给了你两天时间，你得在周五给他们打电话做简报。这些情况是我在自己的职业生涯中经常遇到的，一些项目还需要频繁地去海外出差、做翻译工作，耗时长达数月。所以，你要估计一下项目的大概时长，计算日薪，据此向客户报价。

我在本章大致介绍了开展符号学研究的方法，适用于所有情况。接下来的章节，我会深入介绍分析技巧、符号学工具的具体应用以及营销策略。

第四章

# 自下而上分析：解码符号背后的意义

第四章
Chapter Four

欢迎来到第四章。接下来，我将用两章的篇幅详细介绍如何进行符号学分析，这是其中的第一章。本章涉及自下而上的分析，这是符号学的一种广为人知的功能，即确定各种符号和象征的意义。学完本章，你将学会：

· 区分符号、文本和符码，在实际商业场景中运用这一知识来加强你的分析能力；

· 有意识地决定将哪些资源用作可研究资料，哪些用作阐释性材料；

· 在对广告等复杂信息进行思考时，做到对内容和形式同等重视；

· 开始解码视觉图像、言语和视频剪辑，产生有价值的洞见；

· 基于对符码的功能性分析，得出你对消费者心理和行为的洞见。

## 什么是自下而上的分析

自下而上的分析可能是符号学最广为人知一个方面。其最简单的形式，是找出传播中一些小的信息单元，如品牌商标、一碟挤压式早餐麦片、罐装意面、签名的颜色、一声锐响（如锣声、钹声）等。某些传播中的小单元就是单词和短语。符号学家的任务是说出它们的意义。这些信息单元如果被赋予了特定的文化意义，就可以被称作符号学符号。

　　大部分符号学符号都不是单独存在的，出现在符号学家的书桌上或电脑屏幕上的符号学符号，都是文本的组成部分。文本是由许多符号学符号组成的复杂信息。遗憾的是，在商业符号学中，文本常被忽视，它们其实充满了富有价值的意义，从而可以帮符号学家找出一个个单独的符号学符号。

　　检查文本并找出其中的符号学符号后，研究者可以将这些符号进行分组，形成他们所说的"符码"。

　　符码介于自下而上的分析和自上而下的分析之间。很多商业符号学家都有这种经验：识别符号学符号并将其分组为符码。但做这件事时如果没有关注文本，就会导致无法从这一步顺利推进到自上而下的分析，并且难以找出这些符码有什么功能性目的。符码就可能变成仅仅是基于符号学符号的外观做出的模糊分类。在本章，我会优先、着重地介绍符号和文本，这将为我们最后讨论符码打下基础。我们先看看下面这几个核心词汇到底代表什么：

## 符号

　　符号学符号是传达意义的小的信息单元。符号学符号可以是一个单词、一种声效、一个简单的视觉图标，如心形或笑脸。符号是被产生它的文化赋予了意义的，是包装、广告和其他品牌触点的基石。

## 文本

　　文本是由符号学符号构成的整体。文本可以是一则电视广告、一个零售店、一个带包装的产品、一本书、一部电影或一幅画，也可以是消费者的"照片墙"账号或一个公司博客。商业从业人员有时急于搜集并识别符号学符号，却忽略了文本，而文本中富含着与消费文化相关的有用信息，而且也是符号学符号能产生意义和赖以存在的环境。

## 符码

　　符码是众多符号学符号的总和，这些符号经常同时出现，作为不同现实情况的支撑信息，并能指导人的行为。例如，苏格兰拥有一套包含荆棘、格子图案、湖泊、城堡等符号的符码，而这套符码主要被用于品牌威士忌的出口以及招揽游客。它们承载着与苏格兰相关的传说和信仰，而现实中那些不属于这套符码的种种细节，则会被它们所掩盖。这套符码能告诉游客该怎么在苏格兰游玩，告诉喝威士忌的人该如何享用威士忌，甚至对那些距离产生这套符码的地方十分遥远的人，也是如此。

---

### 如何识别文本、符码和符号

　　假设你收到一个邮包，那是一张装在信封里的折式卡片。在符号学看来，这里的文本就是整张卡片，包括信封和信封上所写的内容。符号是那些能传达意义的卡片的组成部分。在这个案例中，卡片正面是一张图，图中有一束气球，气球周围点缀着亮光。这些符号属于"聚会"这套符码——生日聚会或其他形式的庆祝活动。并不是每张生日贺卡或聚会邀请卡上都有气球和亮光，但这些符号学符号一起出现时，就足以表示问候和邀请，我们和收到卡片的人都能立即领会这种意义。

## 表征

"这不是一个烟斗"，在一幅烟斗画作的正下方，马格里特（Magritte）写了这句话。这是他的知名画作《形象的叛逆》（*The Treachery of Images*），作于1929年，那时他30岁。你可能也知道，作为观者，我们很难注意到：我们自以为看到的是个烟斗，但实际上明明是在看一幅画啊。这就是直视和审视的区别。"直视"好比是"透过一块透明玻璃看向另一边的烟斗"，而"审视"是"审视、观察一幅画着烟斗的图的外观和设计"。马格里特是想让我们关注表征的问题。他想让我们思考，这到底是不是一个烟斗？这幅画或许的确能告诉我们烟斗可以是什么样子，但它还想告诉我们一个重要事实：这只是烟斗的一种表征。

在符号学研究中，在直视和审视之间进行转换是一种至关重要的能力。出于习惯，我们在日常生活中倾向于直视表征。视觉或有声信息出现在我们面前时，我们经常直白地认为，它们仅仅提供了其所表述对象的相关信息。我们会非常关注信息的内容，消费者向来如此。想要精通符号学，得养成一种本领，也就是，要能摆脱这一倾向，将注意力转向眼前文本的形式和结构特征。这是审视表征方法的一个新焦点。仔细分析你就会发现，几乎所有形式的人类传播产物，最终都无外乎某种表征，只不过，符号学家经常被要求处理某些资料，这些资料能更加生动地体现表征问题。这些资料包括视觉图像和言语碎片，它们都在试图描述或表征某种存在于该文本之外的东西。

### 形式和内容

在所有的市场调研方法中，符号学以其对表征的解码能力脱颖而出，它能指出：

◆表征的意义

◆表征如何达成这些意义

在商业场景中，客户通常会给符号学家提供各种照片、视频剪辑和印刷品，或许还有语音广告和消费者访谈之类的音频材料。研究人员还可能收到书面材料，如市场定位报告、品牌故事、网页、广告语和其他营销宣传内容，以及研究生成的各种材料，如焦点小组访谈记录。由于这些文本都是表征，我们需要从以下两方面进行研究。

## 形式

这是画、照片还是视频？是电子格式的吗？你正在审视的物品的物质层面是什么？分析对象的物质层面是我们不能遗漏的，但在商业研究中却往往不是重点。当然，例外的情况是，客户要求你把一个文本当成一个独立的产品，并要求你对其格式进行评价。我自己在工作中遇到过的类似情况有：审阅实体杂志、医药传单和患者信息、供应商发送给消费者的账单和水电费流水等官方文件、包装设计的照片和描述，就广告里的吉祥物应该用平面形象还是 3D 形象给出建议，诸如此类。

## 内容

这幅画、这张图、这个视频或其他视觉表征的主题是什么？这是一幅什么样的画面？除了焦点小组谈话的结构特点，符号学还可以就小组讨论的主要内容提出什么观点？这些是客户在商业符号学研究中经常关注的主要问题。我自己做过的类似案例有：广告中父母和家人的视觉表征，谈论遗传病的消费者，零售店和货架的照片，推特内容，消费者的自画像等。

进行自下而上的符号学分析时，我们注意文本的上述两个方面。每个文本都有其形式和内容，本章的案例就包括对这两个方面的讨论。

## 用作可研究资料的文本 VS 用作阐释性材料的文本

还有一种考量文本的方式，它涉及我们出于分析的目的而去对待文本的方式。这种考量不是决定我们需要关注文本的哪些方面，而是思考在用文本揭示某种看法后，我们要怎么利用这些看法。是把这些看法当作权威的、对世界的真实和直接的描述，还是对其持怀疑态度，认为需要对其另做解释？对于从文本中得出的洞见和观察，需要上述两种不同的处理方式，两种方式之间也存在一种微妙的关系，由此，我们可以将文本分为"用作可研究资料的文本"和"用作阐释性材料的文本"：

### 用作可研究资料的文本

一条推特写道："耐克是世界上最伟大的品牌"。这句话很有趣，但并不是非常可信或权威，所以需要对其进行符号学分析。

### 用作阐释性材料的文本

在一场话题性的营销活动后，某产品销量大增。限于该项目的实际情况，我们必须把客户的销售数据作为可信赖的资料，在研究中不能对其提出质疑。

"需要谨慎审查很可能不那么可信的资料"和"可以从中寻求洞见和真相的阐释性材料"之间是有区别的，这不单是一种学术理论观点。这不仅会直接影响我们采信怎样的现实情况并将之提交给客户，同样还会影响我们将把哪些内容当作真相，又将把哪些内容当作仅呈现给他人的真相。

如何认定一份材料属于哪种文本？这在一定程度上是一种商业决策。客户提供的某些东西，在其看来就是真相，不容置疑，如他们的销售数据、对营销效果的评估或公司进行的市场细分。

该问题在一定程度上也是一种分析决策。针对不同项目，你虽然可以灵活地决定眼前的文本是资料还是材料，但在处理研究材料的方式上，你必须做出负责任的决定。我们要避免在做决定时出现下意识的偏见，比如，认为学术著作、科学杂志、德高望重的人的作品或他们署名的信件等，必然具有权威性，只需要相信他们说的话就行。同时，也不能武断地认为，普通的信息来源就一定不值得相信，比如，市场调研里的焦点小组、妈妈网等网络社群。

其实，某些人群，如艺术家和学术人员，之所以能不断创造出可以被当作阐释性材料的有益内容，是因为思考符号学问题是他们的本职工作。因为他们乐于花费时间和资源，从符号学角度思考各种意义、表征、文化惯例，并将之作为日常工作。相较于其他人，他们有更多的机会得出关于消费文化的洞见和新看法，而商业符号学家也可以使用这些洞见和看法，从中受益。

本章的主要内容是关于符号和象征的自下而上的分析，因此，我们接下来会把重点放在作为可研究资料的文本上。在第五章介绍自上而下的分析时，我们会探讨阐释性材料，届时我们会更多地关注学术作品和艺术作品。

## 本章会如何梳理符号和文本

正如我们所见，如果对文本进行全面的考量，它就会变得非常复杂，因为文本的内部特征各不相同，作为分析者，你也是抱着各种目的来使用它的。为了尽量让问题简单一些，本章的文本组织顺序，按市场人员通常要求我们区分的材料类型的顺序来，因为市场人员才是使用和购买符号学洞见的人。

# 解码图像

一旦开始做符号学分析，你办公桌上就会时常出现静态图。它们往往是复杂的文本，由很多符号学符号组成：高清的产品包装二维图、平面图、投放的广告、网页等。如果你资料包中的内容非常多样化，从静态图开始做分析是很好的选择。我看到静态图时，会先就以下符号学符号展开分析：

1. 用色。图中有主色调吗？有不同的调色板吗？这种色调传递的是某种情绪还是某种文化信息？

2. 这是一种象征性呈现吗？能否明显看出是某种事物，如一辆车或一瓶香水？或者完全是象征性呈现？是否和多数品牌商标一样是抽象设计图？该图如何把观者的注意力引向其内容或形式？达到了什么效果？

3. 这是一幅肖像或自画像吗？画面中有没有人物？他们有什么可以传达的具体意义？这些人是什么性别？看上去多少岁？是否看起来像某个种族的成员？抑或属于某一亚文化群体？

4. 图像是想呈现现代感、怀旧感还是历史感？有时候，视觉图像的形式就可以表明其风格。彩色照片和高清电子图像展现的都是现代性甚至未来主义，而手绘插图则表示对 20 世纪中期的怀旧，或代表很多消费者从未体验过的乡间生活方式。

5. 该图是否被用于支持某种大众的或政治性观念？它又是怎么支持这种观念的？在西方文化中，很多商业人士和消费者都喜欢激励人心和鼓舞士气的内容。我们眼前充斥着大量图文结合的信息，它们都在试图营造一种催人奋进、能量满满的效果。

6. 人们熟悉的日常事物，与奇异的、极端的或异国情调的事物，两者在图中比例如何？图中有哪些视觉导向，可以帮助消费者了解图像所描绘场景的构成？

7. 如果这是一张照片，它是在哪里拍的？其中有没有什么内容是在告诉人们，该如何与环境交互？比如，如果照片是在商场里拍的，那么它有没有拍到路标、可移动货架和价标？据你推断，拍照者和照片中的人物或物品是何种关系？

我们举例说明如何应用这类分析方法。图 4.1 的照片出自我自己的相册。照片里是我在英国伦敦一家很讲究的茶餐厅点的茶和蛋糕。

1. 颜色。我们首先会注意到这是一张黑白照片。在其他文本，如专业制作的广告图中，黑白往往意味着历史感。照片中，笔者和摄影师呈现了当今时代的一些东西，我们也可以据此推断，它之所以是黑白的，是因为它在一本印刷书籍里。而且，这可能是一本商业用书而不是艺术类书籍或桌边画册，因为后者用的照片会比文字多。

2. 这是一种象征性呈现。该图真实、简单地呈现了茶和蛋糕，似

图 4.1　茶与蛋糕

图源：雷切尔·劳斯（c2016）。

乎是想让观者将其当作纪实性照片。其本意是如实地叙述一件事，如"在伦敦的餐厅喝茶"。

3. 这张照片中没有人物，视图主体由物品占据。它不是一张肖像照片而是一张静物照片。静物画面当然不只是绘画传统里炫耀画技用的，当中还充满了与文化相关的象征和信息，图中物品正是产生于这种文化，并在这种文化中受到重视。本案例中的这张照片，捕捉了伦敦文化中的几样实物的静止状态，在世界上的很多文化中，这几样东西都几近庄严。下午茶这种风俗所特有的英伦风情就蕴含其中，如杯碟、奶壶和茶壶。

4. 一旦我们接受了这一观点，即该图是对伦敦的茶餐厅文化或下午茶这种英伦风俗的记录，我们就能看出这间茶餐厅肯定在服务中加入了怀旧元素。在 21 世纪的英国，我们多数时候会去星巴克，用马克杯或硬纸壳杯喝茶。但在大概五六十年前，我们愿意相信在整个英国的家庭生活里，茶点时间都是另一幅图景：带茶托的精美陶瓷杯，单独装牛奶的壶，不用把奶先倒进杯子里打底；茶要用另一个壶单独装，而不是在马克杯上挂个茶包了事；甚至还有餐巾，二战后，厨房表面变得易于擦拭，家庭主妇也就懒得用餐巾了。

5. 就其能强化英国的等级体系观念而言，这也是一张带有政治意味的图。首先，以特殊的方式喝茶这件事，现在被视为上流社会的专属活动，只有他们才有闲情逸致用这种传统方式喝茶，而不会纡尊降贵，在上下班路旁的星巴克里敷衍了事。第二，请注意这里的一种精妙手法：虽然这些茶杯、杯托、碟子均是带有精致花饰的瓷器，图案设计也很相仿，但却并不配套。对英国的阶级体系有过观察的人会提醒你，中产阶级才有凡事都要配套的习惯，特别是在家中，这从他们的室内装潢就能看出来。对不配套甚至白璧微瑕的器具，上流社会反而用得坦然，只要质地好就行，人们对此的解释是，上流社会最珍贵的东西可不是买来的，而是继承来的。该茶餐厅的这一手很聪明：从器具搭配入手，不经意间就让人感觉自己已经跻身上流社会了。

6. 请注意，很多高端产品和体验，向客户推销的卖点都是异域风情、新颖别致。想想度假宣传和产品发布，是不是都有一种特意为之的刺激感？而其他时候，对消费者有诱惑力的都是商家承诺的"温馨、家常、舒适、亲切"。要营造这种氛围，对英国人而言，"茶"是多数情况下的首选。我们从图中看到的桌子上的物件，展示的是一种既使人愉悦又安抚人心的国民风俗。不论是生活在伦敦，奔忙一天后回到家中的英国人，还是来自其他国家，借一小块蛋糕体味过一丝英国文化的游客，喝茶都是一剂良药。

7. 该场景中有很多微妙的提示，目的是为了告诉拍照者——也就是在此喝茶的人——应该有怎样的行为举止。餐巾和杯托仿佛在说"小心哦，不要洒了"，桌子后方的小花瓶则在说"你是来体验的，不要只顾着吃吃喝喝"。

上述七点并未穷尽一张视觉图像中可能出现的东西，但它是一个很好的开始。随着符号学实践一步步地推进，你有能力进行分析的事项会逐步增加。你也将发现，在做自上而下的分析，即研究文化和社会中的大问题时，你能识别的符号会变得越来越多。

### 练习4：解码图像

回到你记录自己的符号学项目的日志。搜集两三张复杂的、与你的主题相关的视觉图像（得是完整的文本，而不是单独的符号学符号）。就上述七个研究视角展开分析，并记下你的发现和观察结果。要记下它们如何明确地与研究问题和商业目标相联系。后续你将从其他资料和其他分析方式中分别得出一些洞见，你要把你之前的发现与之进行三方关系对比。

# 解码文本

符号学家经常需要处理书面文字。书面文字的形式包括：包装说明、广告词、网页，以文字形式或印制材料投放的广告，如直邮广告、宣传册、传单。你看到的杂志和新闻可能同时有印刷版和电子版。关于客户产品的信息可能是一本册子也可能是一套册子。

符号学家往往会对日常会话记录感兴趣。我在下一章将对日常对话进行探讨，届时我会介绍如何把语篇分析等方法与符号学相结合。

日常会话分析有其自身的特性，而语篇分析对此能有所帮助。与此同时，有些特征是几乎所有书面文字所共有的，这才是本节的主题。

我遇到书面文字资料时，会从以下几个角度进行思考：

1. 这一文本的形式属性是什么？它是什么格式的？我会在哪里看到这种文本，消费者又会在哪里看到？它到底是路边宣传，是品牌方发在"照片墙"账号上的信息，还是放在公司网站上的品牌故事？

2. 文本采用的是什么语言？英语、阿拉伯语、中文还是其他语言？是否带有明显的方言？有没有用俚语或地方俗语？总之，单词和短语，包括品牌名，都是很容易识别的符号学符号。

3. 书面和口述信息通常会暗示语境。具体来说，文本暗示的作者或说话者是谁？潜在读者是谁？其中暗指的二者相遇的场景是怎样的？该文本的预设目标是什么？它是在讲故事，还是发号施令？是在做出承诺还是在道歉？

4. 我能从中找出多少二元对立关系？二元对立是指，在两个词、两个短语或两个符号学符号中，一方的含义有赖于另一方的存在——但在文本中，这种关系时而明显时而模糊。这种词语之间的二元组织及其意义，由费迪南·德·索绪尔（Ferdinand de Saussure）在20世纪初发现，是符号学最早的发现之一。

5. 该文本的语言学结构如何？是一个标题还是一本书？二者都是单独的符号学符号。

6. 该文本的风格是幽默的还是讽刺的？是不是自评自述或"元"思考（以文本方式对其自身进行评述）？其中有没有与马格里特的画

作相似之处，即可以提醒我们不能简单地从事物表象来看待它们。

　　和前文对静态视觉图像的分析一样，以上六条尚未穷尽我对文本所做的解读，但它们可以很好地示范我们该如何发问，你可以参照它们进行分析、推进项目。在学习本书和做项目的过程中，你应该能从大部分文本中找出这些符号学符号和机制。在研究关于自然发生的会话的资料时，它们会更加明显，但因为关于会话机制的知识在这里已经讲了不少，我们稍后再讲解会话文本的独特处理方式。

　　现在让我们来看一个案例，并依照上述所列问题对其进行研究。图 4.2 是我 2017 年在加利福尼亚拍摄的一张照片。这是一家名为洛芙特（Loft）的女装店的橱窗。如你所见，这个橱窗内没有穿着最新款时装的模特，取而代之的是玻璃后面的一副巨大海报，海报上是一位女士的脸，她开口大笑。这张脸被一条书面信息挡住了一部分，我们的任务便是对这些文字进行解码：

图中译文：
"亲爱的、
不知该穿什么的人们，
从今天开始，
想穿什么就穿什么吧。
为了真我（当真）。
爱你的，洛芙特"

图 4.2　门店外观

图源：雷切尔·劳斯（2017）。

1. 该文本的形式属性是：店面橱窗通知。这是在公共场合，我们可以认为，该内容不是什么秘密，其目的就是要让大众看到。我们也能猜到，这家服装店的目标人群是年轻女性。在分析该照片前知道这一点，有助于我们理解，因为它能为我们设立一个背景，但这不是关键。

2. 图中的语言是英文。注意，上面写着"For real"（为了真我）。这是一种典型的北美说法，"For real"后面加了句号，成了一个完整的句子。"For real"本身在美国的都市用语中也是一个完整的句子，意思是"真的"。

3. 此处暗含的语境非常有趣。这家叫洛芙特的服装店是在对路过的潜在客户说话，对可能从图中看见自己的年轻女性说话。但是，门店并没有直接对客户说什么，而是把内容伪装成一条面向另一群体的信息，使之看起来像那种指导年轻女性穿衣打扮的杂志图片或电视节目。

4. 在这一信息中能找出多对二元对立关系。其中最重要的是，穿着是为了表达个人情绪而不是为了其他目的——一种隐含的对立。这里的对立一方可以是"顺应传统、循规蹈矩或迎合他人喜好的穿搭"。这是该文本的核心道德内涵。在对其预设的目标群体说话时，这张图片似乎在代表客户去拒绝穿衣规则，宣扬一种率性而为、快乐为主的穿搭选择，虽然实际情况是，很少有人能随时随地、随心所欲地选择自己的穿搭，人们在衣着选择上往往都会受限。我们很快就会在符码部分说到这一点。

5. 该文本的语言结构用的是书信体，以"亲爱的"（Dear）开头，"爱你的"（Love）结尾。使用的是非正式语气，签名是手写的品牌名，而不是信中正文那样正式的书面字体。手画的爱心暗示了写信的人很可能是一位年轻女性。

6. 该文本有一个讽刺的地方是，我们都知道这并不是一封"真正的"信。它模仿了传统的书信形式来表达观点。这个观点是，大众，尤其是年轻女性，应该通过对外在时尚元素的选择，自由地表达内心最真实的感受。洛芙特在此树立了这样一个远大目标，而它自身的形象则是这一目标的支持者。

## 练习 5：解码语言

回顾两三个与你之前所做项目相关的完整文本，其中应该至少有一个文本含有文字。如果你手头有跟项目相关的纯文字资料，如在社交媒体上的对话记录，那就优先分析该文本。如果你手头的文本很长，比如焦点小组访谈记录，那就找出其中有趣的部分做分析花费几分钟，也就是讲一个故事的时间，去用前面所讲的问题对该文本进行分析，你可以对整个文本有更好的认识，比如其语气、结构等。

回答完上述问题后，你就能知道其中各个符号学符号的含义并把它们一一列出来了。洛芙特的这张海报中的符号学符号就包括但不仅限于：

◆年轻模特的笑容。

◆字体暗示信件是用老式打字机打出来的，这深受时髦人士的欢迎。

◆主语是"我们"（We），通常用于呼吁站在同一战线的人采取行动。

◆ "从今天开始"（Starting today），是一个从大众心理中借用的短语，属于"自立"和"自强"的符码。

◆ "亲爱的"（Dear），"爱你的"（Love）。

◆ 手写签名和手绘爱心。

◆ "穿什么"（What to Wear）——如果你觉得文本中有什么符号学符号特指某种当地文化，那就对此再多做一些调查。

◆ "想穿什么就穿什么"里的"想"（Feel）——情绪或感受，被当作一个标尺，以此可以对外部现实进行评估，或者挖掘人们对现实的需求。怎么"想"是有文化特性的，并非普遍的人类价值。

## 解码电视广告等时基媒介

时基媒介包括动图、动画等动效内容，电视广告、电台广告、人种学纪录片、焦点小组音频记录、音乐和用户制作的视频内容（Twitch和油管用户等）。这种类型的媒介一般都带有声音和视效编辑。即使只是一个短视频，它也可以被分解为不同的场景，讲出一个故事，展现不同的视角。

如前文所述，请同时关注视频资料的形式与内容，因为二者都能承载和传播意义。以下基本要点，可用于培养你对该类文本的分析能力，你也可以自行补充其他要点。

◆ 该视频是节奏很快、动作密集的，还是节奏偏慢、画面拖沓的？

◆ 是否加了音乐？该音乐是什么类型？民谣、街头说唱、韩国流行歌曲，还是弦乐四重奏？

◆这是一个专业、半专业还是业余作品？有后期制作吗？后期效果使其看上去更专业，还是更"原生态"，更像自制作品？

◆是否有人声？是演员的声音还是合成的机器音效？为什么会存在这样一个角色？

◆如果视频中有多个场景，那么场景之间有何关联？视频制作者是想讲述一个有前因后果的故事吗？

◆是否有字幕？

◆视频内容是否明显虚构？或者已说明是未经改编的真实内容？抑或是介于两者之间？

◆视频制作中是否运用了分屏技术？是怎么运用的？达到了什么效果？向观众强调了什么？

◆你是在什么平台上看到该视频的？关于该影片的制作者、观众和文化意义或影片可能的意义，视频向你传达了什么？

# 解码实体资料

在研究过程中，你可能还会遇到另一类资料，其中包含一些实体物品和真实场景。

这些物品，可以是能被你拿在手上的、带包装的、立体的产品，可以是经过高度精细化的设计制造，如浓缩咖啡机、汽车等，也可以是需要花钱购买的礼品。

而真实场景，可以是人类能到达的任何地方。你可以观察各种人，商场里的过往行人，在家做饭的人，参观博物馆的人，工作场合的人，等等。你要真正去到某个地方，闻那里的气味，享用那里的服务：买双鞋，剪个头发，找个地方坐坐。身处人群聚集的地方，看到人们怡然自得、招手致意，你会有生理上的感受。当看到售货员开始揽到一群客户的时候，你甚至能感受到某种情绪。

解码实体物品和生活经验需要另做讨论，我会在讲符号学田野调查的那一章重点介绍这一内容，也会把符号学和人种学研究方法相结合。目前我们只要知道，不论是竖起大拇指这个手势，还是用可可粉做的那层浮在咖啡杯上的拉花，或是冒雨在时尚品牌至尊（Supreme）的店外大排长龙的年轻人，都是符号学中的符号。

## 从符号到符码：提升粒度级别

项目做到现在，你已经认真看过一些资料，也明白最终到达自己手中的这些资料不是单一的符号学符号，而是能传递较为复杂的信息的完整文本。你已经将这些文本看作整体来思考，而后你又对其进行了分解，从中找出了最小的意义单元——符号学符号。你已经从自下而上的角度，从细节出发，非常仔细地研究过这些资料。现在我们是时候把分析提升一个粒度级别①，开始思考符码了。接下来，我们要学习消费者心理和日常行为的相关内容，从而为第五章开展的自上而下分析工作做好准备。

在详细探讨应该对符码做什么之前，我要先提醒大家以下几个关键词：

◆自上而下的分析。这是一种符号学分析方法，是对较大范围内

---

① 指数据细化程度，这里指分析更加细化。

的文化和社会问题，运用符号学工具进行思考。在将符号学符号整理成符码时，我们便逐渐将问题的分析范围从自下而上转向自上而下了。

◆符码是一个统称，表示经常在同一时同一地点出现的符号学符号的总和。符码的突出特征是具备社会功能。它们为某种现实情况提供支撑信息，同时会抑制其他现实情况的信息传播，对消费者的行为做出指导。

当我们观察到符码的存在时，我们的分析便上升了一个粒度级别。我们不再只谈符号学符号，谈论的是这些符号在各种文本和场景中发挥作用的方式。每个符号学符号都有自己的"朋友"，它们聚在一起就会产生某种特定的意义。

在商业符号学研究中有一种趋势，就是大家会试图根据符号的外观将其分成各种符码。这种做法会让你无法利用符号学得出最佳洞见，这也是为什么我们应该牢固树立这一观念：符码不止于外观，它们应该为某种目的服务。

所有的符码都产生自某种文化，虽然产生的方式各有不同，但总有具体的来源赋予它们某些鲜明的特征，借此，你可以找出这些符码存在的目的，这是符号学家的职责所在，也是消费者通常无法做到的事。

## 品牌为消费者生成的符码

我们看到，很多品牌不仅通过符码与消费者对话，甚至还创造出了自己的符码，食品就是一个非常好的例子。很多企业会帮消费者把食品分门别类。50年前，消费者在做饭前只需要考虑一下买什么"肉"

和什么"蔬菜"，经过几十年规模化生产和食品加工的洗礼，他们已经学会按照下列符码来理解食品：

## 奢华食材

在特殊场合使用的食材。可以作为拿得出手的礼品。限量供应，能彰显食用者的地位。

## 健康食品

"健康食品"是一个宽泛的高利润类别，这是一个强有力的符码，包含很多符号学符号，从"素食者"到"异黄酮"，当然还有"有机""自然"等。这些符码能让消费者觉得，自己吃它们是在做有益健康的事，当然，购买健康食品也是对自身社会地位的一种标榜。

## 快餐

快餐已经成了一种食品类别，而它作为一种符码，也具有社会功能。快餐的存在告诉消费者：生活可以很匆忙，吃东西不是非得上餐桌，我们可以在路上享用美味但不健康的食物（加班或太忙的时候，吃个汉堡犒劳一下自己无可厚非）。快餐在强调送餐速度的同时，还非常强调选择食物的自由——其强大的附加含义是"怎么吃，我做主"。

## 餐厅

餐厅使用了多种符码。有的餐厅是"家族"品牌，拥有品牌肇始的父辈故事，菜单上的私房苹果派。有的餐厅使用的符码跟当地或本国的流行理念相关。在人们的期待中，法国餐厅就是要有一种私密的氛围，拿得出一张出色的酒水单。希腊餐厅一定要热闹。这些符码都是在告诉消费者，你可以期待什么，行为举止该如何。

*街头小吃*

　　街头小吃广泛地吸纳了消费文化，是街市这个大舞台上不可或缺的一部分，也是社交活动的摇篮。在此随性消费的，可以是当地居民，也可以是游客。街头小吃常见于节庆时、沙滩边和购物商场里；有的城市为了拓展城市包容度，刺激当地经济发展，也会鼓励发展街边小吃，允许其占用公共空间。消费者也明白，吃小吃就是要享受异域风味，品尝陌生的配料和菜品，在娱乐的同时收获体验，并了解当地的文化风情。

## 产生于美术和设计的符码

　　品牌想向消费者传达某些信息时，往往会借用现有的或历史上的美术和设计潮流。他们会引用某种在消费者看来或许略显严肃的潮流。以下是几个例子：

　　◆在世界上几乎所有的文化中，都存在一套"质朴"的符码，而且，经济状况良好又感觉自己与自然不够亲近的消费者尤其看重这一符码。无论是印度的一家能让有钱人静心冥想的豪华酒店，还是一条来自西非的手工羊毛毯，都融入了自然的取材，如羊毛、石头、植物、未染色的织物、大地色、物品毛糙的边缘、未完全加工的表面等，这一切都表明：这件东西是某人手工制作的。

　　◆欧洲的老品牌往往会复兴18、19世纪的设计符码。18世纪欧洲的设计风格非常华丽。这一时代的设计中总是带有弧形、卷边、奢华的选材、绚烂的宝石色、缤纷的糖果色、描金的细节、田园牧歌的油画场景等。19世纪的设计则更为内敛庄严，用色偏暗，加入了细密的花样，特别是植物花卉等基础图案。耐克就和一家始于19世纪的英国顶级面料设计公司利伯缇（Liberty）进行了合作，这让耐克摇身一变，成为运用利伯缇花卉样式的个中高手。

◆现代主义和极简主义都是出现在二战后的西方的设计符码。消费者对这些符码的接触，多数来自日常生活中的普通品牌，因为相较于去博物馆瞻仰艺术品，人们更易于购买、使用快销品。现代主义和极简主义是在回应或抵制前两个世纪繁复的装饰风格。众多面向消费者的品牌，都在使用这两种风格，以传达现代、简洁、新颖的概念。麦片公司家乐氏（Kellogg）的包装样式就是一个典型事例，用"谷歌图片"或类似搜索引擎可以搜索查看。其包装多年来几次更新换代，而1958年左右的几个早期版本，到现在依然非常吸引眼球，都还在使用，这些设计一直坚守现代主义的基本原则，用的是粗短的无衬线字体，允许包装上留白，相较于象征性呈现，更偏好抽象的符号。

◆中国的设计在走向消费文化的过程中，明显被分成了两类设计符码，即"古代中国"和"现代中国"。这为各类品牌提供了机遇，但决定使用哪种符码却是个难题。"现代中国"意味着个人自由、个人主义和青年文化。"古代中国"意味着优雅、传统、自然。从中文歌词等内容中，我们可以找到符号学符号的蛛丝马迹。某些文本，如杂志封面，就有各种富含意义的选择。繁体字代表"古代中国"（装饰感强，读写都很难）。简体字，代表"现代中国"（不注重书法技巧，历史意义更少，但能把信息传达给更多人）。文字纵向排版，从上往下读，代表"古代中国"；横向排列代表的是"现代中国"。斜体字也代表现代中国，因为古代中国虽然有草书，但并没有斜体。

## 产生于消费者的符码

消费者是人，除了关心各种品牌和逛街购物，他们还有丰富充实的生活。人们塑造的复杂的文化社会体系，往往要通过各种形式的符码来体现，这些符码就是所有人都能理解而且已经熟练掌握的社会秩序。

◆着装规范不仅是在告诉人们该怎么穿衣打扮，也是在告诉人们应有什么样的行为举止。这也是为什么消费者能够理解并遵守"职业装""婚礼来宾着装""排灯节服装"等着装规范。着装规范还能帮助社会团体将成员组织起来，让成员间达成对彼此的认同。如时髦人士就有广为人知的群体符码：胡须、针织物、系扣有领衬衫等。

◆室内设计符码，与建筑功能、社会阶层问题等紧密相关。办公室的设计要能暴露员工，重点在于让员工受到监管。面积太大的住宅和宫殿通常无法完全用于居住，因为太大，居住者能用到的也只有几个房间，大量房间闲置，于是被分配至各种符码："客房""健身房""影音室""书房""宴会厅"等。而中产阶级家庭注重的是舒适度和娱乐性，所以他们总要在电视机前摆上带软垫的家具。

◆建筑符码通常与历史和城市特征相关。芝加哥在19世纪的一连串火灾后，大部分地方都重建了，这也是为什么，当时很多正在寻求出头机会的年轻建筑师可以在19世纪做出众多创新。公共建筑项目既要解决社会问题，又难免因其建筑特性产生新问题。拿公共交通系统来说，如智利圣地亚哥的地铁系统，早在 20 世纪 60 年代就开建，最终在 1975 年皮诺切特（Pinochet）统治时期才开放，这传达出了城市和政府层面对进步的追求。

如你所见，对符码的分析，远不止于发现那些彼此相似的符号学符号。符号学符号的外观其实不如其功能有趣——符码传达意义、规范行为和组织社会的功能。正是这些功能，促使我们用符号学对符码进行分析。如果你的客户从事食品行业，而你能说出对当下消费者而言何为"健康"，这就很有用。如果你能找出几个让品牌看上去更高级的选项，像是全球化或区域性的符码，那也会很实用。注意，那些可操作的细节，如颜色、图案、纹理、纺织品、耐磨材料、时尚元素、字体和样式等，只是用来服务于你的观点的，而不能用于阐明你的观点。不要根据符号学符号的肤浅表象来认定符码的吸引力，因为，一旦客户要求你用分析成果来解决实际的商业问题，如品牌发布、消费者行为和社会潮流等相关问题，你草率的行为将快速耗尽你的灵感。

## 练习 6：从资料中找出一套符码

在这项练习中，你要坚持一点，那就是，至少要从自己的资料包中找出一套符码。资料的种类越多，这项任务就越容易完成。如果你的项目与酒相关，就请搜集以下文本：各个国家的包装案例；酒吧和酒庄的照片；脸书和"照片墙"等社交平台上展示的各种酒；酒吧和餐厅的酒水单；流行文化或大众文化中关于酒的内容，如与酒相关的歌曲和笑话。你很快就能发现，符号学符号以这种方式聚集在符码中，以强化某种版本的现实情况。或许高端酒店里昂贵的酒水单是全法语写就的，而超市里的酒会配有小卡片，告诉你这瓶酒的详细信息，该拿它搭配什么食物。或许在浏览社交媒体时你会注意到，有位消费者非常瞧不起普罗塞克酒[①]，他认为只有"在屋子墙上写'饭、祷、爱'的人"才会选这种酒（引号内为原文引用，是我最近看到的一句真实发言，在点评近来盛行的室内装潢风格）。你可能会发现，一些消费者喜欢淡色的泡沫酒，而另一些消费者非常欣赏色泽浓郁、可以体现深度和成熟的红酒。

符码非常有价值，它能告诉你消费者及其生活世界的相关信息，向你解释消费者的行为。纯粹的自下而上分析，专注于单独的符号及其组织形式；大范围的自上而下分析，则试图解码社会；符码则是二者之间的关键一环。

下一章，我们将开始进行自上而下的分析，这是符号学最高的粒度级别，也是符号学工具包中最后一个关键分析工具。

---

① 一种全球知名的意大利葡萄酒。——译者注

# 第五章

## 自上而下分析：消费潮流从何而来

第五章
Chapter Five

欢迎来到第五章，这是为符号学分析提供指导的第二个章节。本章关注的是自上而下的分析，将运用符号学工具和概念对社会问题而非内容呈现的细枝末节进行分析。内容涉及：潮流从何而来？是否需要针对千禧一代和 Z 世代单独开展市场营销活动？如何才能让品牌在国际市场和本地市场上都受欢迎？品牌如何应对种族主义、政治分裂和文化战争等主流社会问题？在本章结束时，你将能够：

- 识别并构建自上而下的问题；
- 搜集信息和资料来支持自上而下的分析；
- 进行两种不同的自上而下分析。

## 自上而下分析从何处着手

在前文所述案例，如烘豆项目和成熟女性心理健康问题中，我们发现，案例简报中出现的各类符号学问题，都带有特征鲜明的自上而下的特点。表 5.1 列举了部分例子。

表5.1　自下而上和自上而下的研究问题

| 烘豆项目的大部分问题是自下而上的符号学符号问题 | 女性健康问题项目的大部分问题是自上而下的文化和社会问题 |
| --- | --- |
| 我们可以给包装加入什么符号和象征，让品牌显得更高端？ | 何为"成熟女性"？她们与其所处的文化环境相适应的情况如何？在全球消费文化和大众文化中，她们是什么形象？作为该群体成员，成熟女性的经历有何特别之处？ |
| 我们可以对包装做出什么改变，使其在货架上脱颖而出？ | 哪种社会和文化因素会对这些女性造成影响？她们在创造流行观念方面发挥了什么作用？基于这些流行的、有影响力的观念，人们是如何处理心理健康相关话题的？ |
| 我们可以如何改变店内布置以引起购物者注意，使其关注我们的产品？ | 在心理健康环境的一般构成中，目标消费者遇到心理健康问题时，应该去哪里寻求解决方案？不论问题解决与否，谁应该对此负责？ |
| 我们能从其他商品类别中借用什么提示性工具？ | 在心理健康的语境中，成熟女性的形象是不是不足的或片面的？这一形象是否将什么人排除在外了？谁应该被纳入该话题？ |
| 烘豆类品牌有何设计规范，我们的品牌该如何区别于其他品牌？ | 如果围绕心理健康和成熟女性的讨论有所改变，谁将因此受益？相关讨论需要如何被改变？一个品牌如何才能提出新颖的观点？ |

　　为了突出自上而下和自下而上的视角，我们在表中简单列出了烘豆项目和心理健康项目的内容。要注意，表述不能过于咬文嚼字，因为所有的符号学活动都会涉及自下而上和自上而下两个方面。在烘豆

项目中，虽然我们在开头和结尾是在研究个别符号学符号的相关问题，并将其用于包装和门店布置，但我们也必须思考烘豆作为一个整体，在消费者想象中的地位问题，这在某种程度上是社会学和文化性的问题。与此同时，在心理健康项目中，不论我们在简报上表达了多么强烈的深究社会问题的意愿，其最终也要涉及自下而上的问题。在该案例中，客户似乎十分希望自己的品牌进入心理健康相关的大众话题，或许他们还想进行产品、服务和相应传播内容的开发，这需要我们在被用作品牌信息传播的符号和象征中抓住要点。

从我自身的经验来看，做符号学项目的一个实用做法是，用一半时间来做自上而下的分析。随着项目的逐步展开，你可以同时进行自下而上的分析和自上而下的分析，也可以把它们当成两个不同的分析阶段，本书讲的是后者。如果你已经有丰富的符号学分析经验，那么第一种做法会很高效。我建议符号学新手分别进行自上而下的分析和自下而上的分析，这样可以让项目更有条理，确保不会漏掉重要但有待捕捉的观点。

# 搜集多样化的资料

要想着手寻找自上而下问题的答案，你需要材料。回想一下前文所述的商业事务中关于可用信息和材料的两种不同的处理方式：你可以把有的内容作为可研究资料，如某人发在社交媒体上的帖子"耐克是世界上最伟大的品牌"，也可以选取部分材料作为阐释性材料，如客户的销售数据或该公司所做的市场细分。有时候，一条信息可以在这两个方面同时发挥作用——该信息可以对消费文化的某些方面做出有力的阐释，但其中的符号学符号和意识形态特征也可以拿来做批判性分析和检验。

如果你在搜集材料时兼收并蓄，把网撒得够广，资料来源和样本资料丰富多样，那么你就无须再为自上而下的分析找新资料了。回顾一下第三章，它概述了如何做一个完整的符号学项目。看看资料列表中研究人员需要搜集的资料：产品和包装，自身品牌和竞争方的营销传播内容，市场情报，实地照片，对购物者行为的观察，社群组织做的传单等公众信息，消费者访谈或其他面谈记录，当下或过往的数字资料以及存放于公共图书馆的资料等。该列表已较为完整，覆盖了各种各样的资料来源。

如果你想继续充实资料列表，让自己的自上而下分析更胜券在握，你可以再加入一些能帮你通过自上而下分析得出深刻见解的出色资源：符号学理论书籍和文章，美术作品，社会学、文化研究和人文学科的学术文章。

# 阐释性材料分析

## 符号学研究和理论

在有了一定的符号学项目经验后，总有一天你会不再需要手把手教学的书籍。这跟烹饪很像：刚开始我们需要基础的、可靠的教程，为我们介绍烹饪的语言，告诉我们怎么配料，怎么调味。渐渐地，我们不再需要基础的指导，而是开始向拥有原创菜品的顶级厨师学习，我们会从他们的文字和示范中收益，他们也会讲述他们关于食物和烹饪的理念。当你对符号学的研究到了这个阶段，就可以放下手里的商业书籍，读一读学术界而非商业界所产生的符号学理论了。

符号学领域有众多出色的作者，其原创作品都可以给你启发，帮你建立看待周遭世界的符号学视角。罗兰·巴尔特（Roland Barthes）是很多人最爱的符号学家之一：他的论文集《神话学》（Mythologies）完美展示了他对法国文化所做的简洁的自上而下分析，书中案例包括酒、电视中播放的摔跤比赛等。然后，你可以试着读一下让·鲍德里亚（Jean Baudrillard）的早期和后期作品，其话题从时尚模特到恐怖主义，涵盖范围极广。遇到权力相关内容时，符号学家也会读米歇尔·福柯（Michel Foucault）的作品，他是大家在这方面的灵感之源。在了解以上作家的同时，你也可以了解一下与他们同辈的其他学者，正是这些人开辟了符号学的发展道路，使其成了一个专门学科。我们之所以对这些名字耳熟能详，是因为他们为塑造符号学做出了无人能及的贡献，使之成了一个为我们所用、使人获益的学科。

## 美术和观念艺术

总体而言，从事市场营销等行业的符号学家并不关注艺术领域。业界还没有弄清楚他们该如何对待美术，以及在此问题上某些细分大众市场是否也是如此。如果你热爱美术和观念艺术，在你看到爱德华·霍普（Edward Hopper）的名画《夜鹰》（Nighthawks）时，能受到启发，感受到能量，在看到杰夫·昆斯（Jeff Koons）用金属制作的 10 多英尺 ① 高的气球小狗雕塑在各种庄严的艺术场馆进行展览时，会感到愉快，那么你肯定能从符号学的自上而下分析中收获很多

———————

① 1 英里 = 5280 英尺，1 英尺 = 12 英寸，1 英寸 = 2.54 厘米，下文不再标注。

乐趣。

　　符号学聚焦于符号、表征、意义的整合与社会学面向，无怪乎艺术家都热情地投入符号学的怀抱。符号学起步于20世纪六七十年代，因此，这一时期和之后的艺术作品常常会关注符号学问题。即便是在此之前出现的艺术品，尤其是特别近代的，也就是近两百年间出现的作品，都可以被纳入符号学分析的范畴，因为这一时期的艺术家都密切关注着社会的组织方式，并通过作品呈现了各种各样的社会学相关主题。

　　刚开始，你可以搜集一些艺术品案例来支持你的核心研究主题，如慰藉食物和安慰性饮食、罐装食品、女性生活、心理健康。例如，你可以考虑使用安迪·沃霍尔（Andy Warhol）画的金宝汤罐头（Campbell's soup；可访问妈妈网moma.org进行查看），还有朱莉娅·科泽尔斯基（Julia Kozerski）的减重160磅摄影集（见juliakozerski.com）。不管你探讨的是消费者生活的哪一方面，你都能从艺术界找出先于你关注该面向并提出见解的人，而你肯定也想知道他们的看法。

## 社会学、文化研究和其他学术领域

　　接触符号学理论和美术之后，你会迅速发现跨学科符号学是怎么回事。它已经不是语言学或形式逻辑的专属领域了，尽管在20世纪上半叶仍是如此。二战后，跨学科符号学在同一时间成了众多学科里一颗冉冉升起的明星。这也是为什么你在符号学之旅中会遇到这么多背景各异的人物。安迪·沃霍尔绘就并制作了丝网印花，而鲍德里亚是一名社会学家，巴尔泰斯（Barthes）[①] 是一名文艺理论家。

因为作者的背景非常多样化，我们在阅读有关食物、健康等符号学内容时，可以迅速找到实用的文本，但其视角可能并非鲜明的符号学视角。你还会发现，自己热衷于阅读有关食物和用餐的社会学作品、医学史、关于女性健康问题的女权主义批判作品等。但在这个时候，你需要了解，应该如何去决定哪些文本可以作为阐释性材料。对此你必须谨慎。比如，你可能会发现，自己在阅读青年文化相关作品时，有一部与之直接相关但谈不上符号学或社会学的作品，其中存在关于年轻消费者的态度和行为的调研报告和数据，但没有特别关注表征和其他符号学问题。

处理这种情况的方法是，你要认识到，你可以从中找出有用的信息，但不需要按它说的做。你可以这么看待数据和报告内容：当中可能存在有用的观点，但它们所说的研究有其文化特异性和偏见。对于某项研究的设计和写作方式，你可以采取批判的态度，同时从中获取价值。重点是不要被同化。就像你在做市场调研时，不会因为跟受访者待了几个小时就突然完全认同他们对表面价值的反馈，也不会仅仅因为学术著作或杂志的内容有用，就毫无批判地全然接受它们。作为符号学家，就算你认为一个文本对普遍现象做出了很好的阐释，甚至这就是你自己撰写的文本，你依然要用批判的眼光看待它。

---

[①] 1915—1980 年，法国批评家，她将手势和记号的符号学用于文学和社会批评中。——译者注

# 共时分析和历时分析

下面将介绍如何着手进行自上而下的分析。首先，针对你手头具备历史性和区域性特征的资料提出问题。这些事物的外观和意义在不同时期、不同地区有何不同？回答这些问题，有助于你理解对你和你所处文化环境而言陌生的文化，能帮你抽离所处的历史叙事背景，去看未来的消费者将如何看待当下不同于他们的一切。我们只需要掌握两种分析方法，即下面方框中的两个专业术语。

> 共时分析，截取世界上不同地区在同一时间点的文化产品和现象。它有助于我们理解当地市场特征和需求。
>
> 历时分析，追踪文化产品和现象随时间发生的变革。了解创意和呈现方式的历史，有助于我们了解其发展轨迹，有助于品牌乘上最新的浪潮。

## 共时分析

共时分析能帮助你理解当地市场的特征和需求。下面我用几个案例来介绍，我们该如何进行共时分析。

为了给英国兽医营销协会（Veterinary Marketing Association）的会议论文做准备，我做了一些关于家庭宠物地位的符号学研究。宣传动物健康问题，需要对各种议题都有深刻的见解，比如，消费者如何赋予其宠物人格、如何看待动物与人类的差别、如何赋予不同的动物不同的特性等。人类与家养动物相处时的想法和行为，是有文化特殊性的，在这方面，世界各地的人都有所不同。当你试着分析与你的家庭文化、本土文化相符的区域或产品时，要尽量多看看世界上的其他文化和地区，找出二者在处理方式上的不同，这样一来，你才能在看待自己熟知的事物时有新鲜的视角。人们当然都喜欢给自己的宠物拍照、发到网上，每天在线上社群中与同好碰头，聊自己的宠物有什么新鲜事。他们有时也会不认同对方对自己宠物的评论，从而产生龃龉。我从这些多样化的数据包中找到了各种看法，其中一种看法让我印象深刻。在谈到流浪猫时，英国和欧洲其他地区的消费者比北美消费者更轻松愉快。有的英国人会在自家大门上安装"猫洞"，让自家的猫能自由自在随时进出家门。但美国消费者认为，对无家可归、四处撒野的猫要有所警惕。部分消费者认为这些猫太"野"、太危险或携带有病毒。同时，看看大西洋两岸的商家是如何向消费者推销宠物产品的，你也能发现，在用图像和文字描述宠物时，两者存在对立。英国消费者想看的是温驯友好的动物形象，这种形象能反映他们和动物之间的良好关系。美国消费者则习惯于看到商家在营销中强调：动物不只是你的宠物，它们来自野外，属于狂野的大自然。从后者的角度看，猫和狗都曾是老虎和狼。

我们可以用同样的方法对被用作示例的项目做共时分析。如果我们搜集一些其他文化中人们对烘豆的看法，将会对烘豆项目有所帮助。这并非单纯出于学术目的，而是为了让我们看到属于烘豆的各种意义，这些意义是目标市场中的消费者在实际生活经验中能够理解或已经接触过的。我们的目标消费者可能已经在其他场景中接触过大米和烘豆，比如，不难发现，墨西哥菜里就有烘豆，而墨西哥菜已通过各种品牌变得风靡一时、走向全球。这些菜会带给烘豆某种意义，如"辣"、"刺激"，而此类意义在英国常见的罐装番茄酱菜豆里是肯定没有的，后者在当地人眼中是安全可靠、口味清淡的食物。我们也许能够根据这一点，找到为品牌注入生机的好方案。

## 历时分析

对于那些试图预测市场前景，并在应对消费文化的变化方面快人一步的品牌来说，历时分析会很有帮助。

在以下案例中，历时分析发挥了重要作用。在2018年和2019年，我和同事杰西卡·希瑞吉（Jessica Herridge）一起做了一个项目，该项目的目标是回答两个问题。第一个问题是，我们观察到一个现象，就是大西洋两岸的大众对神秘的超自然现象热情高涨。我们认为这或许与文化评论家所说的"后真相时代"有关，对此还需要找出更多相关内容。第二个需要回答的问题是，品牌在其营销活动中如何或成功或失败地引入或应用了魔术。有的品牌在这方面做得很成功，有的则被消费者冷眼以待，我们需要知道是什么造成了这种差别。杰西卡主要负责研究与数量相关的问题，我负责对魔术的呈现方式进行符号学思考，包括魔术在我们面前的呈现方式，以及在营销中的呈现方式。

关于这种引人入胜的研究，我有太多想说的，现在我先谈谈情况随时间推移而发生的变化。在两波定量分析中，我发现了同一件事：受访者似乎都能清楚地说出过去的巫师和魔术师与现在的有何区别。他们认为，历史上，巫师和魔术师的能力似乎更强，如今他们的能力范围变小了，只能对个别人产生影响，无法改变世界。他们还说，在神话故事里，巫师和魔术师经常被描述成邪恶的反派，但在当今社会，他们在故事中的形象都有好的一面（不管这个"好的一面"

是什么）。

　　请注意，我们此处谈到的这些受访者的有趣的见解，同时被当成了研究课题和阐释性材料。一方面，在把这些见解当成可研究资料时，我们能看到受访者具备产生语言学行为的能力，他们会对比过去和现在。另一方面，在将其当成阐释性材料时，我们也能看到其中包含的可用信息。比如，受访者说巫师和魔术师以往的大部分形象都很邪恶、让人恐惧，但在当今文化中的形象要好得多。这一点是对的。

　　这对品牌也有影响。面对这一发展趋势，品牌方也试图在营销中植入魔术元素。美妆品牌丝芙兰（Sephora）在2018年发布产品时受挫，然后迅速推出了一个"魔法套装"，这一组合对标于那些"一成不变"的套装，里面有几个香水小样、一副塔罗牌、一束白鼠尾草、一块水晶（Tempesta，2018）。消费者为之折服了，他们不敢相信丝芙兰竟然会如此认真地对待他们，这些喜欢魔术的人确实不喜欢按常理出牌。

　　通过仔细地对品牌传播进行符号学分析，我们发现，要想向消费者兜售魔术的概念，就不能站在他们的对立面，得用魔法套装告诉他们，你理解他们的所作所为，是跟他们站在同一战线的。美妆和生活方式品牌Rituals、钻石品牌戴比尔斯（De Beers）、可口可乐等，都是和这一潮流进行了良好对话的好例子。Rituals为消费者提供了一系列可用工具，比如以各种亚洲精神传统为主题的家用香薰、香薰蜡烛。Rituals看待这些传统时有恰如其分的尊重，他们认为消费者会根据自己的需求挑选进行精神活动时要用的物品。戴比尔斯的一场正在进行的钻戒营销活动的宣传语说道："严格讲，这就是颗石头。理论上，她可以拒绝你。"这一宣传语把品牌和消费者放到了同一阵线，二者彼此支持对方的观念，都认为钻石订婚戒指具有某种魔力。可口可乐当前的营销活动在推广这样一种观念：他们特有的玻璃瓶吻过猫王和玛丽莲·梦露等文化偶像的嘴。

消费者普遍认为，实物带有一种感染力，它们能吸引并保存某些记忆和品质，如某种气味，这也是人们搜集纪念物的原因。在魔术风行的消费文化里，市场人员更可以好好利用这种观念。

# 意识形态分析

完成共时分析和历时分析后，下一步也就是最后一步，是意识形态分析。这种分析能在商业上帮助你和你的客户，因为品牌如果想表现自身的创造性、革新力或有打破规则的能力，这种分析是特别有用的。这种分析也能帮助那些想表达自身对当下社会事业的支持，或以其他方式和消费者产生道德情感交流的品牌。这可能是符号学最强有力的一面，因为它能超越单一品牌及其传播内容的层面，上升到社会层面。下面这些主题，都是你可以用意识形态分析进行探讨的。经过一段时间的练习后，你也能在符号学实践中加入自己的主题。

## 阶层和品位

品位是符号学界研究得最多的话题。罗兰·巴尔特就对法国的品位和文化价值进行过思考，并在其著作中解码了各种别具意味的文化产物，比如牛排、薯片和红酒（*Mythologies*，1975，2009）。在巴尔特之后，鲍德里亚写了《物品的体系》（*The System of Object*，1968）和《消费社会》（*The Consumer Society*，1970），表明了由消费品传达的个人品位是如何在很大程度上被社会结构——如社会阶层——所决定的。由此，消费者对这些商品的购买和使用，都促进了社会的组织过程。英国摄影师马丁·帕尔（martinparr.com）用照片记录了当下世界各地普通人的生活和消费文化的碎片。他的纪念性假日明信片、室内装饰、服装和食品的照片都是符号学理论的注解。

对产品制造商而言，品位很重要，因为几乎所有企业都想告诉消费者自己的产品符合一定的质量标准，许多品牌还想显得高级一些，有的品牌想针对目标客户，或者说目标客户的收入，塑造出明晰的高品质形象。我做过一个调研项目，客户公司想打造一款高端、奢华的手机。我需要去不同的国家，亲自见见那些高净值消费者。我们采访了当地消费者，了解他们的品位，拿出各种首饰和私人物品的绘画、照片，观察他们的反应。

调查的情况很快以鲍德里亚乐于看到的方式浮出水面：高净值消费者包括"老财主"和"暴发户"两类。他们都属于某些因财富而聚集的精英团体，但老财主一族有自己的文化，这种文化非常保守，他们的举止、品位和各种策略都让圈外人很难融入他们，不论圈外的暴发户有多努力。对这两种有趣的消费者亚文化进行的符号学分析也表明，二者之间的差异非常大。

受访的老财主——这些因为自身在商场、体坛、娱乐圈或类似领域取得成就而收获财富的人——在看到高端首饰的照片时，会表达赞许，表明情绪。他们会说"我喜欢这个，很漂亮""这个非常吸引我"，就像刚认识别人时说一句"你好"或"很高兴认识你"一样。

要想在老财主的文化里生存，就得保持并推崇传统，所以，他们学会了在被引荐新朋友时说"幸会幸会"，诸如此类。他们会观察对方的状态，喜怒不形于色。受访的老财主看到自己喜欢的首饰时会评价说，"啊，这款看上去挺讲究"，讲究是某种程度上的体面，达到了能戴上见人、别人也能忍受的标准。

一名富有的意大利受访者，50多岁，来自一个古老的意大利家族，在看过一些女性首饰和皮制品的照片后，若有所思地对我说："我永远不会让我太太大白天拎着红色或橘色手包出门。"注意，问题不在于他俩喜不喜欢黄色或橘色，而是他们的品位决定了，有些东西，某些颜色，闪亮的小配件，如珠宝和亮片，在白天出现是无法得到欣赏的。

正如我们所见，如果烘豆项目的客户想要表现品牌的高端性，说服消费者其产品值得对方付出更高的价钱，希望产品在吸引中产阶级消费者的同时不会显得过于高端，那么对有关品位和阶层进行符号学符号分析就至关重要了。

## 模拟

再回到鲍德里亚，他为推动符号学理论的发展做了很多工作。除了早期对品位和阶层的论述，他最为人所知、为人所用的是关于模拟的一些观念（*Simulacra and Simulation*，1981）。鲍德里亚的立场是，消费社会存在于高级资本主义阶段，其中的品牌和产品都具备符号学符号的功能和货币价值（财富、地位、阶级等的符号学符号）。在这种符号经济中，人们将品牌和商品用作指代自身和彼此的东西，其中存在高度的仿真性。它们的图像、副本和呈现形式都脱离了本源，在传播活动中受到各种影响，自行生长。如果还有本源的话，这种模拟物通常会比其本源持续时间更长，而且蕴含着丰厚的利润。

如果我们从更宽泛的角度看待"模拟"的含义，就会发现到处都是相关的例子，因为消费文化中充满了各种表征——也就是代表了其他事物的事物。时尚用品和化妆品店的橱窗上的芭比娃娃贴纸；度假景区里用进口沙子做的仿真沙滩；和毛利文化没有一点关系的消费者身上的假毛利文身；竭尽全力让自己看起来很有苏格兰风味的威士忌；消费者家里的玛丽莲·梦露和切·格瓦拉海报，上面颇具深意地印着"魅惑""反抗"——不论消费者对这些图像背后的人物的了解是多么模糊。自动调音后的歌手的声音是一种模拟，真人秀节目是对真实的一种模拟，推特和脸书是人们享受乐趣、不时和朋友的仿真体争论不休的场所。如果你能养成一种习惯，一看到某种事物就问"这是不是一种模拟"，你将在符号学研究方面大有收获。这是一种很实用的技巧，能帮你走到你熟悉的、自认为很了解的事物背后，让你基于他人已有的关于消费社会如何自我复制而得以存续的知识（很大程度上需要感谢鲍德里亚），用批判性思维找出这些事物在支撑和挑战社会现状方面扮演着什么角色。

该怎样把这种洞见应用到我们列举过的心理健康等类似项目中呢？要研究一种文化中的心理健康和疾病状况，一个办法是看它们有何体现。我们来看一个例子，一个获过奖的针对心理健康问题的软件，在2017和2018年备受女性关注。该软件是由刺客信条工作室开发的名为《地狱之刃：塞娜的献祭》（hellblade senua's sacrifice）的电子游戏。这是一款情节丰富，融入了北欧神话的冒险游戏。该案例背景如下：当时游戏产业市值约有13.5亿美元（Batchelor，2018）。在囊括了所有游戏平台数据的多数评估中，该游戏的女性玩家占所有玩家的50%（举例来说，2019年娱乐软件协会的年度报告指出，女性玩家在所有玩家中占比为46%）。此外，娱乐软件协会在2015年进行了一项名为"电子游戏：50岁以上成人玩家的态度和习惯"的研究，研究表明，50岁以上的成年人中，有38%的人会玩游戏。从客户性别和年龄构成来看，对上述游戏感兴趣的人里面，至少有某些女性和我们的新型心理健康产品的目标受众有重叠。

《地狱之刃》从众多游戏中脱颖而出并吸引到女性消费者，原因有两点。第一，其主角是女性（女主角是唯一人选，你不能用男性角色打这个游戏）。第二，她具备一定的心理深度。她要应对自身的伤痛，设法从中恢复。她曾受过重创，但存活了下来。该游戏不同于其他游戏，因为它试图逼真地模拟一个人精神错乱的状态。赛娜能听到自己脑中的不同声音，一种声音支持她，一种声音嘲讽她。有时这两种声音会给出相左的意见。她还会出现幻觉，有时候还会和幻觉互动，把幻觉当作现实世界中的真实情形。该游戏的开发者详细咨询了心理学专家和有过心理问题的人，也对心理疾病的表现形式进行过深入探讨。这场论辩变成了一场关于心理健康的全国性大讨论。大家秉持不同的观点。大众对心理问题的认知度的提升，有利于改善心理健康问题的现状。人们应该了解那些神经不太正常的人到底想让别人怎样理解他们。这一点很重要，我们应该对那些精神状况不甚正常的人保持敏感度和同情心，而不要在言语或任何形式方面伤害他们。在这个游戏中，从它的营销和大众围绕它所进行的讨论中，我们发现了一个非常有价值的信息点，即女性可能接触到大众关于心理健康问题的哪些观念和观点。这有助于我们绘制该问题的符号学图景。

## 权力

消费文化的改变既缓慢又迅速。有些大众观念和体系非常排斥改变，比如，消费者一般都会更加青睐高端产品。或者，食物只要带上"自然"这一符号学符号，消费者就会买账，即便那是加工食品。有些东西变得很快。一个国家的政治风向可能在短短几年间发生戏剧性的变化，权力也因此易了手。在研究权力相关问题时，符号学家可以请教米歇尔·福柯（Michel Foucault），他是后现代理论的主要创始人之一。作为哲学家，福柯最重要的著作都写于 20 世纪 70 年代［《拉比诺》（*Rabinow*，1991）里的综述写得非常好］。虽然他不是符号学家，但符号学家发现，他运用的一种后现代理论与他们使用的语言联系紧密且清晰易懂。福柯对权力很感兴趣。他展示了权力在建筑结构——如学校、医院和监狱——中有何体现，个体在这些地方被组织、规训，在空间中活动时要处于监视之下。

他还展示了权力是如何通过语言行为习惯进行表达和传递的。西方文化推崇"自白"［其当代表达风格的形成可追溯到 18 世纪哲学家卢梭的著作《忏悔录》（*Confessions*）］。消费者每天在推特、汤不热、脸书甚至领英网上做的事——表达自己，就是一种同时对权力的放弃和获取。有意的自白让自身暴露在攻击之下，同时也伴随着权力的流失。但由于对话语节奏的掌控，这当中也有权力的获取。自白能帮助人们对想要得到的回应进行塑造和设限。

我们在进行符号学分析时关注权力，其实就是在进行自上而下的符号学分析的最顶层工作。我们没有被包装中的细微差异占用精力，而是试图对如血液系统般深植于人类社会和文化中的权力进行解释。这对企业而言很有价值，因为这能让符号学家解决事关组织成败的大问题。

2019年，男性剃须刀品牌吉利发布了一则由Somesuch制片公司的金·格里格（Kim Gehrig）导演的短片，短片名为"相信"，短片力图表达对时下流行的社会事业（如反对霸凌）和风行的社会观念（如令人着迷的阳刚之气）的支持。该短片当然引发了大量关注和广泛争论。品牌方并没有受到消费者的全力支持，因为短片强势的和颇具挑拨意味的道德立场，宝洁也不期待它能获得广泛的接纳。实际上，消费者的反应也表明，有的男性不喜欢卖剃须刀的公司给他们上思想品德课，但也有消费者认为吉利总算做了一件有意义的事，毕竟吉利早就标榜自己是"给男人最好的礼物"。

从符号学观点看，绝大部分广告（以及产品）设计、室内结构和商品打造、线上营销和其他（品牌触点）内容，都内置了关于权力的信息点，哪怕不如吉利这般明确。这里有一个权力结构，吉利没有重点讲，那就是刮胡子这一举动背后的权力态势。吉利的用户都需要刮胡子，他们中的很多人甚至大部分人刮胡子的目的是在工作场合保持得体。刮胡子本身就是人们在需要打工谋生的资本主义社会中的一种防御行为。为了找到工作、不丢掉工作，大家需要刮胡子、穿衬衫、打领带。这就是为什么即使仅仅是留一点整洁的胡须，都仿佛成了一种抗争。这也是为什么，对男性来讲，找到一份可以不刮胡子、不打领带的工作，是一件很酷的事。

当你遇到这种材料时，比如明确带有符号学标签的广告作品时，请试着找出其中植入的权力结构。是谁在控制此类情境中的意义？该广告在表彰谁，指责谁？谁能从以这一方式组织起来的事物中获益？谁会为之付出代价？请跟着金钱的流向走，要想发现社会权力的基础在哪里，这往往是一条很好的途径。

# 用潮流验证你的分析成果

在符号学的商业项目中，在自上而下的分析收尾时，你能积累很多见解。如果你按照我在此处设置的路径进行实践，你将搜集到广泛的资料，得出以下问题的答案：

◆该主题在历史上有何特殊性？过去和现在有何不同？现在的情况如何，又预示着怎样的发展走向？

◆该主题在地域上有何特殊性？世界上其他地区和此地有何不同？这种不同揭露了此地在做法上的什么真相？

◆在此类商品中，有什么阶层或品位体系或机制在发挥作用？消费者如何识别针对他们的商品？品牌如何在同类产品中表现出优越性？

◆该产品、服务或研究课题有没有哪个方面属于模拟（见本章"意识形态"下的"模拟"一节）？我的资料在某些方面是否在构建这种模拟？这种模拟和现实的区别是什么？是否存在一种预先存在的现实？模拟和现实，人们更喜欢哪一个？

◆在本品牌所属类别中，在该品牌融入消费者生活的方式这方面，权力是如何传递的？谁的权力最大？它是如何受到挑战的？有没有什么是丝毫未受挑战的？社会从这种以特定方式组织的权力关系中，得到了什么好处？

某些问题是明显的自上而下问题，现在你需要回到客户最感兴趣的粒度级别，即在售和在店内展示的品牌、产品、服务等层面。利用你通过自上而下分析得到的新发现，看看它们与你先前对符号尤其是符码的分析结果之间有什么联系。你可能会发现一些有趣之处。你通过自下而上分析和自上而下分析得到的观点应该可以相互印证。如果没有，甚至出现了分歧，或是还存在某些你无法采信的资料，都并不意味着你的分析失败了，而是说明你需要多做一些研究，直到你能完全理解手中资料的多样性。因为你已经对大范围的社会结构进行了如此具有穿透性的、自上而下的分析，你对符号和符码层面的细节的观察力应该有所提升。可能一开始，对于围绕宠物健康或家庭香薰的品牌的宣传，你是有所了解的，也清楚它们之间有什么差异，但现在，通过自上而下的分析，你应该有新的收获，也应该看出它们所隐含的更高层面的社会意义，以及在消费社会中的地位。最后，当你的客户想与新出现的消费群体进行对话时，这能让他们明白，他们该如何改进营销方式，在涉及社会事件时，他们该如何使自己的发言尽可能具备权威性。

# 与自下而上分析相印证

## "社会"和"文化"有何区别？这种区别重要吗？

"社会"和"文化"两个词往往能互换使用，但了解二者之间的区别，是很有用的。简单说，"社会"意味着人群。这就是我们谈论"社会趋势"的原因。一个社会就是生活在一起的一群人的总和，这些人可能会建立某种组织或社会结构，如家庭、医保体系和法律。"文化"则是指具备意义的社会产物——所有形式的交流，具有创造性和艺术性的表达、政治、品牌等。哪里有人聚集生活，哪里就有社会。

让社会与社会有所不同的是文化。

## 自上而下的符号学和人种学、社会学有何不同

我在"大符号学：超越符号和象征"（*Big Semiotics: Beyond Signs and Symbols*，2019）一文中对此有详尽阐述。简而言之，社会学是在观察社会，人种学是在对文化进行纪实性研究，而符号学尤其关注的是事物的表征。如果你在问"客户的品牌如何再现或体现诸如'舒适''解放'等意义"，你就是在做符号学研究。

我在写提案时，自上而下分析推进得很艰难。因为客户仅仅把这种工作看做"分析上下文""分析背景""有也不错"，并且不想为其提供预算。我该如何解释这项工作有多重要？

你在写提案时，找出一个有说服力、有趣的自上而下分析的案例，案例产品要和客户的产品属于同一类别，方便你进行演示。你可以告诉烘豆项目的客户，有的咖啡馆会给成年人提供复古校园迪斯科风格的服务，配上鱼条三明治和早餐麦片之类的低幼食物。然后请客户思考一下，作为成年人，在觉得有压力、需要得到肯定的时候，哪些东西可以让他们重返童年。或许客户可以开一家精致的、供成年人消费的"童年风"商店，并在里面售卖他们的高级烘豆。

## 练习 7：自上而下分析

再来回顾一下你在学习本书过程中一直在做的那个项目。整理你的研究问题，把自上而下的问题单独列出来——这类问题通常会与地域、地理分布、当前及未来趋势以及消费者的亚文化相关。

现在，为把你的商业问题转化为自上而下的问题，你需要做几个

决定。表 5.2 选取了第二章"营销挑战热门榜"中的几个问题，并加了
一个说明列，讲解如何把这些挑战生成为自上而下的研究问题。你的
项目是怎样产生与意识形态、文化和社会相关的问题的？请尽可能多
地生成此类自上而下的问题，然后从中找出一两个最可能得出调研成
果的分析话题，试着进行回答，记得要用上本章介绍的技巧。完成之后，
复习你得出的所有自下而上和自上而下的分析成果，想想它们之间是
如何互相印证或互相冲突的，以及它们共同构建了一幅怎样的图景。

表 5.2　商业问题与自上而下研究题目对应表

| 营销挑战热门榜中的商业问题 | 用以解决问题的自上而下研究题目 |
| --- | --- |
| 创建并发布新品牌 | 该产品类别中有什么不言自明的理念或基本观念？在其包含的意义或有待理清的困惑中，有什么冲突、矛盾或尚待弥补的差距？ |
| 对失败的品牌进行重新定位或让老品牌焕发生机 | 近期目标市场中是否出现了新的客户群体？他们与旧顾客群体有何不同？他们如何看待自己的特殊性？ |
| 宣传合并案 | 合并的品牌在各自的目标文化中是什么状态？它们有何意义，彼此在意义上有何重叠？ |
| 让品牌显得更高端 | 目标消费者所接纳的现实状况中，存在哪些高端概念？高端概念价值何在？它又是如何融入现有的关乎品位及阶层的意识形态结构中的？ |
| 打造有说服力、贴近客户的品牌故事 | 当前目标文化中流传着怎样的故事和叙事内容？它们是为什么服务的？其社会功能是什么？流行故事有什么特征？ |

关于符号学理论在资料整理方面的应用，本书的两章内容到此结束，这部分内容将贯穿你的商业符号学项目始终。但这还不是符号学可以做到的全部。符号学可以用来确定特定符号的意义（自下而上分析）和消费文化中的强大力量（自上而下的分析）。符号学还能提供对营销人员很有用的各种精妙技巧，如启发创造性思维、发现创新机遇的技巧，这些都是下章的主题。随后在第九章，我会讲述如何将好的创意变成营销策略和商业方案。

# 第六章

# 让创意更具黏性的符号学技巧

第六章
**Chapter Six**

## 本章预览

　　在符号学家受雇做商业咨询时，对方咨询的问题往往不限于如何提升品牌传播效果，如何促进品牌发展，如何让品牌更好地适应变幻莫测的市场。多数情况下，雇用符号学家的组织、企业或品牌方，都是想寻求全新的创意。他们需要有关打造新产品和新服务的实用性建议，以及能促进广告宣传的创意。本章可以独立于前面两章有关资料分析的内容，成为单独的学习资料。如果你手上没有任何现有的研究内容、数据或想法，而客户又要求你拿出全新的方案，本章内容可以帮助你。完成本章后，你将掌握四种能帮助你生成原创想法的技巧。

# 技巧一：自明之理及其反转

　　我想分享的第一个技巧并不困难，在我们需要重新看待自身已经很熟悉的东西时，这个技巧会很有用。如果你能将这一技巧变成一种习惯，就可以形成从符号学出发看问题的视角，一种在符号学工具的帮助下看待世界的独特方式，让自己拥抱更多的可能性，包括能为你带来优势的新视角和新想法。善于运用自明之理也能让你学会一些稍微复杂的技巧，这些技巧将在本章后面介绍。更多的理论探讨容我们之后再议，现在我将直接开始详细介绍该如何处理自明之理。

## 何时使用

◆当你需要了解特定的消费文化或亚文化群体时。例如，新手奶爸奶妈、线上约会软件和服务的用户、创业家、素食主义者、极限运动爱好者、名人粉丝、娱乐产品或流派、政治人物或政治运动的支持者等。

◆当你需要了解特定的产品种类或营销传播方式时。例如，韩国美妆产品、养老保险、酒店、度假村及其忠实客户奖励计划、灵异类电视节目和频道、军队的招聘宣传等。

◆当你需要了解某些你已经非常熟悉的消费者、品牌社群或谈话方式时。此时你本人也是你要研究的文化中的一份子，或者你的全职工作隶属于你需要关注的商业领域。所以，这种亚文化或商业类别本来就是或者已然成为你的母语环境。你已经融入了这种文化或类别，其特性对你而言已经是自然而然的事。

## 材料

你需要一个交流渠道或叙事平台，通过它，你可以获取各种具有普遍性的说辞或被人们重复提及的语句。在说明本章内容的表格中，我列举了两种类型的资源。首先是领英的商业社群。领英是一个社交媒体平台，人们可以在该平台上建立关系网、推广业务、发展事业。其次是很多吸引大众的社群，如照片墙和拼趣①。人们在这些平台上花费大量时间，自我鼓舞，彼此激励，交换人生建议，接收各种俯拾

---

① Pinterest（拼趣）采用瀑布流的形式展现图片内容，用户无须翻页，新的图片就会不断自动加载在页面底端。——译者注

即是的人生格言和信条。

你需要写材料。不要奢望单凭在脑中想想就能完成这项工作。通过写作，你可以收获更优质的成果，也能看到自己正在做什么。

## 方法

制作一个表 6.1 那样的表格，将其分为两列，左边一列是"自明之理"，记录各种与你感兴趣的主题、品牌和商业类别相关的名言、警句、箴言等广为流传的智慧结晶。要不断地搜集，直到你发觉再也找不出更多与该话题相关的内容，比如人们在谈话中经常提及的、使人信赖的真理或毋庸置疑的事实。不要直接开始对找到的内容进行分析。

请先把表 6.1 的左边一列填满。

你要经过多方挖掘，才能确认自己已经掌握了所选类别或社群中的所有相关信息。因为这些材料必须符合要求和标准，即，这些语句或说辞要被重复提及（借此才能确认它们在你所研究的社群中是具备价值、足够重要的）。不要妄图在极短的时间内完成搜寻自明之理的工作。你在研究资源方面花的时间越多，得到的结果质量就越高，而这些资源就是指，除了那些在你做此项任务之前已经知道的知识，被人反复提及的自明之理。

现在看看表格右边一列"反转"。对每一条自明之理，请找出一种意思与之几乎相反且具有合理性的表达。这里的关键词是"合理"。比如，假设你找到的自明之理是"面对他人的苦难，没有什么比同情心更重要"（这是我在拼趣上找到的，出自奥黛丽·赫本语录）。"忽视人们的苦难"并不是合理的反面说法，至少，你很难告诉自己这句话哪里合理。要找到合理的反例，我们得看得更远一些。实际上，同情心本身存在很多问题,保罗·布鲁姆( Paul Bloom )在《反同情》( *Against Empathy*, 2018 ) 一书中就探讨过这一主题。比如, 同情心在很大程度上取决于我们对他人感受的主观印象, 以及对他人感受的想象, 这种想象中的感受只是我们自己所能感受到的。布鲁姆认为, 这会让我们产生偏见——我们倾向于对与自己相似的人产生同情, 而对我们自认为与我们不相似的人则没有同情心。作为一种主观的、情绪化的状态, 同情心也可能影响我们的判断, 实际上组织我们做出旨在造福每个人而不仅仅自己人的决定。把这一点总结成合理的反对意见, 我们可以得出如下结论: "伸张正义时需要头脑冷静, 主张公平时需要考量所有对象, 而不是只考虑我们自认为可以理解其感受的那些人"。

请把该表的右边一列也填满。

表6.1 自明之理及其反转

| 自明之理 | 反转 |
| --- | --- |
| 永不放弃。 | 预知前景, 懂得适时放弃。灵活应变, 及时转换跑道。 |
| 朝着你的恐惧前进。 | 相信直觉。感到恐惧是对错误的预警。 |
| 放手一搏, 不做大, 就回家。 | 节省从点滴做起。 |
| 做自己。其他人已经有人做了。 | 个性皆虚妄。人和人之间, 比起不同, 有更多相同。 |
| 享受生命中的小确幸。 | 眼前的小事会让你从真正的要事上分心。 |
| 如果你不能接受我最坏的一面, 那就不配拥有我最好的一面。 | 以最好的一面示人。人在任何场合都没有理由失态。 |
| 幸福来自内心。 | 幸福与否是可以由外在的因素预知的, 比如财富和行动的自由。 |

## 如何分析

填完表格后，回顾左边一列，再认真通读一遍，你会对表 6.1 左边一列内容的共同之处得出新的认识。在表 6.1 中，我们可以看出，左边一列的内容整体上都是在支持某些价值观：

◆显著的个人主义。密切关注个体自身，相对地，很少关注集体，如家庭、社群或社会。

◆普遍认可这一观点：只要个人动机和动力够强，就能做到任何事。我们可以将之总结为一种对高度发达的资本主义的适应性反应。在资本主义高度发达的地区，人类赖以生存的关键资源，如住房、暖气、医疗等，都在私有企业而非国有企业手中。一个人的生存，如果取决于他能在资本主义社会和私有经济体中取得的成就，他就会被这种说法完全说服：要"永不放弃"地满足自我需求。

◆似乎是在推崇对规则的遵守，较少体现出反抗精神。其中最接近反抗的一句话是"如果你无法接受我最坏的一面"，但是离"打破父权"或"自由、平等、博爱"这些说法差距还很大。要想看到更坚定的反抗精神，得找找这些样本所处环境之外的内容，如远至 20 世纪六七十年代的民权运动，或法国大革命。

## 如何应用调研结果

如何使用这些调研结果，取决于你想从你的事业、品牌或商业问题中获得什么。如果你在继续先前那个成熟女性心理健康环境项目，那你可以考虑制作两个表格，一个用来搜集当前社会中众口一词的呼吁，另一个用来搜集几十年前与之相反的观念。两相对比，你会发现，在这个时间跨度中，人们对于心理健康或有关心理健康的普遍观念，已经发生了戏剧性的改变。我们不禁会问，这是否会形成某种代沟，导致更多的年长患者得不到应有的帮助？

　　进行自明之理的分析练习，是为了鼓励你用自上而下的思维去看待意识形态和整个社会。这能帮你摆脱那些你迄今为止轻信了的、认为它们就是简单真理的日常俗理格言，不再将其视为理所当然。这样做并不是因为这些道理会让人感觉不舒服，我们需要证明其错误性。重点在于，要认识到所有自明之理都有其历史特异性和文化特异性。认识到这一点，才能从自明之理的专制中解脱出来，在设计品牌和传播内容时，遵从它们也好，拒绝它们也罢，都可以清醒审慎地思考，不再受限于那些"大家都知道"的常识。

## 如何进一步分析自明之理

　　如果你对自明之理感兴趣，想深入学习这一分析技巧，我建议你深入了解一下珍妮·霍尔泽（Jenny Holzer）的作品，应该能受益良多。霍尔泽是一名艺术家，从1977年就开始做自明之理分析，现在还在做。她很擅长挖掘那些不受关注却将社会组织起来的基础的自明之理。她的作品在世界各地的艺术场馆被展出，可以在线观看，还经常以投影方式在各种建筑外墙上以及很多令人意想不到的地方被展示。对那些自明之理，这些不同寻常的展出场地或增强了它，或挑战了它。

## 练习 8：找到你的自明之理

　　回到那个你在学习本书过程中一直在做的项目，尽可能多地列出你能找到的适用于你的研究类别或商业问题的自明之理。可以是日常消费活动中的老套的说辞，如"烘豆很清淡"，也可以是你所属组织中最高层的主张，"我们提供的不是产品，而是一种体验"——这是一种易于反驳的说法，很多组织都因此尝试过将产品升级为体验，但成败参半。请利用你的调研成果，对你所研究的产品类别中存在的既有观念发起挑战。

## 技巧二：用符号学矩阵寻找创意

对于那些对符号学已有所了解、具备商业知识背景的人来说，符号学矩阵是一个很熟悉的名字。但它也被自身的成功所累，因为符号学矩阵已经成了众多不同功用的技巧的一种总称，而这些技巧实际上并没有那么多共性。在该领域内，技术性最强的是原始符号学矩阵，这是一种学术产物，由阿尔吉达斯·格雷马斯（Algirdas Greimas）于 1966 年提出。格雷马斯是一名语言学家，他出于研究符号学符号中的结构化关系的目的构建了这一工具。你很容易就能在网上找到该原始矩阵。虽然这一工具是为学术目的而非为市场人员发明的，但大部分非学术人员都认为它不难掌握。在市场营销中运用格雷马斯矩阵的案例也是有的，其中比较突出的是让·玛丽·弗洛奇（Jean-Marie Floch，2001）的作品。

该领域也有技术含量较低的工具，我曾看到有商业从业者利用一种矩阵工具：根据相似性，将符号学符码整理和分组。相较于格雷马斯矩阵，这种工具的优势是易于使用，缺点在于，容易造成语言精确度的流失，而语言精确度才是符号学的力量所在。

在本章，我会介绍一种符号学矩阵，该矩阵会尽量在学术的精准性和操作的简易性之间取得平衡。该方法的不断演变，受学术界，尤其是人种学的影响，同时也受到了符号学商业实践者，特别是早期先锋弗吉尼亚·瓦伦汀（Virginia Valentine）的影响。

## 何时使用

在寻找新的商业机遇、确认消费者需求方面，此处介绍的符号学矩阵是一件可靠工具。其工作原理是，定位消费者对世界的预期，找出挫伤其预期的是什么，再用新的品牌或产品填补这个缺口。

## 材料

你需要：

◆出色的想象力；

◆撰写材料——我喜欢用铅笔在大篇幅的白纸上书写；

◆我们即将介绍的一点基础理论知识。

## 核心理论

下面，我用一个简短的故事告诉你，本章要介绍的符号学矩阵是如何工作的。这既不是唯一一个与之相关的故事，也不是最完整的一个，但却是非常切合题意的一个。请看图6.1"我们为何需要神话"，让我来为你解释其中的含义。

符号学源于20世纪，是介乎哲学和语言学的模糊地带。符号学真正取得发展是在二战后，当时它与人种学进行了融合。人种学家和其他文化研究学者注意到，源于符码研究的语言学工具在回答某些问题时竟然十分好用，这些问题超越了语言学，涉及人类在社会中的如何安排自己，如何组织本土信仰、期望和意义。其中一位人类学家克洛德·列维－施特劳斯（Claude Lévi-Strauss）对神话很感兴趣，也就是你可能在童年时期就听过的、流传了数百年的民间故事和神话传说。列维－施特劳斯发现，神话的存在，是为了解决某些问题，解释某种神秘现象或人类遇到的困惑（Lévi-Strauss，1958，1964；Chandlt 2017；Oswald，2012）。

　　我所指的问题、神秘现象或困惑是怎样的呢？它们有的是关乎生与死，即死亡的命题，有的是关于人类与动物的区别的问题，有的是关于自然和文化的区别的问题。其中与本章内容紧密相关的是：误导性外表带来的不公和困惑。

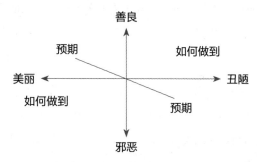

图 6.1　我们为何需要神话

　　公正世界假设（Lerner，1980；Lerner and Miller，1978；Lerner and Montada，1998）是心理学领域的一项发现。该假设描述了人类的一种普遍倾向，即认同这个世界是由正义主导的。在这样的世界中，事物的表象就是其原本的面貌，所以美德会得到回馈，人人都能得到应得的一切。这是一种理想化视角，人们当然都希望现实就是如此，我们都愿意相信，外在美好的事物，其内在也美好；邪恶的事物会因其丑陋的外表而暴露；健康的食物会很美味，垃圾食品会难吃；相由心生，人美即心善，我们可以一眼看出谁是坏人。如果当真如此，生活该多么简单。

这种施特劳斯学派的正义世界假设视角，让我们看到，在预期得不到满足时，比如看到误导性的外表时，人们会迷惑、沮丧。有的神话或童话故事就是在解决这种主观问题，施特劳斯学派认为：这些故事的目的是帮助我们应对和消除一种持续的焦虑，而造成这种焦虑的原因是，事物与其应有的样子不符。童话故事《美女与野兽》，讲的就是一个外表邪恶但内心善良的生灵的故事。民间故事《白雪公主》里，女巫皇后是邪恶的，却有着绝世的美貌，只有她天真无邪的继女白雪公主才能与之媲美。

图 6.1 展示的正是这种预期和由之而来的失望之间的比对。我要先指出其中的几个重点，然后才能继续介绍符号学矩阵对品牌而言多么实用。

◆善良－邪恶及美丽－丑陋，都是互为两极的表达。在符号学中，意义相反的一对词组被称为二元对立。消费文化中充满了二元对立。把意思相反的词组放到天秤的两端，意味着这两组二元对立关系可以被放到上图中的十字中，然后得出一个拥有四个象限的矩阵。你也可以在矩阵周围画上框线，方便查看。

◆有了两组具备一定协同性，共同"发挥作用"（但不保证在任何场景下都可以）的二元对立关系，我们就能画出一个矩阵，从这四个象限中看到一些有趣的内容。

◆其中两个象限是符合我们通常的希望和预期的，也就是大家认为世界应有的模样，在这种情况下，事物都按照规则运转。总的来说，如果善良与邪恶都有与之相应的外表，我们就会认为这是一个由正义主导的世界。

◆另外两个象限，显示的是存在于现实世界，但会令人困惑或带来麻烦的情况，也就是我们需要用神话来解释的。《美女与野兽》试图解决的问题是，美好的事物看上去却丑陋，《白雪公主》对应的问题是，邪恶的人却拥有美丽的外表。

◆这几个象限呈对角关系，与美丽－邪恶呈对角关系的是丑陋－善良。被四个象限代表的人的预期，也呈对角关系。

以上就是你需要掌握的所有符号学矩阵的内容。现在我们来看几个案例，看这些品牌如何使用这种逻辑为自己创造出生存空间。

## 利用符号学矩阵找到品牌机遇

图6.2显示的是"真美行动"在符号学矩阵中的位置。这是由联合利华旗下品牌多芬发起的一场营销活动，这场活动获得了广泛而持久的成功。该矩阵也就是诞生出《美女与野兽》的矩阵。在商业实践中，通常会有两个"问题"象限，也就是人们用以创造神话故事的象限，其中一个象限通常无法提供什么机会，但人们往往可以在另一个象限中发现机遇。图6.2正是这种情况。从商业或营销角度看，贩

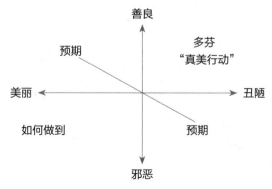

图 6.2　品牌可以创造神话

卖邪恶的事物是没有出路的，你很难把这种东西卖给消费者，这对社会也会产生不良影响。而另一个象限就有商家发挥的空间了。这一个象限存在的问题是："一种事物如何才能既是好的，又没有传统的美丽外表？"多芬就用一场"真美行动"深入研究并解决了这个问题。该活动吸引了女性用户的广泛参与，她们有着不同的年龄、身材、种族，而这场活动肯定了她们多样的美。在品牌的倡导下，大家互相赞扬彼此的美。多芬造就了一个当代童话，一个神话，一个经久不衰的、有关解决问题的故事。

　　图 6.3 是一个新的符号学矩阵，其中包含了两对新的二元对立关系（成功对失败，超前对落后）。把它们放进矩阵后，我们可以看到，其中两个象限中的预期能引起大多数商务人士共鸣，也符合当今的全球商业文化，即，如果你能保持不断前进，你就会收获成功的奖赏。吉尼斯设置了一个与之相对的问题，然后解决了它：人如何才能在落后于人的情况下，收获成功？这个问题在品牌宣传中得到了解答：好事多磨需等候。

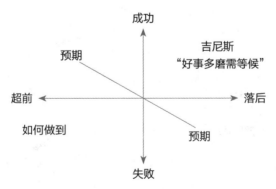

图 6.3　符号学矩阵可以帮你寻找机会

### 练习 9：用符号学矩阵找出品牌机遇

针对你所选择的项目，采取下列步骤：

1. 想想产品所属品类（参考多芬）或目标消费者所属文化（参考吉尼斯）。尽量多地列出你能想到的二元对立关系。目标是 20 对。

2. 每次选取两对关系，用上述案例中的十字图形进行匹配。可以按自己的喜好画上外框线。

3. 仔细研究你刚画的图表。两组二元对立之间是否能产生什么火花？二者是否足够不同，相互之间能否产生某些不同于以往又联系足够紧密的内容？

4. 尽可能多地找出二元对立关系，直到得出某种结论为止。用第一步中列出的二元对立关系表尽可能多地画出矩阵图，看看有什么收获。

5. 如果你发现有望从某个符号学矩阵中产生创意，应该是可以立即看出哪两个对角象限才是符合常规"预期"的。排除它们后，慢慢地仔细检查剩下的两个象限。其中一个通常平静无波，因为当中暗含的观念可能毫无吸引力或已经过时。但另一个象限可能为品牌、新产品、服务创造机会。

在日志中记下你最好的符号学矩阵所揭示的创新机遇。

# 技巧三：用模板创造模因

这是一个被符号学家用来激发创新思维的有趣技巧，你可以自己使用，也可以和团队、甚至是消费者一起进行实践。该方法涉及操纵和改变视觉图像，尤其是模因。

模因是数字文化的产物，它们的存在和所涉及的话题类型本身就是可以研究的问题，但现在，我们只是简单看看它们的一般形式。模因是一条条具体的信息，通常由一个单独的、静态的图片和一些词句组成，它会在特定的地方出现。它们在消费者中间传播，传递大众的感受和当下的热门事件，也被各大品牌用于线上营销，比如家乐氏（Kellogg，麦片品牌）的老虎托尼（该麦片的系列吉祥物），以及多芬的"真美行动"（联合利华）。

个别模因通常是对一个效果良好的公式的不同使用。以下是几个例子。

### "心不在焉的男朋友"

一对年轻的恋人走在大街上，其中一个人显得心不在焉，甚至坦然地盯着路过的美女看。而他的恋人也注意到了这一点，看上去很不开心。这幅图的配文通常是以第三人称视角标记图中人物，比如一名学生看到该图，可能会在男子身上标上"我"，给不开心的女朋友标上"作业"，过路的行人则是"游戏"。你可以在很多地方查到"心不在焉的男朋友"这幅图，如：https://knowyourmeme.com/memes/distracted-boyfriend。

### "这位路人也太好看了"

该图链接如下：https://knowyourmeme.com/memes/ridiculously-photo-genic-guy。

这张图中有很多正在比赛的跑者。镜头中间恰好有一位非常帅气的跑者。更巧的是，他一边跑一边看向了镜头。一般，这张图的上方和底部会被配上简短的文字，目的通常是拿该男子帅气的外表开玩笑。

上方文字是铺垫，底部文字抖包袱。比如，"跑了马拉松，还赢了"（顶部），"我倒是想"（底部）；或者"本月最佳员工"（顶部），"别人公司的"（底部）。

### "其实吧"

"其实吧"一图链接如下：https://knowyourmeme.com/memes/matrix-morpheus。

这是一幅截自1999年的电影《黑客帝国》的静态图。劳伦斯·菲什伯恩（Lawrence Fishburne）扮演的莫菲斯（Morpheus）的头部特写。他戴了墨镜，表情高深莫测。和上个例子相同，人们通常也是在图的上方和底部配上一句简短的台词。上方都是那句"其实吧"，底下的配词则各式各样，但传达的意思都很有启发性，通常还有讽刺的意味。比如，"三不五时的断食，就是三不五时的吃吃喝喝罢了"，或"你是18岁的身体、40岁的灵魂"。

### "不太确定"

"不太确定"一图链接如下：https://knowyourmeme.com/memes/futurama-fry-not-sure-if。

这张图是电视动画片《飞出个未来》（*Futurama*）里的角色福莱（Fry）的截图。《飞出个未来》的好笑之处在于，主角福莱，一个低调的披萨外卖员，穿越到了未来，所以常常闹笑话。在这个模因里，福莱一副迷惑的表情。同样，这张图会在上方和底部被配上短句对话。以上方那句"不太确定"开头，后半句和下一句则等待人们加上各种创意。例如："是密码错了，还是用户名本身就不对"，以及"头痛是因为喝了太多咖啡，还是咖啡喝得不够多"。

## "但那不关我的事"

"但那不关我的事"一图链接如下：https://knowyourmeme.com/photos/782057-but-thats-none-of-my-business。

此图出自吉姆·韩森（Jim Henson）的《大青蛙布偶秀》（The Muppet Show）。图中的主角科米蛙（Kermit the Frog）正在专心享用一杯立顿红茶。图片的笑点在于科米蛙做作的姿态和故作优雅的举止。图片上方有很长的空白留待用户填上自己的配词，而底部的词是"但那不关我的事"。这个模因常常被人用来表明自己对某件事的批判。比如，上面一句是"这件事可能还有不为人知的一面"，或"你（在社交网络上）收到的花比你银行卡里的钱还多呢"。

因为上述几个案例中的模因都流传甚广，你可以在推特、"照片墙"、脸书和其他社交平台上找到各种例子，大家都喜欢在这些平台上分享内容，维持社交关系。上面还能找到非常多的其他流行的模因模板，比如"世上的头等大事""蝙蝠侠扇罗宾耳光"等。

虽然流行的模因对品牌来说的确是一种有用的广告形式，但我之所以在这里介绍"构建一个新模因"，是因为它可以成为一个工具，我们可以借这个工具探索并打破存在于特定的商业类别、品牌或消费者行为中的规范。这是一个可以使文化内容变得不再理所应当的技巧，和我们先前验证自明之理是一个道理。该工具有助于我们用新的眼光看待自以为已知的事物。

## 何时使用

◆你需要对商业类别得出新的看法时。

◆你想了解消费文化中占主导地位的规范时。

◆你需要迅速开始进行符号学研究中的自上而下分析时。

## 材料

你需要：

◆一系列模板化的模因，你觉得和自己品牌相关的，或单纯觉得很好玩的模因。

◆任何一款可以使你在图片上添加文字的软件。我一般会用PowerPoint，你也可以用其他在线工具，如 memegenerator.com。如果你想让自己的模因图看起来更专业，你可以用黑边白字的无衬线（Impact）字体。

◆如果你有某个图片库的访问权限，或是其他合适的图集、各种表情包，其中的图片可以用来表示心不在焉、不可置信、困惑、轻蔑、"傻白甜"等，你都可以配上墨菲斯、福莱和科米蛙的词。不一定非要用各个模因原先的图。我在本章也用了图库来做模拟案例。上述的某些模因，如"心不在焉的男友"就是从图库中找的。

◆你的品牌或竞争品牌的标志的小图，要用 gif 或 jpeg 格式，便于加上内容，生成新的模因，这样可以增加或揭示品牌不曾有过的含义。

## 方法

选一个模因。观察其结构规律，如任何一行文字的用词和词句位置是否保持不变。确认一下可能产生创意的表达要放在哪个位置，在一个句子模板中，这样的位置通常只有一个，偶尔会有多个。给图片加上你自己的配词，针对某类产品宣传，用新创建的模因表明你的业务类别。想要效果更好，你可以在完成这个模因时加上自己的或某个竞争方品牌的商标，看看是否有什么变化。最后把成果拍下来，或是直接保存。针对一个模因，要穷尽自己所有的想法，然后再换新的模板。请不断思考，直到手中的例子已经足够多，多到你能对该类产品和消费者得出有意思的观察结果为止。

### 展示

下面举的几个例子，都是我针对贯穿本书的几个项目（高端烘豆和成熟女性的心理健康）创建的模因。

### 高端烘豆项目

图6.4是为高端烘豆项目做的一个化用模因，以"其实吧"为

图6.4 其实吧……烘豆项目

图源：弗兰克·麦肯拿（Frank McKenna），壁纸分享（Unsplash）[1]

---

[1] Unsplash 是一个可以免费下载高清商用摄影图片的网站，网站上的图片都来源于真实摄影，所有人都可以下载使用，无须担心版权问题。——译者注

模板。

图 6.5 是用"但那不关我的事"创造的一个模因，也可用在烘豆案例上。"但那不关我的事"的重点是，该模因给说话者定了位，其形象通常是很有自己想法、具备批判资格的。此商业模因基于这样一种认知：烘豆能做零食、午餐或周末早餐，但一般不会是晚餐主食。

图 6.5  不关我的事……烘豆项目

图源：达里乌斯·巴沙尔（Darius Bashar），壁纸分享

图 6.6 是用"心不在焉的男友"造的一个模因。请注意，这次我加上了虚拟品牌符号"奇幻烘豆"。该模因中的男士被一个漂亮的年轻女士牵着走进树林，女士头上的花冠给了她一种魅惑仙子人设。该模因揭露并挑战的理念是，烘豆很乏味，不是成年消费者每晚都会吃的东西。

图 6.6 心不在焉……烘豆项目

图源:卡洛琳·韦罗内斯(Caroline Veronez),壁纸分享

## 女性心理健康项目

图 6.7 是针对成熟女性的心理健康项目用"其实吧"造的一个模因。图中是一位衣着光鲜、面容自信的年老女性。这个模因还是沿用了我们

图 6.7 其实吧……心理健康项目

图源:达米尔·波桑贾克(Damir Bosnjak),壁纸分享

对"其实吧"的通常处理方式，用最后一句话揭露事实。这个案例和观者的相关性在于，成年人的幸福指数在 50 岁时会达到一个低点，但之后会重新上涨，到 80 岁时，我们的幸福指数会重新接近婚前，或是当父母、还房贷、面临工作压力和其他在成年初期进行各种尝试的阶段（Rock，2018；Rauch，2018）。很多成年人可能都不知道，到了后中年阶段，人的幸福指数会反升，这一冷知识可以给处于低谷和焦虑中的人带来希望，给人以启发，提升消费者对心理健康服务的期待，使其更多地参与其中，并对"年老就意味着走下坡路"这类观点产生怀疑。

　　图 6.8 是针对女性心理健康项目用"不太确定"造的模因。这个模因充分体现了笑话里的铺垫和抖包袱结构。前半句的"不太确定"是铺垫，让观者对后文有所预估和期待。人们对成熟或年老女性存在刻板印象，认为她们情绪不稳定，并将之归咎于更年期。这一铺垫就符合这种预期和观念。请注意，"情绪不稳定"其实是坏情绪的

图 6.8　不太确定……健康项目

图源：SK，壁纸分享

一种委婉表达，毋庸置疑，其隐含了负面意义。后半段内容，也就是抖出的包袱，扭转了这一惯有看法，向观者展示了另一种观念，即，到了一定年纪的女性也会有开心喜悦的经历。或许是因为她们终于有时间去海边坐坐，正如图中这位女士，又或是因为她们得到了我们的客户提供的产品或服务，享受到其带来的对心理健康的益处。该模因也呼应了人们对更年期的其他看法，正如女权主义者杰梅茵·格里尔（Germaine Greer，1991，2018）和盖尔·希（Gail Sheehy，2007）所说：我们可以重新设想自己更年期之后的人生，这一时期也可以充满创意、喜悦、释放和力量。

### 练习 10：创造一个模因

还是以你在学习本书过程中选用的实践项目为例。确定好你的品牌或客户所属的商业类别。按上述方式进行实践——搜集大量模因，记下它们的结构和规律，再联系自己的商品类别，生成有创意的模因。这些新模因可以展现你背后的产品类别的规范和预期。这样做可以使你收获新的想法，知道手中的品牌该如何应对既有规范，确保其符合日益变化的消费者需求。完成这些以后，记下你的观察结果。

# 技巧四：抽枝成干，整理创意

如果你用上了本章所有的技巧，做了所有练习，那么现在应该已经有了各式各样的观察结果，得出了对所述商品类别的各种看法。如果你还用上了第四章和第五章的自下而上和自上而下分析进行符号学研究，那就更是如此了。抽枝成干是一种组织你想法的工具，可以帮助你把各种想法联系起来，使品牌在面临消费文化的变迁时找到前进的新方向。该方法有助于你对自己的创意进行管理，并激发出自成一派的创新能力。

## 何时使用

◆在项目接近尾声，你有了很多想法和见解，需要把它们整合起来时。

◆在亟须确认品牌是否走在新兴浪潮和意识形态的前列时。

◆在你想知晓如何针对新出现的消费者需求做品牌或产品设计时。

## 材料

你需要：

◆用于绘制和写作的材料

◆冒险精神。抽枝成干是自上而下分析的顶峰，你可以用它创建一幅文化变迁图——这是一个有野心的目标。

◆在看到某些高质量的、可用于解决你面临的挑战的学术性内容时，你要具备进行探寻和消化该内容的意愿。

## 方法

列出你所有的观察结果，不论大小。这些结果并不需要全都是真知灼见，它们可以是各种事实和数据，比如，烘豆的销售情况、心理健康问题的案例。把这些结果根据其大小和所述的主要观念进行分组。现在我先解释一下什么叫"观念的大小"。

在本章的"自明之理"部分，我发现领英和拼趣有某些本土文化特质，这两个平台都涵盖了来自大众的大规模社群。虽然自明之理可能乍一看都理所应当、不容置喙（在其所属群体中），但我们能很快揭示出其共有的文化特征：高度的个人主义，对资本主义的适应性，有的能给予困顿的灵魂暂时的慰藉——幸福是内心生出的感受，只要放慢脚步，体会生活中的"小确幸"，就能通往幸福，诸如此类。在它们描绘的世界里，人人都积极向上、奋力生存，虽然也有情绪上的不安，但都在努力独自消化和解决这些问题，而不会采取组织革命、推翻政权之类的激烈方式。这些都是大范围内的观察结果，人们体验到的这些文化，其形成不是一朝一夕的事。让一种文化从集体主义走向个人主义，需要几十年的时间。以上观察结果适用于众多单独案例，它们所讲述的事物能经得起时间的考验。所以，这类观察结果应该归入"大观念"的类别。

我们在前文讨论符号学矩阵时提到了多芬的"真美行动"，这场活动是对一个问题的回应，该问题从 1740 年开始，也就是加布里埃尔·苏珊·巴伯（Gabrielle-Suzanne Barbot）发表 *La Belle et la Bête*，即《美女与野兽》的时候，甚至从更早以前，就困扰着公众，如今依然使人困扰，这是一个老生常谈的问题：外表具有欺骗性和误导性。其内涵是，好的、高尚的、有价值的事物，可能会因其外表不符合大众的评判标准而被忽视。

虽然我们强调这是一个持久的问题，但相比个体为生存所做的努力，其影响范围还是比较小。它比较具体，和外表相关。由于数字文化（互联网、智能手机和上面的应用软件、线上社群和新型线上社交关系）已经把事物外表的地位推到了最高，这在当下算是一个非常尖锐的问题。它也不是个一夜之间出现的现象，而是在近十年间迅速发展起来的。如今，在很多消费者所处的文化里，人人都觉得我们应当在照片墙等社交平台上记录和展示自己的生活，应当接受周围人在线展示的各种信息。这当中还出现了某些事物的大众化过程：所有人既成了摄影师，同时也都是模特；这也使得大家彼此较劲，因为人们会不停地评价别人产出的内容，同时担心自己在照片墙和脸书上展现的生活比不上同龄人。这其实就是对外表的巨大焦虑。请把你的此类观察结果和想法进行分类——那些在十年内而非几十年间发展起来的，仅以某些具体的、并非关乎人类生存斗争的观念，都属于"中等大小的观念"。

在前文"玩模因"的时候，我们也注意到了另外几件小事。我们发现，当下的模因都充满了某些情景和相关情绪。"其实吧"这个模因就是其中之一，它构建的是一个日常生活场景，人人都准备好接受新信息带来的反转和惊喜。我们在其他流行文化的热门阵地中也能看到这种情态，如红迪网的"今天我学会了"群组，成员们发布类似的、碎片式的内容，相互给对方提供惊喜，这些内容都比他们以为的更复杂和有趣。"心不在焉的男友"则展现了当下的一种大众状态，即，很难做到长时间集中注意力。这一情况在其他大众文化产物中也能看到，比如"嚯，亮眼"这一句流传甚广的短语，人们说这句话，是为了用玩笑的方式表明他们知道眼前出现的事物极具吸引力，但自己的注意力实在短暂。特定的语言习惯和表达方式，比如"其实吧"和"嚯，亮眼"，都可以被划分到"小观念"一类。

现在，你已经大致按大小和范围对自己得出的想法进行了分类，请拿出一张大尺寸的纸，简单地画一棵树，不需要画细节，只需要画一张类似树状的蛛网图。在纸中间画一根大树干，从树干出发画几条

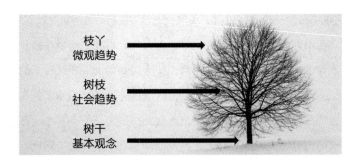

图 6.9  意识及趋势的抽枝成干模型

图源：法布里斯·维拉德（Fabrice Villard），壁纸分享

粗线条，代表树枝，再从树枝出发画几条细线，代表枝丫。然后按照图 6.9 所示，把各种大小观念都放到树干、树枝、枝丫上。

要是你觉得自己的各种想法在方向上过于分散，也可以多画几棵树；不必试图在一张纸上画出整个人类史。用树状图列出想法，重点是使自己看清那些缓慢变化的文化浪潮和意识形态是如何引发各种急速变化的观念，并最终形成小型的潮流和微观趋势的。

图 6.10 是一张粗糙的树状图，这应该是任何美术水平的人都能

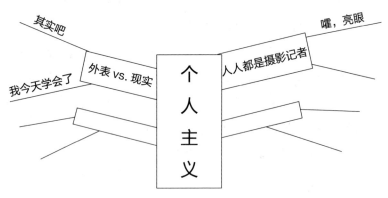

图 6.10  简易树状图

画出来的。我在上面按适当的大小分类列出了几个在本章出现过的观念。请把你自己的观察结果和想法照此方式列出来。你会发现，在你决定哪根枝丫应该属于哪根树枝的过程中，你可以很快生成一个令人满意的"观念七巧板"。

### 如何使用画好的树状图

填完自己的树状图，你完成的不仅仅是一项学术练习，而是列出了各种可能发生变化的趋势和行为，不管这些变化的发生是快还是慢。当我们想为品牌寻找创新机遇时，可以用这棵树找出当前的消费者需求，以及那些短期内不会消失的习惯和焦虑点。

在本章接近结束时，让我们把目光转向一直被用作案例的烘豆和心理健康两个项目。如果为烘豆项目的客户画一张树状图，我们也许可以认识到，在照片墙的忠实用户中，总会有某些商品的消费者会认为，给食物拍照和吃掉它们同样重要。此外，食物需要在至少某一方面比较有趣或独特，才有资格被拍下来——它不能只是"又一种烘豆"。客户可以通过包装设计、配方、服务理念来塑造产品形象，使之和常规性宣传有所不同，比如，烘豆广告经常会示意消费者把它倒到吐司片上食用，但这类画面中的烘豆看上去并不美味。

如果给心理健康项目的客户画一张树状图，我们或许能注意到当前存在的一种风气，就是越来越多的人去看心理医生，特别是因为焦虑症和抑郁症。人们越来越知道心理健康是一个需要关注的问题，这在一定程度上要感谢社交媒体。同时，针对该问题，目前大家关注的主要还是年轻人，虽然人们也普遍认为中年人是最不开心的群体之一，而且他们还需要对抗人们对相关心理症状及问题的诱因所持的成见和负面观念。利用这一点，客户可以开发一种产品或服务，明确承认这些受焦虑或抑郁问题困扰的中年人所面临的障碍和困扰。根据以上观察结果，我们可以为人们量身制作一款心理健康产品或品牌，一款能让人感到自己被倾听、自己的问题受到重视的产品。

## 练习 11：抽枝成干

请再次拿出你在学习本书过程中用作案例的项目。整理并列出你在该过程中生成的各种观察结果、见解、创意，按其相对大小、范围和生命周期进行分组，按上述"抽枝成干"方法画出来。画完几个树状图后，列出你为品牌生成的三个最佳提案或找出的机遇。你可以根据这些想法与树干距离的远近（代表它的时效性或耐久性）来选出最佳想法，也可以据其在树状图上的位置进行选择，请选出符合"时间上最近"和"趋势上最新潮"这两条标准的想法。

本章是介绍符号学内在机制的三章中的最后一章，介绍了各种诞生于符号学研究的技巧，我们可以将之运用到数据、品牌和商业问题上，以此产生见解和原创想法。在接下来的章节中，我们将回到"符号学如何与外部世界互动"的话题。第七章将介绍如何进行符号学田野调查，这也是一项观察性任务，一种在商业符号学中常被忽视的数据搜集的方式。第八章将介绍如何把符号学和那些与之联系最为紧密的方法——人类学和语篇分析——相结合。

第七章

# 田野调查：把熟悉的消费场景陌生化

第七章
**Chapter Seven**

做符号学研究有时也需要使用田野调查的考察方式。做符号学项目时，研究人员可能会为获取实地经验而前往不同的市场。特别是在客户要求你针对多个国家的营销方案拿出自己的洞见时，这种考察方式必不可少。本章将阐释符号学田野调查涉及的内容，包括沉浸式体验，在个体消费者家中、商场和其他当地的社会场所与消费者进行接触。

如果你能完成本章的所有练习，你最后将可以：

· 判断出一个符号学研究项目在什么情况下需要做田野调查；

· 计划并实施符号学田野调查；

· 将他人纳入研究活动，从供应商和合作方处获取最大价值，为客户提供最佳的服务体验；

· 有策略地搜集记录资料；

· 通过田野调查找出最佳的见解；

· 使自己形成更为完整和透彻的符号学视角，有能力评论人们的种种行为和文化习俗。

# 实地观察真实情景

已经有商业符号学研究经验，对案头工作有自己看法的人，可能会对本章内容感到意外。案头工作是指：坐在桌边耐心地分析广告、包装或网页内容。实际上，符号学就是一种考察性的研究形式，在第五章对自上而下研究的讨论中，我也提到过相关内容。第五章讲到了阶层和品位的问题——要想了解人们的品位，没有什么比到消费者的家中亲眼看看更好的办法了。那是一个能传达出他们是如何选择和归置自身所有物的地方。

当然，还有购物中心、专卖店、酒吧和剧院等娱乐场所，人们在这些地方碰头，像模特一样展示自己所选的衣服。第五章还谈到了模拟。有消费者出现的场合，都可以视作模拟。高尔夫球场和度假景区是对自然的模拟。有的公司为了彰显自身年轻时尚的企业文化，会在办公室里放上豆袋坐垫、乒乓球桌，这其实是对运动场馆的模拟。小型商场有时也会对优于它们的高端商场进行拙劣的模仿。第五章还有一个话题是"权力"，我提到了福柯所写的，用建筑传达权力的方式。

请再回想一下第三章的烘豆项目简报，人们在逛超市时是如何走到烘豆货架区的。客户对此很感兴趣，并且想知道是否可以借鉴餐厅、咖啡馆、街边市场所用的某些提示物，把它们用到店内布置上。虽然，如果有足够多的照片，我们仅凭看照片也可以得出一些好的见解，但如果能实地探访这些地方，情况又会有所不同。相比远观，实地考察可以给我们提供一个获取有趣的观察结果的好机会。我们可以真实地看到人们如何接受服务、如何与场地交互、如何相互交流。我们能亲自去听、去闻、去触摸、去体会那些照片和视频都无法记录下的符号学符号。

每一次离开书桌走到户外，我们都会让自己暴露在现实世界中正发挥着作用的符号学符号面前，而它们正是我们可以加以利用的，至少在某些调研项目中需要利用的东西。最后，如果你做的符号学研究把你牢牢禁锢在了桌案上，你将无法真实触碰到文化的节拍，对这种文化的评价也会与真实情况脱节。所以请你走出去，看看周围，看看人群。

本章剩余内容，将介绍关于符号学田野调查以及解释观察内容的实操细节。在着手解决实际问题前，你可能要先思考一个问题，那就是：这和人种学有何不同？

人种学和符号学是两种联系紧密的研究方法。二者都是考察式方法，需要对个体消费者的消费文化而非观念（态度、观点和性格）展开调查；二者都需要人类学知识。人种学直接脱胎于人类学，但对符号学而言，人种学只是在语言学之外的另一个起源。符号学和人种学不同的起源也造成了二者在风格上的差异：

◆人种学（Ethnography）旨在生成普通人（英文前缀 ethno-，意为人种）的生活图景（英文后缀 -graphy，意为描记法）。在当前的商业实践中，人种学研究常会涉及视频拍摄，因为这是捕捉消费者日常行为（这是客户希望人种学家关注的内容）的最佳方式。一个典型的人种学项目，但凡受访者允许研究人员进行超长的居家深度访问，研究人员就会录下消费者的日常行为，包括洗衣、做饭、修车等。

◆符号学的关注点则不同。符号学在词典中的定义是"对符号和象征的研究"，而以实践为目的的符号学，关注的是内容呈现的问题。如果人种学试图捕捉的是事物的本来面貌，人种学家就有"被同化"

的风险，也就是说，人种学家可能会因为过于沉浸于消费者的世界，而在项目进行时误将受访者眼中的现实当作真正的现实。人种学家可能会认为，在消费者看来是自然而然的东西确实是理所当然。他们会面临被消费者行为裹挟的风险。这些行为极具诱惑力，看上去十分真实，但实际上只是受访者在研究者镜头前的一种表现而已。相反，符号学研究从不只看事物的表象，它并不是为了查明某种基本现实存在还是不存在，而是要弄清这种现实是如何被描绘和呈现出来的。对符号学家而言，所有事物都只是一种表征，人类塑造出的现实生活和物质世界的方方面面，都只是某种表征活动的结果。

这些看上去似乎是非常精细或理论化的特征，但总结起来就是"看到"事物和"看穿"事物的区别，"看穿"是指透过事物看见存在于传播行为之上的那个世界。请回想一下我们在第五章遇到的相同问题，其中讲到材料的两种使用方式，包括研究文本和商业或营销情报等其他类型的信息。当时我们讨论过，可以选择如何处理市场调研报告或学术书籍之类的文本。一方面，我们可以将其视为阐释性材料，即对人或要处理的商品类别的简单可靠的事实描述。另一方面，我们也可以将其视作一种可研究资料，是构成我们需要进行符号学研究的文化专题的一部分。

这是作为商业活动的人种学和符号学的关键差异。人种学研究会用视频记录人们的居家日常，其价值在于，把这些"真实"举动的片段记录下来并做出解释——确实，谈到洗衣做饭，这些内容要比通过问卷或焦点小组调查结果来得更为真实。符号学研究的是消费者在家中、商店和其他真实场所真实呈现出的事物和行为，并非现实本身。对于仿真、表象和消费者及品牌方用以试图说服我们"那就是事实"

的众多方式，符号学都能够识别出来，因此比较不容易被同化或是对其妄加解释。

对于大众和品牌用以塑造现实并试图说服我们"那就是事实"的种种方法，符号学所具备的这种敏感度，正是它和人种学的区别所在，也是其和语篇分析的联系所在。下一章我们会讨论如何将符号学和人种学及语篇分析相结合，本章则先专注于详细介绍符号学田野调查。迄今为止，该主题在符号学的研究方法著作中遭受了长期而彻底的忽视。也许是因为学术界的符号学家认为自己对于如何看待事物已经有了一套符号学方法，并不需要别人教他们怎么做田野调查。而在商业符号学中，占据主导的研究方法仍停留于选取各种广告和包装内容，从中找到视觉符号和象征。但这仅仅是摸到了符号学的入口，离符号学的全貌还差得远。我希望，在完成本章学习后，你会渴望离开书桌，走到户外，用符号学玩一场"捉迷藏"。这项活动会让你收获丰厚的回报，获得许多新观点，甚至能激发出你的潜能，帮你成长为一名人类学家或语篇分析专家。如果你本身就在学习这些专业，它能让你这方面的能力得到用武之地。

## 让熟悉的事物显露不寻常的特征

要想传递符号学田野调查的价值，最好的办法就是展示调查成果。在探访各地时，我主要还是靠拍照做记录。为了捕捉惊喜，我会随身携带相机——"意外收获"也是符号学发现之旅的重要一课。想象一下，要是你整理好了用于拍摄的物品和场地清单，已经知道哪些地方会有趣，哪些内容可以揭示这些地方的真面目，那也就放弃了让这些地方给你上一课的机会。下文中的照片是我在英国和美国拍摄的一些室外场景，它们都教给了我一些和访问地相关的新知识。

## 英国，约克郡

约克郡位于英格兰北部。这张照片摄于斯基普顿（Skipton），是该郡一个有市场的小镇。据说斯基普顿原名为"谢普顿"（Sheep-town，羊镇），与相邻的基利（Keighley）、哈利法克斯（Halifax）、布拉德福德（Bradford）都曾是牧羊和产毛的中心市镇，有的镇至今还在牧羊，但几百年来，即使是在合成织物和全球化给纺织业带来翻天覆地的变化之前，约克郡从未因牧羊而闻名。如今，约克郡的主要经济产业是旅游业。来自全英各地的游客都被其苍翠的田园风光、丰富的历史遗留和保存完好的英国生活与文化风貌所吸引。这类旅游资源在该国的其他地方已经被城市发展和经济扩张侵占得所剩无几。

约克郡的这一历史背景，能让我们在访问当地前先获得一种整体认知，帮我们理解图 7.1 的内容。看到该图的第一眼，我们或许会认为这就是一处非常宁静、有历史感的英国生活的遗迹，而这种生活已经随社会的发展消逝了。在国内外游客的想象中，200 年前的英国，可能会散布着一些只卖咖啡或其他单一品类商品的小店。到了 21 世纪，有想法的游客可能会疑惑，一家小小的太妃糖店如何保持盈利，这个疑问可能会让他们一路探寻，最终得到这一认知：他们面前的店，不仅是一家精致的太妃糖店，还是一个书报摊。也就是说，这是一家会卖报纸、杂志、香烟、牛奶和各种日常生活必需品，顺便再卖些零食的便利店。在达尔斯太妃糖店（Dales ToHee shop）的确可以买到太

图 7.1　达尔斯太妃糖店

图源：经达尔斯太妃糖店授权使用

妃糖等软糖，但这家店准确说来应该叫"达尔斯书报摊"，甚至可以叫"达尔斯便利店"。眼前的场景，向我们展示了现实和现实的表征之间的差别，后者是符号学研究的重点。现实是，这是一家书报摊。而现实呈现出来的样子，是一家 19 世纪风格的太妃糖店，商店外观如此设计，是为了讨好游客，让他们感觉钱花得值，还能拍照留念，证明不虚此行。该店铺的外饰物中的明信片等等，并不是偶然出现在那里的，其目的是为了展示约克郡的乡村风情和历史建筑最美的一面。这些物件也只是为了鼓动游客消费，谢普顿当地居民可不会想在这里买东西，除非他恰好是个摄影师。

在离开约克郡和达尔斯太妃糖店之前，我们还可以注意一下照片左侧的墙上的符号，其中有一张当地的新闻标题海报，图 7.2 是其特写。

在照片中，我们可以看到一个金属框架，被设计成了印制海报的外框，海报内容是一则最新的新闻头条。该案例中的海报由本地报纸

《克雷文先驱报》发布。下面我来教你两个符号学的基本研究题目和口诀，你在练习研究技巧的过程中会不止一次用到它们：

◆这个方案还可以怎么做？

◆存在选择的地方，就存在意义。

这两句话是为了鼓励你去理解你所观察到的事物，用自己的双眼从符号学的角度看待事物。我建议你从符号学角度出发去思考，这个案例中还有什么其他新闻标题是可以填到这个位置却没被放进来的？我们没必要自己假想或生造标题，因为我们很容易就可以找到相关实例。就在我写本章内容的2019年，我访问了两个网站。第一个是伦敦本土报纸《伦敦标准晚报》（*Evening Standard*）的网站，第二个是约克郡本土报纸《克雷文先驱报》的网站，正是后者发布了图7.2中的

图 7.2　格拉辛顿的孩子们有了新的五月节花柱

图源：经《克雷文先驱报》（*Craven Herald*）授权使用

这条新闻。

《伦敦标准晚报》

◆肮脏细节浮出水面：阿桑奇在厄瓜多尔大使馆的生活（Squalid details emerge of Assange's life inside Ecuadorian embassy）

◆众明星致敬在柯契拉音乐节被杀的说唱歌手普西·哈塞尔（Stars pay tribute to slain rapper Nipsey Hussle at Coachella）

◆首相的两难：妥协会导致保守党的分裂，不作为会丢失历史财富（PM's dilemma: compromise and split Tories, do nothing and lose legacy）

《克雷文先驱报》

◆消防人员户外灭火（Firefighters tackle blaze in the open）

◆斯基普顿"天真"餐厅老板涉嫌违反税法被重新判刑（"Naïve" Skipton restaurant owner re-sentenced for tax offence）

◆解决希尔斯登住房的空气质量问题（Meeting airs issues over Silsden housing）

这些新闻标题就是我们心目中应该出现在英国首都伦敦的报纸上的新闻，以及关于约克郡老百姓日常生活的新闻。伦敦这家报纸主要涉及国内国际的政治、犯罪和都市文化相关的各种内容。约克郡这家报纸则主要关注当地紧急事件、商业和市政问题等，如住房问题。这些标题本来也可以出现在达尔斯太妃糖店的外饰海报上，但是并没有。他们用了那条"格拉辛顿的孩子们有了新的五月节花柱"。格拉辛顿是紧邻该郡的一个村。如果你不是来自欧洲德语国家，或者虽然来自这些国家但比较年轻，那你可能不太熟悉"五月节花柱"这个词。按照民间习俗，村民们会在五六月份竖起一根高高的木头柱子，围着它跳舞。该传统起源于中世纪，跳舞是为了喜迎天气回暖。有人认为，该习俗也含有生殖崇拜的象征意味。五月节花柱在十八九世纪开始渐渐淡出人们的视野，太妃糖店似乎也是从这个时期开始风靡当地。现在，五月节花柱被当成了历史的纪念物，但这并不是说没人会使用它们。如果正在阅本书的你来自美国，那你可能在其他地方看到过五月节花柱，例如，在参加"文艺复兴集会"之类的复现历史的活动时，或在《异教徒》（*The Wicker Man*）和《广告狂人》（*Mad Men*）等影视剧中。在这些场合，它们充分发挥了其作为符号学符号的功能，即代表着原始的、异教徒的性行为。

在我们思考达尔斯便利店外这张新闻标题海报想要传达但没有直接表达出来的内容时，其真正想表达的历史和文化特性变得愈加清晰可见了。和太妃糖店一样，新闻标题"格拉辛顿的孩子们有了新的五月节花柱"也没有直接作为现实出现，它只是给我们提供了一个极其特殊和专用的现实版本，其目的毋庸置疑是为吸引和娱乐游客。并不是说这个标题是假的，我可以明确地说，如果并不存在那样一根花柱，《克雷文先驱报》当然不会印这样一个标题；而是说，在经它报道的约克郡和不列颠群岛的所有新闻中，在达尔斯可以用作店门装饰的所有新闻中，恰恰是这条被选中，是因为它恰恰能完美地保存斯基普顿旅游业赖以生存的英国历史的怀旧感和吸引力。

## 美国加利福尼亚州

图 7.3 摄于加利福尼亚州尔湾市的一个商业园区。图中是普华永道公司所在的大型建筑。普华永道是一家提供会计审计和其他专业服

图 7.3　普华永道

图源：经普华永道授权使用

务的企业，是全球最大的该类企业之一，市值超过 41 亿美元，员工约 25 万人（2019 年数据）。这是一家在全球 150 多个国家运营的跨国企业，约有 1/4 的员工常驻美国。

对于从其他国家，比如美国，前往约克郡的游客来讲，五月节花柱和太妃糖店都极富异域风情，但对约克郡的常驻居民来讲，那都是一些普通的地方。这种反差在尔湾市的商业园区中同样存在。在尔湾市生活工作的人，可能就在这栋大楼里上班，而有的人每天都经过、看到这里，这栋大楼对他们而言没什么特别之处，只是当地一个理所应当的存在。但是，对于游客，他们或许来自其他有着不同建筑风格的国家，这栋楼可能就有些与众不同。做符号学研究需要培养的技巧之一，就是你要具备一种能力，能将熟悉的事物当成从未见过一样。这也是人种学的一项关键技巧，符号学称之为"人种学陌生感"（Jong，Kamsteeg，Ybema，2013）。如果你是美国人，你可以轻易地从达尔斯太妃糖店中看到异域风情，但普华永道的办公楼对你而言就极其普通，出于符号学研究的目的，我对此图需要指出以下几点。

首先，从人类的身量来看，这栋楼算是个大型建筑物。以地面为基准，图中偏左的两棵小树作为框线，我们可以对此楼的尺寸有个大致概念。办公楼的大门肯定要比经它出入的人略高，而门的高度约是楼的1/16。此楼还很宽，其外形相较于达尔斯太妃糖店，甚至是伦敦的很多办公楼而言，都算得上庞大。该楼具备很多现代化元素，我指的是它拥有很多棱角和笔直的线条；还含有很多后现代化元素，主要体现为其反光的外立面，我接下来会谈到这一点。这栋大楼无疑很是夺人眼球，它不是凭空或恰巧被建成这样的。它不是居家建筑，不是从住宅改造的小商铺，也不是在原有建筑的基础上改建的。它自有其修建目的，具体而言，是因企业而建的。

作为企业建筑的案例，它具备同类建筑的一般特征，就像巴黎歌剧院、慕尼黑宝马总部大楼和曼谷王权大厦（泰国最高的建筑物，丽思卡尔顿酒店所在地）。这些颇具戏剧效果的建筑，其存在原因都不仅是功能性，即给人类提供工作和消费服务等的室内空间；它们自有其附加目的，其中之一就是营销。

简单说来，这样的建筑在设计上就是要引人注目。普华永道大楼的高度和规模，其硬朗摩登的线条和闪亮的外墙，都一再确立并加强了普华永道在商业上的主导和权威地位。该建筑给普华永道带来了某种曝光度和知名度，彰显着普华永道在商业上的成功。它营造出了一种盛大的荣光，发散至远超该建筑本身的整个园区。这种氛围又得到园区中怀揣同样目的的企业建造的建筑的加持——想想看，"商业园区"这个概念其实是比较勉强的。这不是一个自然概念，而是被人生造出来的，其目的就是自成一国，赞美企业自身的价值和财富。

如果你多了解一下商业建筑的发展趋势，就会发现普华永道大楼的风格正是流行的、极其当代的风格，当然，也有人觉得这种风格已经过时。该大楼对"当代"的表现方式之一是反光的外墙。如果其建于20世纪上半叶甚至更早，则可能保留了原有规模但翻新过外墙——我们可以拿芝加哥的历史建筑做对比。芝加哥城在遭受一系列火灾后曾大规模翻修过，于是有了很多引人注目的出格建筑，整个城市因此而闻名。

那一时期的当地建筑，无疑都能够帮助修建这些大楼的企业彰显主导和权威地位，但都是用不透明的大型石块、石砖建成的——也并没有费力去贴合所在地的自然地貌。而普华永道大楼闪亮的外立面，不仅是现代主义，甚至已经是后现代主义的建筑风格。特别是，该建筑形式力图打造庞大的、有威慑力的建筑，而且要更好地融入周围的地貌。光亮的外立面是有意为之的，其目的是反射出加州的蓝天和高大的椰子树，维持商业园区的"公园"性质。

但这显然只成功了一部分，因为普华大楼不仅能反射出蓝天、大树等自然元素，也能反射那些尖锐而硬朗的高大建筑，与自然风光背道而驰。无论你是员工，还是偶然路过的游客，这就是尔湾商业园区传达给一般观者的最终意义：你可以从坚硬的资本主义现实逃往充满蓝天和绿树的大自然，但无法逃得太远。

如果你觉得疑惑，不明白怎么会有人觉得闪闪发光的普华大楼已经过时了，你或许可以从独有性与多样性、包容性的对比中找到答案。庞大、尖锐、块状的大型建筑的风格出自现代主义的鼎盛时期，也就是20世纪中叶。此时西方国家七成的劳动力都是男性，这一时期的企业都要求员工绝对听命于企业，适应企业，全然忽视了企业自身也需要根据多样化的人群，也就是能为其所用的人才库，来塑造企业。

当然，我们可以认为普华永道已经尽其所能地做到海纳百川，它为女性和各种能人异士创造了工作机会，而且对一栋建筑外观的评价并不等于对该公司本身政策的评价。但有趣的是，我们发现较年轻的创业公司常常会在建筑设计上做出与老企业相反的抉择。

这类公司都渴望向公众展现自己热心助力残疾人士的态度（这会直接影响建筑的修建，如果在设计之初就考虑周全，企业就更容易招聘到身患残疾但有才能的员工）。这类展现其多元化的企业尤其不喜欢以往的美式办公楼的主体风格，它们不爱用方方正正的灰色砖石，而是会打造很多随性舒适的非正式会客区，留出专供创意人员使用的有很强设计感的办公室，让人仿佛置身以三原色为主的幼儿园教室，里面还会放上蜡笔等可以"玩耍"的材料。它们还给员工提供开放式厨房，准备免费的咖啡水果，提供健身区域，甚至还有提升体验度的沙滩和人造草皮。随着时间的推移，新的建筑越来越多，我们不仅会在室内看到这类装置，办公室外的设施也会越来越多地反映出这些新颖、好玩、年轻、女性友好和多元化的观念。

## 商业暗示

在本章，我详细介绍了一些人造环境（比如办公楼和商场）在传达意义上的功能特性。这些环境和构造都在呈现现实，也就是说，它们可不是"现实"本身——请回顾一下我们先前提到过的格言"存在选择的地方，就存在意义"。这些选择并非山川、云层等自然界中的必然，而是人为的产物，是众多人类共同决策的结果。从高大闪耀的普华永道方块建筑，到约克郡乡村本土报纸上印的海报信息，无不如此。

我们看过的每一个案例，都让我们想要进行明确的符号学分析，也就是关注现实的呈现。普华大楼和达尔斯太妃糖店，分别给当地居民及外来游客构建和提供了一种特殊版本的现实，也就是建造者想让观者接受其为现实的版本。达尔斯希望你接受其原汁原味的历史感，将这个乡村视为留存了浪漫时期英国历史的遗迹。普华永道希望你接受并明确其至高的权威性，同时又不认为它可能是在传达品牌价值，在此处确实是没有，它也可以选择利用自然的元素、柔美的形态以及能凸显蓝天、草地、绿树的建筑结构，和当地地形融为一体，而不是倨傲地挺立在这片土地上。

跳脱于本书之外，在我做过的英国北部的旅游公司项目中，约克郡算得上一个在贩卖浪漫情怀上十分成功的案例，但有的英国北部郡县在吸引游客上做得还远远不够。在案例讨论中，我们已经找出了约克郡在这方面使用的些许手段。我拍摄普华大楼照片那天，原本的目的跟公司融资一点关系都没有。我只是以代表身份帮一家英国公司去做考察，该公司想要深入了解美国消费者是怎么养宠物的。在和英国消费者进行对比后，我发现美国的宠物饲主会纠结于自然和文明间的拉扯。一方面，自然仿佛近在眼前，相较于把宠物视作亲密、暖心的小猫小狗的英国人，美国人眼中的宠物很大程度上更接近于其野生祖先。另一方面，某种意义上，自然又并非那么触手可及，尤其是在食物上。众所周知，在美国人的食物构成中，绝大部分食物是经过深度加工的，其造成的结果就是，不论是人还是宠物，想要吃到未经加工的食物，可以说是一项高难度的挑战。

这种自然和文明间的拉扯，在加州的环境里也有所体现。一方面，橘郡有长达 42 英里的海岸线，生活在这里的人，家门口就是让人难以忽视的大海，野性难驯的海洋成了生活中的一个符号。另一方面，橘郡居民发现，那些戏剧化的自然元素是那么难以触及——因为美国公民的工作时间很长，休息日不多。很多人大部分时间里都被局限在图 7.3 中这样富丽堂皇的大楼里。所以，宠物用品品牌需要的是一个能帮其缓解这种冲突的宣传策略，既要宣扬自然的安全性和可控性，又要拉近自然与人之间的距离。

仅针对消费者宠物饲养问题进行采访或是焦点小组调查，或许我也能得到以上关于自然与文明间相互拉扯的观点。但是，正是我的尔湾考察之旅，展示了自然和文明各自最突出的形式，才让我迅速地从地域角度领略了该地区人们生活中的这一面向。

如果你到了需要研究的地方，不论做的是纯符号学研究还是特地去做焦点小组调研，或是出于其他任何目的，请带上相机，出门四处走走。要假设自己一无所知——培养自己的人类学陌生感，让那些看似熟悉的事物自己显露出不寻常的特征。把自己从各种预期和待办清单中释放出来。停下脚步仔细看看，你所在的地方自会向你展示其真实的面貌和价值。

## 说服客户资助你的调查行动

我认为，每个符号学项目都可以从一手观察结果中获益，而这些结果，需要你离开书桌，走出家门才能获取。然而，商业符号学研究的实际情况是，你的时间往往有限，客户的时间也有限，他们希望仅凭一堆照片或广告，你就能立即对其组织的内部结构和符号学符号拿出意见。所以，你需要写一个提案，向客户说明，如遇以下情况，你需要他们安排资源让你进行符号学田野调查：

◆客户对其不完全了解的文化存在疑问。比如，客户总部在欧洲，但想把产品卖到中国。客户知道，在对美学、礼品或公共交通产生影响的方式上，中国消费者和中国文化与其本土有所不同，但是不知道具体有何不同。此时，如果预算允许，你有充分的理由前往中国。你需要去看看那里的美容院，体验一下他们送礼的场景，乘火车到处走走看看。

◆当项目与地区性或国民性的品位相关时。比如，客户卖的是经加工的速食或时尚家居摆件。他们知道，本国南、北方消费者对食品和家居的看法不一，对于该如何获取这些看法，他们一定也会认为实地考察比远程调研有用。你得鼓励客户释放自己的野心，不要被局限于那种被美化过的家访式商业人种学调研。无论如何，你都要走进消费者的家，家才是体现他们品位的地方，但也不要忘了，去看看那些养成他们品位的地方：当地餐厅和咖啡厅，参观酒店、夜店和家具家居市场。

◆当项目涉及现实问题时。客户想要贩卖的是某种事物的真相和真实性，或是想赶潮流把产品做成某种样子。旅游就是一个显著的例子：所有形式的旅游都在给游客塑造某种版本的现实，这种现实既要符合游客的预期，又要比旅游地真实的日常生活更能让游客感到愉快。另一个例子是酒水。比如，客户想做一个威士忌品牌，于是竭尽全力使其具备正宗苏格兰酒的样子，好销往国外。又或者，更具挑战性的，客户打算将其银行或是专卖店打入苏格兰市场，因此拼尽全力吸引苏格兰消费者，而且不能带有那些不幸存在于游客心目中的对苏格兰的误解和刻板印象，要说服当地居民，该品牌的确了解那个藏在度假宣传资料和风光明信片之下的真实的苏格兰。

当你或你的客户对存在于整个国家、较大地理范围内或某个特殊人群或亚文化内的哲学、品位或行为存在各种疑问时，你就有十分充足的理由亲自去往那个环境中看一看。

# 如何扩充你的考察团队

在进行符号学田野调查时，对于单独留出一些时间这件事，我们有很多要讲的。你需要留出时间去探索，自行发掘内容，也需要自由地在某个地方驻足思考，而无须考虑其他人的需求。这里的其他人，包括陪你一起做考察的客户或研究人员。他们可能会让你分心，问你问题，一会儿无聊了，一会儿饿了渴了，一会儿因为要赶进度出现烦躁情绪了。所以在做田野调查时，你要尽量留出一些"独处"时间，给自己创造条件。讲清楚上述前提后，我想说，在考察队伍中纳入其他人，对你和他们而言都是件天大的好事。

以下是你可以找来进行合作的机构和人员。

和本地翻译合作

如果你不懂自己将前往国家的语言，那本地翻译就是你的救命稻草。我曾在智利待过几天。我本身对西班牙语没有任何储备知识，更没有正式学过西班牙语。在当时的工作环境下，多数人并非双语人员，无法指望把英语当作主要交流方式，甚至压根儿就没人说英语。但在这样一个地方工作一段时间后，我都被自己的西班牙语掌握程度震惊了。尽管如此，在当地，有些日子我身边还是有几名西语向导的，这些人真是无价之宝，不仅能帮我把西语翻成英文，更重要的是能向我解释各种词句在其书面意义之外的重要含义。

## 和当地研究机构合作

在身处不熟悉的文化环境时，请找当地研究机构合作，不要犹豫。在南非，我和当地的一家提供"沉浸式工作体验"的机构合作过，收获喜人。沉浸式体验的意思是，我给他们提出要求，说明自己在这三个南非城市需要做什么，比如要体验夜生活、接触当地艺术家等，他们则利用自己对本国的独有知识，给我提供一趟井井有条的极致之旅，带我遍访当地消费者的家。这些受访消费者来自南非社会的各个经济阶层，从住在大门紧锁的高端社区的富豪，到非正式集居地的贫民，初来乍到的人或许会把后者当作贫民窟。如果没有当地机构的帮忙，我肯定无法深入这些地方。他们给我带来的帮助是无法用价格估量的：带我进门，把我介绍给访问对象，并向我展示南非社会的阶层划分。

## 带上客户

客户喜欢参与符号学田野调查，因为这是一个很好的学习机会，他们能从你这里学到用符号学看待周遭世界的技巧。你在打算进行某些特殊活动，如拜访店铺、商场或当地有趣的地方时，可以把客户带上。在和他们一起走走看看的时候，你可以把自己的思考过程讲出来。符号学视角是可以传染的。在你发掘各种意识形态结构、模拟现象、现实表征和符号学符号的过程中，客户也能学到这种看待事物的独特方式。

# 像消费者一样去探访体验

如果你所在的地方就有你要研究的产品类别或目标消费者，那么在这里做任何形式的符号学田野调查，都不算浪费。即便如此，我还是要给大家提供一个简短的目的地事项清单，作启发思维之用。我自己就实地探访过以下所有的地方，而且受益匪浅：

◆消费者的家，这是毋庸置疑的必选之地。去和消费者交谈。没必要做正式访问，符号学研究是一种考察性方法，相比一本正经地把问题抛给受访人，自然地交谈能让你收获更多有价值的信息。环顾一下他们的家，拍拍照片，走到门外、后院和花园看看。

◆陪消费者一起度过平常的一天，不要指示他们做任何事。问问他们，要是没有你在，他们本来会做些什么，然后和他们一起做那些事。比如去买个冰激凌，帮姐夫搬家具，一起去学校接孩子放学等。

◆商店和商场，显然都是常规目的地。记得慢慢来。我之前为了做研究在各种商场逛了好几天，在那里吃午饭和晚饭。去逛逛不属于你研究的商品类别的门店，以及那些明显属于你的研究类别的门店。

◆去逛逛艺术馆和当地历史古迹。不要只去国家博物馆，要去那种小型独立场馆。和当地的艺术家交流，去参观他们的工作室，问问与他们工作相关的问题。我曾在班加罗尔拜访过艺术家乔治·德米尔

（George Demir）的小工作室。他非常慷慨地留出时间与我分享了很多他在印度调研时的收获。他在班加罗尔的时间比我能待的时间要长得多，在看待当地文化时，他一方面是外来人员，另一方面又对当地居民的生活做过大量详尽的访问，因此能得到很多额外收获。

◆体验夜生活。比如去约翰内斯堡的喜剧俱乐部或是香港的剧院看看。

◆去可以看书的地方。我曾在荷兰的一个小镇度过了一个有教育意义的周日上午，我和一位当地研究人员在咖啡馆坐了坐，边喝咖啡边看完了当地所有的日报，他帮我把德语翻成英文，给我解释各种当地政治资讯。虽然我在说阅读，但请你不要把晚上的时间浪费在独自坐在酒店房间里大读特读上。你可以找找当地作家最新的畅销小说，必要时找找英文译本，然后在酒店或机场等候的时间内快速阅读。

◆步行参观。我曾在智利圣地亚哥花了一整天时间徒步，我在网上找了当地向导帮忙。那次我花了六个小时，拍了无数照片，从圣地亚哥最负盛名的历史建筑到水果和海鲜市场，参观了很多地方。

◆体验当地服务。去理个发或是修个指甲。和服务人员聊聊天，观察一下服务场地的设施以及消费者对空间的使用情况。

◆如果可以，去一些办公地和其他工作场所，这或许要请当地研究机构帮忙。观察工作场地的建筑内饰和外观，看看这些组织在工作日是如何运转的。比如，和法国人吃工作餐在这些地方交流，多半会带有浓重的社交意味。观察一下其他国家的人在办公室午餐时间有什么不同的习惯：是喜欢单独出去用餐，还是在办公桌旁吃自带的三明治。

# 田野调查的最后要点

以下事项是我在计划符号学田野调查时会做的。

## 每天做不同的事

如果你要探访一个国家的多个城市，我推荐"做二休一"的工作方式。在到达某市的第一天，我会去拜访消费者，通常会有客户或本地研究人员陪同。你可以在一天内拜访两个消费者，这样你也有足够的时间去他们的家或在当地的门店与之交流。第二天就不要见消费者了。我通常会和一名客户方或机构方的陪同人员同行，探访至少一两个在上一节列出的地方。请事先做些调研，找出你想探访的主要目的地或社区。这就是你前两天要"做"的事情。第三天，单独出门。来一趟徒步旅行，参观一下博物馆或选一项会耗费很多思考时间的活动来做。下午前往另一个城市。重复这个步骤，直到全程结束。

## 选择搜集资料的方法

你要确定自己采取什么方式来搜集观察结果和数据。商业人种学研究往往严重倾向于做录像记录，在见消费者的时候，研究人员会分秒不落地进行录像。我不受这种和人种学相关方法的影响，所以我不常做录像记录。我发觉，跟录像相比，拍照对消费者和其他当地居民的打扰要少得多，特别是谨慎地使用手机拍照。一趟9到10天的调研，我可以拍好几百张照片。请不要过多揣度自己的想法或试图在搜集资料前就开始做分析。如果某样事物看起来具备研究潜力，或是挺有趣，就先拍下来。当你做完调研，回到办公桌前，浏览手中的数百张照片时，你总能看到一些意想不到的亮点。它们能够完美捕捉到那种文化或那个地方的精髓，即便你在拍照那一刻完全不知道能发现什么。

### 前往某地前先做调查

在到达某地前，你要尽量多调查相关信息，可以读读当地政治和经济状况相关内容，多了解该国的社会阶层分布。这能帮你在到达当地后理解自己的体验。有时客户方会准备介绍当地的资料，这一般是给来自别国的新员工做培训用的。请把这些资料也看完，因为其中的很多内容能让你迅速理解当地文化。

# 从最重要的材料开始分析

我可能是因为积累了 20 多年的经验，内心充满自信。当我到一个陌生国度做调研时，不会再详尽地做调查记录或整理出全部照片。基本上，我做的只是准确、严谨地写纪实日志：每天去了哪里、做了什么、见了谁。因为这样，我就可以把这些信息和自己数码相片上的日期对应起来。这么做的原因是，我在当地的时间有限——顶多 9 天或 10 天。在我看来，出于我去往当地的真正目的，我不该浪费哪怕一分钟去做行政工作或项目管理，而应该把这个时间用来让自己沉浸于当地环境，接触当地人。我想从每一个片刻中挖掘价值，哪怕仅仅是在旅途中疲惫了一天后，窝在酒店房间看一部南非政客或德国小说家的著作。

我可以理解，对某些新手研究员而言，这似乎是在把分析的成败交给运气。我也理解，你想知道我们到底要拿这些图像资料做什么，包括那些你肯定会买的当地产品，被你拿回家的书籍、报纸、杂志、酒店菜单、广告传单和信息手册。你可以回头看看第四章"符号和象征的自下而上分析"和第五章"意识形态和文化的自下而上分析"，有一个现成的研究事项和分析题目表，告诉你该去资料中找哪些内容。等你回到家，坐到自己的办公桌前时，你可以把手中的照片、产品、印刷资料放到一起，方便同时研究它们。你先泡杯咖啡，深呼吸，然后系统地应用从第四章和第五章中得到的提示信息和研究题目。如果你有很多资料——到了这一阶段应该是有很多，那就从对自己的项目而言明显最重要的材料开始，比如，售卖客户品牌产品的门店的内部布置；再按重要程度由重及轻地逐步延伸至外围材料。如果你的资料已经无法再揭示出新内容，或手中的优质材料已经用完，就可以结束分析了。

### 练习 12：进行自己的符号学田野调查

本章很长，我们现在是时候放下书本出门了，选一个和自己在学习符号学过程中持续研究的案例相关的目的地。这并不是说让你出差两周，如果你研究的是烘豆，就去超市，或是上班族爱去的咖啡馆。如果你在研究成熟女性及其健康状况，就去成熟女性聚集的地方。可以想办法加入当地读书会、女性群体或女权组织的活动。看看能不能拿到当地健身房的日卡，然后在里面泡上一整天。去咖啡厅用餐、去做个按摩。找到上述女性聚集地，然后主动去和她们接触。如果你去的是私家场所，或是想给人拍露脸照，得先得到对方的允许。要多为他人着想，睁大眼睛，仔细听，用心学。回到家后，请立即开始做分析。把自己的所见、所闻、所想记下来。

本章内容是运用符号学做考察性田野调查。这种考察和人种学有所重叠，二者主要有两大差别。

第一，符号学研究的是现实的表征。符号学不是任意想象，也不会直接将眼前现实的表征视作现实本身。

第二，符号学并不会受限于加诸商业人种学的传统预期。符号学田野调查不会被定义为录像日程、访谈、陪同购物或其他的考察性商业研究形式，也不以上述内容评判考察质量。只要你前往某地或置身于某种文化，获取了一手的体验，并用第四章和第五章中的工具和题目检验了自身的体验，就是在做符号学研究。请尽情享受这种自在的感觉。

尽管存在这些差别，符号学显然还是和人种学紧密联系的，和语篇分析亦然。语篇分析是对自然生发的语言，特别是会话的研究。我在第八章将结合这些方法，针对一个项目进行分析，并就互利性提出建议。

第八章

辅助分析：群体心智是如何形成的

第八章
**Chapter Eight**

符号学是一种研究方法，研究的是消费文化的各个方面。从该角度看，符号学研究与市场调研及焦点小组研究这类标准研究工具有所不同。上述传统方法都基于个体心理学，企图发掘人的内在心理状态，如态度和需求，因此也被视作由内而外的研究方法。此类方法的出发点是：很多有趣的内容都产生于消费者脑中，因此我们需要在研究过程中将其外化，让研究人员和客户可以看得到。

符号学则提供了另一种研究方法，在整体上采取了由外而内的研究方式。符号学并非试图将人们脑中的想法找出来，而是要弄清这些想法从一开始是如何进入人们脑中的。该问题的答案通常被锁定在文化中，即每位消费者都无法逃避、不得不参与其中的文化环境。就像俗话说的，"没人可以躲得过超市"。虽然符号学自有其极其特别、强有力、概念化的工具和应用方法，但符号学研究人员的能力还得依仗同类型的其他研究方式，最为典型的就是人种学和语篇分析。本章将为读者介绍如何在单个项目中结合这些研究方法，将其全部应用于同一份资料包，但分别生成不同的成果。本章结束后，你将能够：

· 清晰地理解符号学、人种学和语篇分析的差异和相似之处；

· 实际应用符号学、人种学和语篇分析技巧，并产出不同的成果；

· 有能力决定何时运用、如何分别或同时运用此三种研究方法——这些决定将影响数据搜集和数据分析；

·把握进一步自学人种学和语篇分析的方向；

·能自信地探讨这三种研究方法，在写提案时加以应用，并推荐给他人。

# 符号学、人种学和语篇分析的异同

为何弄清符号学、人种学和语篇分析的差异如此重要？理解其相似之处不是更重要吗？

如果你试着在谷歌搜索里搜一下"符号学和人种学的差异"，就会迅速找到各种商业来源的文章。这些文章总是把两种方法混为一谈，根本不理解二者之间的差别。这些机构的典型看法是，人种学关注的是人（实际上就是消费者，我们讲到的"人"从来都不是指研究人员及其客户），而符号学关注的是符号和象征。提出这些观点的人认为，他们在消费者家中拍摄人家做早餐、打扫浴室的时候，必定会把跟符号和象征有一点相关的内容拍进去，然后可以把这些影像作为有附加价值的内容卖给客户了，毕竟这是能把两种研究方式合二为一的资料。

语篇分析的情况又有所不同，但也好不到哪里去。语篇分析尚未真正成为一种市场调研方式，原因或许是它比符号学还要年轻 30 岁，比人种学年轻 100 多岁。在学术领域之外从事语篇分析的人，相对占比要小得多，这也让语篇分析能免遭商业化茶毒，而人种学和符号学则未能幸免——人种学被降级成了超长的家访，符号学则不问缘由地把包装和产品上的可视化特征列出来。不幸的是，语篇分析在学术领域也没能逃脱模糊化和不严密的命运。后果就是，笔者在查阅各种声称进行了语篇分析的学术期刊论文后发现，这些论文的作者仅仅是在采访记录中挑出各种"主题"，甚至都没说清楚这些主题究竟是什么——在所有做定性市场调研的机构里，都可以看到此类做法，而做到这一点并不需要什么学术功底。

　　如果说我是在进行批判的话，那是因为，仅仅基于一些研究方法的相似之处就将三者混为一谈，而不去理解它们存在的差异，只会导致所有方法都难以产出独特的见解。如果我们花一点时间理解一下这些方法如何彼此独立，再将其结合使用，得到的成果会比现在好得多。用烹饪打个比方。如果你想做咖喱，这里的咖喱指一种西餐烹饪方式，并非指源于印度半岛的一道菜（Chopra, nd；Kanjilal，2016；*Little Global Chefs*，2017；Twilley，2017；Graber and Gastropod，2019；Snyder，2018），你可以采取简便办法，用咖喱粉就行。你不需要去认识做咖喱的所有原料，就能做出可口的菜肴，味道尝起来还一样。另外，如果你对印度烹饪非常严肃认真，想学习了解香菜、姜黄、小茴香等各色香料该怎么用，那么你最终可以学会利用这些香料做出各种不同的菜色，物尽其用。本章的目的就是要让你免于只会做咖喱或是只会用咖喱粉做咖喱，从而成为一名合格的印度菜大厨。

　　我们来分别看看现有的三种主要"香料"，然后试着掌握如何用不同方式处理人和人类文化的定性研究。

## 语篇分析

　　语篇分析有不同的风格呈现，这些风格又加强了该学科始终存在于学术界内外部的不确定性。在这些风格中，我发现最准确、最有用，因而也最受本书青睐的，是一种社会心理学家在较大项目中使用的方法，这种方法叫作"话语心理学"。"话语心理学"与会话分析密切相关，会话分析是微观社会学的一种形式。涉及会话机制的细枝末节时，语篇分析和会话分析有很多重叠之处。我鼓励对此感兴趣的读者去了解一下这两门专业，因为二者的联系非常密切。

语篇分析和会话分析的差别在于，前者关注的是传统的心理学知识产物，比如"性格""感情""记忆"等，以及在以说服和影响为目的的对话等口头交流中，它们是如何被塑造出来的。商业市场调研中的定性研究总是特别关注心理学事项，或者说被心理学事项占据，比如"情绪""态度""动机"等。因此，在语篇分析中采用话语心理学的研究方法也能为定性研究提供很多内容。语篇分析还能给商品供应方提供很多研究方法，比如情感分析，这种分析号称能发掘出人们在推特、脸书和其他社交平台上发布的信息中包含的正面或负面情感，亦即情绪。

本章会在下文研究一份来自某一市场调研项目的会话资料。从这个项目中，你可以看到，受访的消费者特意表达了他对安全性的需求。做定性分析的市场调研人员对大众的安全需求并不陌生，这在无数的市场调研模型中都有体现。在这些模型中，安全感被视作一种人类共通的需求，适用于世界上任何地方的消费者，只是需求程度有所不同。相反，产生于话语心理学的研究方式，则建议我们把需求，包括安全需求，视作人们在现实情境里、对话里主动生成和构建出的内容。在我们即将探讨的对话片段中，你可以看到，不论这位消费者是否真的需要安全感，他说自己需要安全感，就是因为这样说符合他自身的利益。因为会话在围绕某些艰涩的话题展开，而这么说能帮他达到自己的目的，所以我说这符合其自身利益。

话语心理学是心理学的一个分支，其关注的正是需求和情绪的这一特性。从语篇分析的角度看，需求和情绪并非简单存在于市场调研受访者心中，等待着研究人员去挖掘。相反，它们是在现实的会话情境中（如市场调研访谈的过程中）被主动制造出来的，需求和情绪的存在是出于说话者想达成某种结果。语篇分析是一种揭示会话中的细枝末节的方式。在服务过程中，当我们试图弄清说话人和写作者是如何用语言解决问题、处理各种关系和日常状况的，我们就常常会借用这种出自会话分析的技巧和经验证据。

## 符号学

学习到现在，你应该很清楚符号学最简单的定义就是"对符号和象征的研究"。如果说这个定义的好处是足够简单明了，那么其缺点就是忽视了符号学更宏大的目标，即对消费文化的解码。研究符号学符号，不管是视觉图像、颜色、形状、单词、品牌名称、广告配乐等声音，还是各种气味和触感，这些元素都不是研究人员仅仅因其本身趣味而去搜集的。做这种研究的重点是把这些元素当作一种途径，去挖掘让它们具备重要性和必要性的文化。也就是说，世界各地的文化既有不同的意识形态，又有不同的集体信仰、记忆和习俗，而这些文化会在不同的现实情况下发挥作用，这就是为什么异域文化有时对研究人员来说难以理解。符号学的研究范围非常广阔，这是指它要把上述所有类型的符号都纳入囊中。跟在符号学的帮助下成为一门学科的语篇分析一样，符号学非常关注现实的表征。它专注于人们向彼此描绘和呈现现实的方式，以及将各种特殊现实情况呈现给消费者的方式。这些现实情况体现为各种特定的习惯和姿态，并借助视觉图像、其他感官符号以及语言被展现出来。

## 人种学

　　人种学是一种源自人类学的观察性研究方法，也是符号学除语言学之外的起源之一。和本章讲到的其他方法一样，人种学也研究文化，但是相较于现实本身，人种学较少关注对现实的呈现。人种学认为，在时间维度上和在世界范围内，不同文化间存在巨大的差异，这门学科是为了找出某种文化中或参与本地活动的人是如何根据习俗安排自身生活的。对于各种文化中的特有现象，学术派的人种学者可以说出很多有用的内容，比如家族群体和家庭、婚礼的举办、庆祝人们初为父母的仪式，还有其他很多大大小小的原则和习俗，人们的充满节奏的日常生活就是围绕它们而展开的。为何印度、欧洲、美国的职场文化如此不同？为何中国会出现"虎妈"而其他国家没有？为何和其他国家的主妇相比，英国的家庭主妇在洗衣服时较少使用去渍的产品？为什么巴西会把输卵管结扎，也就是绝育手术，作为节制生育的首要方式？这些问题，人种学都能给出有用的信息。

　　高质量的人种学研究，有赖于两个主要技巧。首先是研究人员要能暂时成为其所研究的文化的一员，在与周围人相处时要能让对方感到放松，让自己在行为举止和生活习惯上完全融入当地环境。其次是讲述故事的技巧。老练的人种学家在讲述自己的发现时，能够用一种让读者身临其境的方式来呈现其所讨论的文化，甚至最终让人觉得他们是在以局内人的视角看待这种文化。人种学，尤其是被用于商业市场调研时，不会过多关注表征和现实的差异，因为其主要目的是揭示因被研究的人群而存在的现实，并将其展现给读者，越生动越好。出于这个目的，人种学通常会进行视频记录，这种方式的优势和局限我们也会在本章讨论。

# 互为佐证的三种分析视角

接下来我们不再谈理论，而是深入探讨一些真实资料。下方内容截自我和某位消费者在其家中的一段对话，消费者住在一个大城市中的小公寓里。在下方对话中，R代表雷切尔，也就是笔者，C代表受访消费者。

表8.1　与消费者对话片段

| 1 | C：这个社区真的不错。 |
|---|---|
| 2 | R：是啊。 |
| 3 | C：我晚上出门也觉得挺安全。待在车里也觉得安全。我也知道我的孩子是安全的。 |
| 4 | R：嗯。 |
| 5 | C：随便看看。 |
| 6 | R：好的。 |
| 7 | C：住这里有很多很多益处。很明显，我们，这居住条件对一个四口之家来讲还不甚理想，这，呃，房子很小，但是，呃。我们不得不做些妥协。 |
| 8 | R：确实。 |
| 9 | C：你也知道我们本可以在一个没这么好的社区住个更大的房子。 |

人种学、符号学和语篇分析可以从这一简短的谈话样本中挖掘出不同的见解，下面我举几个例子。

从人种学和其他研究方式来看，比如基于个人内在心理的定性研究，我们就可以理解这一点：这位消费者是在表达自身对居住地的感受。在这名消费者眼中，这个社区"很好"（第1行），让他感到"安全"（第2行）。这些都可能是有用的信息，特别是在做大项目时，那种需要研究人员去往不同城镇见很多消费者的项目，要搜集的就是此类信息。这名消费者告诉我们，他所在的城市有各种社区，有的社区要好一点，他很愿意住在好一点的社区里。如果我们见的消费者是住在一个大家都相互认识的小村子里，他应该不会这么在意自己住的地方物业怎么样。

从这段我与消费者的对话中，我们用符号学的方法能立即找出多种二元对立关系。我们在第四章讨论过二元对立关系，它是人们通过把内容简化为对立的事物，用语言简化复杂世界的方式。这则简短对话中包含的二元对立关系有：

◆好的社区与差的社区；

◆安全与危险；

◆成年人与孩子，或父母与还没有孩子的成年人；

◆小住房与大住房；

◆公寓与住宅。

采用这种研究方法，我们可以揭示上述对话中更多层面的含义。这位消费者不仅在表达他的感受，或仅仅在说其所在文化中具有象征性的内容。当陌生人来和他讨论他的生活时，他会考虑陌生人的感受，主动构建一种现实。他不是在简单地描述或陈述现实，而是提供了一种对现实的表征。在对话过程中，他要求与他对话的人以他所希望的方式来理解他所处的位置。关于自己所住的社区，他当然还有很多可以聊的内容，但他没说（请回想第七章中的格言：存在选择的地方，就存在意义）。他本可以说"我是在这个社区长大的"或"我们社区的经济有了很大发展"，甚至说一句"也只能这样了"（人们在表达对新邻居或即将加入社区的邻居的不满时，常这样说）。实际上，以上内容他都没提。相反，他让访问者知道的是，他所在的城市或所有的城市都存在安全区域和危险区域之分（却没提居住区和商业区之类的区分），有些区域对父母和孩子来说很好，有的区域没那么好，后者在一天的某些时间段可能完全是另一番模样。在这段简短的谈话中，他构建出了一种现实，一种他希望访问者当成真实情况的现实。

不管这位消费者所说的到底真实与否，我们都能做出这种程度的分析。从符号学研究的目的出发，这个社区安全与否，客观来讲并不重要（实际上，我们倒会疑惑该如何客观衡量它安全不安全，毕竟所有看似客观的报告，包括文本形式的犯罪数据，都是由人制造且很容易捏造的）。重点在于，该消费者就是希望访问者这样去理解。这个差异表面看来或许不起眼，但如果我们要研究不同城镇的居住环境，这就非常重要了。我们可以不局限于了解甚至赞同这名消费者口中所说的安全感。我们还找出了该受访者所在的市镇或社区的居民在评价其居住地时所用的六到七个衡量维度。

采用语篇分析的研究方法，我们能够揭示对话中从语篇分析的角度看来比较突出的更多层面的细节。从语篇分析的视角来看，我特别想指出这段对话中的三个方面。

首先来看第 3 行。消费者不是简单地宣称他有安全感而已。他重复了几遍，像是在强调。"我晚上出门也觉得挺安全。待在车里也觉得安全。我也知道我的孩子们是安全的。"语篇分析学家会立刻识别出这当中存在一次"三句式排比"，这是盖尔·杰斐逊（Gail Jefferson）成文于 1990 年的一种语言学或会话工具。三句式排比的含义无须语篇分析学家进行猜测，因为证明其含义的证据可以通过验证所列词句在各种情况下怎么被使用、人们又做何回应找出来。

一般而言，人们会认为排比代表了一套完整的事物。比如，看到"朋友""罗马人""乡下人"，大家理解的意思就是"所有观众群体"。如果想给他人留下这种印象，即你对探究文化的研究方法有较多知识储备，那么你可以列出"人种学、符号学和语篇分析"，别人一听这话，就觉得你应该能拿出一套具备完整方法的方案来，即便你的方案里本来还有其他学科的内容（如民族方法论、女权主义研究或批判理论），也都会被忽略。英国前首相托尼·布莱尔（Tony Blair）在 1997 年的一次著名演讲中讲道："要问我国家治理的三个法宝是什么，我会说：教育，教育，还是教育。"这为他赢得了众多掌声。布莱尔此次演讲中的明智之举，就是利用了三句式排比法，虽然这个排比的三项内容是相同的，但这能促使听众领会到，教育就是最重要的。

在上述案例中，在用语篇分析找出这一简短对话里的三句式排比后，我们重新理解了这位消费者到底在做什么。他非常想强调这个社区方方面面都很安全，整体都很安全，没有任何安全死角。这也支撑和加强了他后来在第 7 行所说的"很多益处"，而实际上，关于这个地方"真的不错"，他只强调了一个方面。挑剔的或者爱批判的读者可能会觉得这位消费者是在极力证明自己就该住那里。

然后，请看第 7 行，请注意"益处"一词以及"居住条件"这个短语。它们都是比较疏离、客观的词组，即，它们不是那种人们在放松状态下或与友人进行亲密谈话时会用到的词，而是会从房产商那里看到的语言。这位说话人在谈到他所选的居住区、这套房子的好处和坏处时，下定决心要采取一种官方发言形式（一种语言风格，类似于一个符号学符码）。他为什么这样做呢？我们大可认为，他有一个充分的理由故意不让谈话过于亲密和放松，故而不用非正式谈话才用的词。"益处"可以显得他有能力客观评价自己的居住环境。该词可以让他变成一个不感性、能看清自己生活的、非常理智且能权衡利弊的人。"居住条件"就更有趣了，这个词在此处是一种迂回的说法，是经济学家甚至是社工才会用的措辞。它指出了存在的一个问题，但不是直接指出来的，而是把问题变得官方了。专业人士在提到住房等问题时会用"居住条件"这个术语描述一类问题而不是某个具体问题。而在这里，这个问题类别被提到了，但它指的是个人或家庭在居住中遇到的某个问题。这家人的困难是，对于一家人或是四口之家而言，这个房不仅小，而且过于狭小。他们牺牲了某些需求，比如个人空间、隐私等。

最后，把上述两点联系到一起，语篇分析因为和会话分析存在大量重合，所以特别适用于找出那些出于防范目的而设计的语言特点。语篇分析会有大篇幅的会话记录，能找出说话者在何时对哪个话题或哪种描述负有责任。因此我想说，语篇分析和会话分析积累的大量证据表明，大众在讲述故事或进行描述时，肯定会意识到听者或读者可能会做何解释。在每场对话中、每种市场研究情景下，人们一般都会在语言设计中预先防范可能引发的批评。我们从表 8.1 中就能明显看出这一点：

◆该说话者的三句式排比，全都在彰显安全感，显然是为了说服听者：他不做考虑的那些社区就是没有这种优势。他也在暗示对方不要继续就此提问，听者显然也遵从了这种导向，于是说"好的"，明确表示自己接受了说话者的观点，不会质疑他。

◆"益处"是在防止听者做出"说话者并不完全了解自身处境，或者无法从局外人的角度理解自身处境"这种理解。"居住条件"是一种迂回战术，把谈话延伸到了更广泛的住房问题类别上，绕开了这座寓可能存在的问题。

◆请注意第7行中的两处"呃"："这，呃，房子很小，但是，呃"。这两个停顿中间是"很小"。作为分析者，我们可以看到，"很小"可能已经说得非常委婉，说话者似乎有些尴尬，在表达这个家存在一些问题的时候，有些不知该如何表达。我们甚至不必考虑说话者的心理状态就能得出这个结论：用语篇分析得出可靠的经验性结论的关键在于，找出单词、短语或语段的其他用法，看看其他说话者在不同的情景下是怎样用它们来达到说服效果的。如果你立刻去推特或脸书等社交平台上看人们真实的对话展开，就会发现这些说话者往往刻意用"呃"，特别是"嗯"来表达犹豫或思考，而且通常是在对人说出批评的话之前。也就是说，人们会故意用"呃"和"嗯"来缓解评判性语言的冲击力，使其看起来不那么有攻击性。人们在现实生活中也会下意识地用"呃"和"嗯"，他们此时实际上在犹豫或不确定该怎么表达，而社交媒体上的表达是以这种用法对实际情况进行模仿。

现在我们已经比较完整地分析了这一小段对话，你或许可以由此想象，从一整段对众多消费者所做的采访、家访或市场研究中，可以挖掘出多少含义。在这个案例中，我们还只考虑了文本（即，没有研究视频，没有附加的照片证明），我们基于各种分析方法的特性，成功地找出了几重含义，它们互不相同，也互为佐证。现总结如下：

◆人种学会提醒你，要关注人们的感受和实际行为。要记住，我们在这个案例中仅用了一小段对话作为研究资料，但这也是一个人种学项目。在此过程中，研究人员可能也用到了录像镜头，它能把更多信息加入其中。比如，我们可以看到消费者的非话语行为，如肢体语言，也可以看到他在谈话过程中如何在空间中移动（或一直待在某个位置）。我们也可以看到，为了拍摄住宅的不同部分，研究人员要如何移动相机，以及在此居住的人在说话的同时对镜头做何反应。

◆符号学会提醒你，现实的表征只是呈现某些情况，并非现实本身。这能让你在别人给你提供不同版本的现实，只向你展现事物的某一方面时，能够有所警惕。这能让你变得训练有素，不但可以关注单个的符号学符号，比如词句，还能注意到谈话的语言结构和特征，比如二元对立关系。在上述案例中，从该说话人和其他居住在该社区的人用以评估其住宅和社区环境的标准里，我们找出了六七个评估维度，以此构建出了针对说话人自身感受的人种学观察结果。如果我们手中要处理的项目需要我们和更多的消费者交流，或是客户要求我们（在市场研究案例中通常如此）对整个地域或社区而不仅是对单个业主进行评论，这一方法必定会非常管用。现在，我们给分析框架做好了开头，它能够为整个项目提供信息，在项目开展的过程中，你可以在其基础上进行扩展。

◆如果你按第七章所述方式做了符号学田野调查，现在你应该已经拿回了大量室内照片。和录像相比，拍照时你在现场需要做的事有所不同。录像式的人种学研究，更注重记录移动的事物——正在做饭、购物、做家务的人。而静态的照片，一方面对市场调研的受访者打扰更少，另一方面也鼓励研究人员对静止事物给予同等的关注——比如墙上的海报、新的皮沙发、老旧的靠垫、装满餐盘的水槽等细节。这些细节很容易被拍摄视频的人忽视，他们只爱拍动态影像。

◆语篇分析的研究对象是谈话记录，以及以文本形式开头和结束的各种对话，比如各种产生于社交媒体的互动。语篇分析会提醒你，要注意说话者将一种陈述或词汇转换成另一种，还要关注他们在进行这种转换时达到了什么说服效果。语篇分析能识别出说话者使用的各种语言机制，比如三句式排比、犹豫表达和委婉语；它会让你关注防范性的语言设计，通过这种设计，说话者能清晰地表达他们不希望你质疑什么，而你也能由此对他们这样做的原因得出自己的结论。因为语篇分析的设计就是为了考察谈话中的细节，它不太在意人的实际行为，比如在空间中如何行动，或怎么完成日常工作。和符号学不同的是，语篇分析并不适用于对伴随口语和文字出现的视觉的或其他感官性符号进行解码。它是一种十分强大的，可以揭开会话的神秘面纱的工具，这就是它存在的目的。但它不能取代人种学和符号学，而是可以赋予人种学家或符号学家另一种能力，用以探查在人们的日常生活中正在发生什么。

我介绍这几种方法的差异，并不是为了比较它们的高低——它们是否存在高下之分属于学术辩论范畴，不是品牌方、广告策划人员或市场研究者该操心的事。然而，我也有我的野心，那就是向大家展示这三种方法是如何在彼此的基础上建立起来的，以及用三者结合的方法研究同一套数据资料时，得出的成果比仅用一种方法更具广度和宽度。如果在学习本书所列的符号学自学课程的过程中，你也想利用人种学、符号学和语篇分析来提升自我能力，那么有很多书值得一读，它们能够带你踏上新的学习之旅。我特别推荐下列作品。

## 人种学

哈默斯利（Hammersley, M）和阿特金森（Atkinson, P），2019 年，《人种学：实践原则》（*Ethnography: Principles in Practice*），第四版，伦敦：劳特利奇出版社（Routledge）。

上面这本书是该领域的领军之作，2019 年版是其第四版。它可以引领读者体系化地完成调研工作的实操工作，例如样本采集、访谈技术和研究报告撰写，并介绍了我们想知道的关于如何开展人种学研究考察的详细内容。

## 符号学

钱德勒（Chandler, D），2017 年，《符号学：基础知识》（*Semiotics: The Basics*），第三版，伦敦：劳特利奇出版社。

上面这本书的第三版，为想要掌握更多本学科的学术知识的研究人员提供了可观的技术指导和符号学理论基础。尽管它被认证为学术著作，但还是能供大众阅读，这也解释了为什么此书在学生中如此受欢迎。但此书并非市场营销或市场调研专著，而你手中这本书恰好可以填补此方面的空白。

## 语篇分析

波特（Potter, J）和韦瑟雷尔（Wetherell, M），1987 年，《语篇与社会心理学：态度和行为之外》（*Discourse and Social Psychology: Beyond attitudes and behaviour*），伦敦：圣贤出版社（Sage）。

波特（Potter, J），1996 年，《呈现现实：语篇、修辞和社会建构》（*Representing Reality: Discourse, Rhetoric and Social Construction*），

伦敦：圣贤出版社。

如上所述，语篇分析风格多样，各类出版著作通常会从不同角度出发对其进行研究。本章概述了语篇分析和会话心理学技巧，对于想在这方面有所提升的读者，我要果断推荐这两本经典，二者均为在售作品。这两本书由英国语篇分析的两位创始人撰写，也是我在学习语篇分析时用的书，肯定不会让你失望。当中有些知识有关心理学的一般研究过程，能给你提供一些相关基础知识，但对市场人员并不十分必要。

## 运用多种方法调研同一对象

拿出你在本书学习过程中一直在处理的项目，找个合适的机会，走出家门，去一个有趣的地方找人说说话。你可以去消费者家中拜访，也可以在店内和经理、专业服务人员或其他专业人士交谈。总之，你要去这些人通常会出现的地方探访他们。也就是说，不要让消费者来你的办公室，或打视频电话，也不要在电话中和门店经理聊，而是要亲自到他们工作的地方拜访。结合本章所讲内容，按以下方式进行实践。

## 录像

给遇到的人录像。录像这种方式，能很好地捕捉人们的行为顺序。你可以让受访者做一些和调研项目相关的事。如果是烘豆项目，你就让他们用烘豆做一道菜。如果是成熟女性心理健康项目，就让目标消费者允许你拍摄她们做提升自己身心健康的事的样子。她们可以织毛衣、做瑜伽或是在优美的自然环境中散步，在自己最喜欢的、视野极佳的地方驻足赏景或是品尝美食。

## 拍照

　　至少在某些时候，你可以把录像关掉，拍点静态照片。要知道，静态照片能很好地帮你找出那些重要但非动态的事物，因为它们很容易在录像中被忽略。建筑内饰就非常适合拍照。你的目标消费者是如何整理其居家环境的？装饰如何？家中的靠垫上有没有印着"饭、祷、爱"之类的话？厨房墙上有没有"此处制作的是食物与爱"之类的话？问问消费者，他们最爱的厨房用品是哪个，最爱的菜谱是哪本，然后请他们拿着这些东西拍张照。请他们展示一下，在这些所属物中，他们最有感情、最能从中感受到关怀的那一件，然后在这件物品出现的位置给它拍照。不要把镜头靠得过近，这不是在做犯罪现场取证。尽量用相机镜头搜集周遭信息，它们能帮你完成之后挑选符号学符号的工作。

## 录音

　　和参与你研究的人进行一场谈话，将过程录音。回到书桌前，把录音内容抄录下来。在本章前文中你可能也已经注意到，与传统的定性分析的标准相比，语篇分析会要求你做出更为详尽的记录。我希望你能亲自抄录材料，因为你需要尽可能多地掌握细节，自己决定要抓取哪些信息，忽略哪些信息。在抄录时，你可以纳入以下语言特征：

　　◆停顿——严谨的语篇分析和会话分析学家会把停顿也记录下来。

　　◆谈话人同时说话——如果说话者打断了对方，要捕捉到发生打断的时刻。如果你听清了对话双方当时分别说了什么，请把两人的话都记下来。

　　◆笑声。

　　◆话语碎片——比如"嗯""呃"。

◆修正——说话者纠正自己说的话的时候，即一开始说了某些内容，然后突然停下，又说另外的内容。根据语境，你应该可以判断出他们在改变主意前原本想说的话。

◆音量——如果说话者突然大喊或提高音量，你可以用（英文）大写字体记录他所说的内容。在他们降低音量或说悄悄话的时候，你也可以用较小的字体进行记录。

◆标出行数——我在本章所举的例子中就是这么做的。我发现，在研究多个文本时给每行话标上序号很有用，因为我能利用数字确认自己特别感兴趣的是文本的哪个部分（如访谈2，第十二页第二十五行）。这也是语篇分析和会话分析中的基本操作。

当你开始分析自己的资料时，要关注一下，这三种研究方法在帮你识别不同事物时，给了你怎样的启发。你也要注意去发现它们的强项，以及它们在看清人类生活和沟通的不同方面的能力。分析结束后，你要评估一下人种学和语篇分析对你的符号学项目有什么不同的贡献。你收获了什么？如果没有使用这些方法，可能就得不出哪些见解？这个评估过程，不仅是为项目本身而做，也是为了提升你将来规划和实施其他项目时的决策能力，让你能够免于一直重复做同一份"咖喱"。

如果在本书学习过程中，你一直在开展自己的符号学项目，那你现在肯定会很高兴：恭喜你终于完成了所有的资料搜集和细节层面的资料分析工作。是时候回头看看你得出的所有观察结果了，请挑选出你觉得最重要的观点，不论大小，然后将其转换成商业策略。这将是第九章的主题。

第九章

# 从见解到策略：
# 直击客户痛点

第九章
## Chapter Nine

## 本章预览

设置本章的目的，是回答"接下来该做什么"。如果说学习符号学是在吃三明治，那么你目前已经吃掉最精华的中间一层了。你已经从各种渠道搜集了资料，用本书介绍的各种技巧做了分析（如果你对此部分还有疑惑，可以回到第四至八章，重温一遍资料的搜集、分析和概念性工具的用法）。在当前阶段，你已经从手里的资料包中得出很多观察结果，对自己的目标消费者和产品类别以及负责的产品或服务所在的更广泛的社会环境，也产生了大量想法。是时候把所有的观察结果和想法整合成可供公司或客户使用的内容了。学习完本章后，你将能：

◆提前做计划，避免在项目收尾阶段遇到难题；

◆找出见解——那些产生于各种观察结果和想法的，并且让你想立刻坐直身子拿笔记下来的内容；

◆应对特定的市场营销挑战，比如创建新品牌、重新定位品牌、宣扬品牌的"高端"和"值钱"之处；

◆应对更大的商业挑战，比如企业发展需求，应对竞争，适应市场变化。

# 符号学商业化的主要难点

在把符号学研究转化为有用的商业工具的过程中，我们遇到的困难问题一般出自以下某个方面或几个方面：

◆ 未能理解研究背景和目的。研究人员未清楚理解通过该项目客户想要达成什么目标，为什么客户认为符号学研究是个好办法。你需要在项目策划阶段就和项目调研结果的最终使用者探讨这个问题。这样才能做好调研计划，使自己的所有工作都能围绕着解答客户问题并提供解决方案而展开，也能确保你和最终用户能在对符号学研究的预期结果和提交的方案上保持步调一致。

◆ 未进行自上而下的分析。研究人员直接埋头进行细致的自下而上的分析，并止步于此，没有将符号学符号的细微之处和所负责的产品类别与邻近类别、消费者、社会趋势和大的文化面向（如意识形态、政策和经济）等情况进行关联。

◆ 未能理解开展自下而上的分析的原因。在自下而上分析的细节分析上，研究人员投入了精力，但并未理解为什么要挑选并列出广告和包装上的可视化特征（同时还忽略了广告及包装之外的非可视化的符号学符号和其他类型的资料）。他们把"符号学符号"解释为颜色、形状等可视化特征，却未指出其中的意义；把"符码"解释为外形相似的一组组符号，却未指出它们的功能。

在进行下一步之前，我们先花点时间回想一下"符号"和"符码"的含义。因为，当我们兴高采烈地整理广告和包装等不难搜集的资料，将其中的可视化特征归档时，我们很容易忽略其意义。

## 符号

一个符号学符号就是一个小单元，众多小单元构成了承载着意义的传播内容。它可以是一个单词、一个音效、一个简单的视觉图案，比如爱心、笑脸。符号被各种产生它们的文化赋予了意义，就好比构建包装、广告和其他品牌触点的砖石。

## 符码

符码是指常常同时出现、共同支撑起不同的现实情况并指导人们行为的一组符号学符号。比如，澳大利亚就有一套由袋鼠、沙滩、帽檐上挂了一圈木塞的帽子等符号学符号构成的符码，并且常被用于售卖啤酒和吸引游客。这套符码撑起了关于澳大利亚的某种神秘感和观念，并且在刻意掩盖某些不与之相匹配的实际细节。它在告诉游客该怎么当游客，告诉喝啤酒的人该怎么享用啤酒，甚至可以说是在"规训"那些与这套符码发源地相距甚远的人。

为了避免符号学项目出现问题，除了要理解客户的商业需求，你能做到的最重要的一件事就是，对符号和符码存在的原因保持清楚的认知。它们不仅是装饰，还能在现实世界中服务于某种目的或功能。符号能传达意义，符码能推广某种现实情况并指导人们的行为。由于符码的范畴要比符号更广，它们能帮你将品牌传播中的小细节（如第四章的自下而上的分析所述）和世界上的各种文化联系起来，改变社会趋势（如第五章所述）。专注于符号学的功能性和自上而下的分析层面，意味着你在告诉客户那些他们自己就能看出来的细节时（比如可口可乐是红色的，而百事可乐是蓝色的），能永远明确自己为什么要提到它们。

# 从观察结果中提炼见解

何为见解

◆见解并不是简单的观察结果，再有趣或令人愉快的观察结果也不是见解本身。

◆见解的特征是能够带来某种改变。

◆见解是你要借以打造品牌、产品和市场传播策略的内容。

见解不能只是看着漂亮，它们要能做到以下至少一点：

◆挑战受众、听众或观众；

◆在热点话题上能展现你的与众不同；

◆揭示我们所生活的社会和人类环境中重要的、基本的真相；

◆打破传统规则和既定模式；

◆传达某种信息或提出质疑；

◆促进人们思考；

◆促进人们采取行动；

◆给自认为了解各个品牌和消费者的竞争者制造麻烦。

最重要的是，见解会改变你的品牌营销方式或商业模式。你搜集到了各种资料并从其各自的有趣之处中得到了种种观察结果。当你对它们进行思考时，见解自会显现。下面是几个我自己的商业调研实例。

# 挑战对消费者的刻板理解

你的调研项目的利益相关方把什么当作理所当然的事？为了能发挥你的符号学分析优势，你有什么会冒犯到这些理所当然的设想但不得不说的话？我做过一个和养老金相关的项目。客户想大量开发新的英国消费者，尤其是正在寻找伴侣的中年群体。他们用了各种营销手段，包括印制广告，在报纸和其他印刷品上放上享受退休生活的人的彩色照片。这些照片是为了塑造出退休生活令人愉悦的一面，比如，坐在花园中沐浴阳光而不用去上班。这家机构理所当然地认为，闲坐花园是一项令人愉快的活动。照片中的模特表现的就是退休人员应有的样貌，比如，头发是灰白的。

看到这些照片时，我感觉这些被视作理所当然的事和熟龄人士对自己的真实认知之间或许略有偏差。我想到了某位当时已经 50 岁的人，那是在 10 年前，这个国家正被卷土重来、极其强势、崇尚无政府主义的第二次摇滚浪潮所席卷。朋克音乐是英国青年文化史上的一个符号，搜索相关图片，你会看到那时年轻人的时尚品位非常激进，让现在的年轻英国消费者都觉得极端。他们会剃掉大部分头发，把剩下的一小撮染成刺眼的亮色，打上发胶，梳成呈 90 度立在头顶的尖锐形状，有的头发直立高度能超过 12 英寸。他们把衣服撕烂，撕出的布条用别针别起来；把刀片当耳饰，用狗圈当项圈，乐此不疲地用这种模样惊吓老一辈的人。

20 世纪 80 年代的英国摇滚人士并没有遗忘自己的青春，和每个世代的人一样，他们回望光辉岁月时会觉得开心，会想象自己还如当年一般放荡不羁。

我产生了一种冲动,想知道这些人现在是什么形象,行为举止如何,所以我开始搜索并关注他们的社交账号,看他们自己展示的日常。当然,他们本质上没变,只不过在今天,在被称作"E世代"(生活在信息世代的人)的那群人中,他们已经成为年长的、元老级的人物。他们从未完全接受自己需要去遵从一种体面的活法,有的人还在继续抽烟喝酒,这在今天的英国年轻人看来是不负责任的做法。我发现在社交网络上,他们也会发那种把头发染成邮筒红的自拍,这完全就是20世纪80年代的潮流。我看过一个调查,是一个很受欢迎的线上交友平台做的,调查显示,50岁以上的人比24岁以下的人更容易在第一次和人见面时就与对方发生性关系。

我把这个信息告诉了那家养老金服务机构,他们于是改变了对目标消费者的看法。他们开始认识到,拿那些看起来像是他们父母辈的、享受安稳生活的高龄人士的照片,根本没法吸引这些老一辈的英国朋克。对这一有趣的目标人群的文化,我们做了进一步的符号学研究,最终发现了他们对自己退休生活的几种想象。如果他们能活到退休的话,他们并不想坐在花园里喝茶。即使仅仅在记忆和想象中,他们也想延续自己一直以来的叛逆作风。这种认识最终也被转化成了更实际的视觉宣传内容。

## 练习13:对理所当然的事发起挑战

还是用你在学习本书过程中一直在处理的项目,也可以用你经常进行宣传的商品类别。想想有什么与项目产品相关的事是被当作理所当然的?该商品类别中存在何种日常概念?老年人是不是都头发花白？烘豆是否都用锡罐包装？银行周末关不关门？电子游戏是不是得用挽救公主或拯救世界的英雄视角？关于最后这点，我要说说获得英国女王创新奖的英国电子游戏《瘟疫公司》（Plague Inc. 由 Ndemic Creations 研发，2018 年）。英国女王企业创新奖并不专为电子游戏而设，而是面向所有商业类别。这意味着，《瘟疫公司》打败了无数其他类别的产品，赢得了这项大奖。该游戏中的玩家不是英雄甚至也不是人类，而是一种病！玩家的角色是病毒、细菌或真菌，目标是要消灭世界上的所有人。这是一个十分出人意料的原创设定。该游戏已经卖出一亿份，玩家能在游戏中模拟瘟疫的产生和传播，它甚至具备教育功能（游戏所有详情，请见 ndemiccreations.com）。

找出在你所研究的商品类别中被当作理所当然的事，尽量多地把它们列出来，然后进行检验。这些观念是否不完整或不正确？在看到现实生活中与这些理所当然的观念不符的案例时，你是否有所收获？如果你有意打造一款与之相悖的产品、一种服务或一套市场宣传方案，你会怎么做？

### 打破规则，冒犯传统

对于原本用户参与度不高或者消费者认为自己已熟知的品牌和某类产品，要想让他们重新对它们产生兴趣，一个简单的办法就是大幅度地改变产品尺寸或规模。我看过几个客户这么做，效果都很好。要记住，消费者时刻都被各种产品围绕，特别是那种总在快速发生变化的产品——不管是在家里、超市还是服务场所，从餐厅到发廊，都是如此。消费者已经被品牌改造得训练有素，清楚地知道各种事物应有的尺寸。我们都大概知道，一罐烘豆、一瓶洗发水、一盒鞋油、一盒洗衣液、一块巧克力应该有多大。一旦在这些熟悉的事物中看到一件比印象中更大或更小的，他们就会多看两眼。

如果你还没被说服，可以去网上看看流行艺术家克莱斯·奥尔登堡（Claes Oldenburg）的雕塑作品。在漫长的职业生涯中，他一直致力于打造和日常物品一模一样的模拟雕塑，比如羽毛球、三明治、冰激凌筒、安全别针、衣服夹子、烟头。他的作品同时具备娱乐性和震慑力，通过自身的功力，他让人们用一种全新的方式看待自认为已知的事物。他采用的方式是把这些事物放大到超过常规体积的 40 倍。在展馆内随处逛逛，你就能收获让你印象深刻的体验，你会遇到用聚乙烯树脂做的三层汉堡，要比日常见到的大三四倍，或是一本巨大的像房子一样高的书。

你应该还记得，我在第五章推荐大家去看现代艺术，将其作为一种自上而下分析的启发性资源，这就是我推荐它的原因。如果你眼前的难题是，需要用一个非常日常的事物给人以惊喜，那么我向你保证，现当代艺术家已经做过很多这方面的工作了。在这种情况下，如果你卖的是肥皂、蛋糕之类的东西，也就是奥尔登堡做过的，你还可以看看二战后美国艺术家的作品，如安迪·沃霍尔（Andy Warhol）和韦恩·蒂博（Wayne Thiebaud）的作品。这些艺术家都参与了流行艺术运动，该运动尤其在战后美国强势袭来。如果有人说艺术和艺术场馆理应高于那些平凡而商业化的物件和理念，比如品牌、购物和琐碎的日常，那么这些艺术家必定会表示反对。他们进行了很多有趣的、令人大跌眼镜的试验，比如，把三明治和清洁剂包装盒变成艺术品，这直到今天依然能让观众收获乐趣，市场人员也可以借用他们的这种技巧。请记住，如果通过夸大事物的体积可以博取眼球，那么把事物变得比常见尺寸小得多的做法也可以达到同样的效果。

在以下我见过的案例中，品牌和市场人员就使用了这些技巧并获得了成功：

◆在糖果店里放一颗巨大的棒棒糖树，同时收获了大人和小孩的关注。

◆发廊里的超大瓶欧莱雅护发素，几乎跟消费者等高等宽，引起了广大消费者的注意。

◆为了取悦住店旅客，一家酒店在大堂里放了几把大型的皇冠状椅子。椅子之大让所有人坐进去后都显得非常小，小到像是爱丽丝喝了缩小药水后误入仙境。这些椅子不仅坐起来很有趣，还成了那些爱在照片墙上分享度假体验的消费者的完美取景地。通过这一方式，该酒店成功地给自己打了一次免费广告。

◆运用此类方法中的缩小法的例子：一家公司尝试性地把一系列普通的家居产品做成了塑料模型，每个不超过2英寸，将其作为小礼品发放。消费者热情地做起了收藏，甚至有人愿意专门集齐全套。

◆长久以来，零食和酒类品牌都知道，可以把日常产品做成迷你版礼品，这在节庆时节是种非常完美的策略。个护品牌也知道做些洗发水、沐浴露小样，将其宣传成"旅行装"。这些小样不仅很适合放进旅行箱，也能给消费者带来有趣的购物体验。这就是为什么商店经常把这些小样放进塑料篮子成排摆放，就像混装糖果盒一样。每种独立迷你装的价格区间均为50便士到2磅（约65美分到2.6美元），让消费者不用担心花太多钱，又能完全放大挑选产品的乐趣。

### 练习 14：把产品放大或缩小看看

回到你手中的项目或你在工作中经常要处理的商品类别，找出某种可以放大或缩小到其正常尺寸很多倍的物品。它可以是单个产品——缩小到豌豆那么大的公仔摆件，也可以是能放在销售点让消费者拍照留念以达到免费广告效果的东西。还有一种隐含的尺寸变化。如果你想要贩卖某种跟身心健康相关的理念，也可以把它放大——不要去谈日常范畴的问题，比如焦虑和抑郁，谈谈人生目标或生存的理由。你也可以把问题缩小，开展一场专注于"马上就能做并且能让自己更开心的小事"的营销活动。当你开始思考这个问题的时候，你脑中可能会出现几十种可以让人感觉好起来的小举动，即便是情绪再低落、再悲惨的人都可以做到的小举动。这样一来，我们就有能引起大家关注的话题，然后开始和消费者进行交流了。

# 把见解升华为策略

本章剩余几节阐述的是见解的应用。这里有几种常见的商业和营销问题，需要我们拿出应对策略，包括从最宏观的（比如发展自己的企业）到最具体的（比如吸引买家）的策略。现在就从宏观的策略开始。我在每个案例中都会在相关环节展示符号学能贡献什么，也会引用一直用作案例的烘豆和心理健康项目。我建议你把每一步都应用到自己在本书学习过程中所用的案例上，看看它们可以如何帮你应对眼前的挑战。

# 讲述消费者喜欢听的故事

你只要看看商业书刊，就能注意到，这些作者都会用故事来讲述企业成长。根据这个已经被广泛采纳的智慧，企业的成长不仅要靠增加产品种类、与其他品牌合作或进入新的市场来卖出更多产品，也需要对企业目标（企业为何存在）、愿景（达成其目标能改变什么）以及企业所体现的价值提出一套清晰的观念。而这些目标、愿景和企业价值都需要纳入这个简短而有说服力的、能得到每个公司员工认同的故事。这就类似于对消费者做宣传，有时候，这些故事最终也成了面向消费者的营销宣传内容的一部分。

在这种情况下，符号学可以从两个方面提供帮助：

◆符号学会持续回溯过往的真实案例，以供参考和用于做特定研究。

◆符号学具备特有的语言类功能；要求用词的含义要准确，并能辨别用什么词汇更好。

该怎么在烘豆项目中应用这一技巧呢？英国有一个野心勃勃的烘豆品牌被经营至2016年5月，该品牌叫做梅森烘豆（Masons Beans）。尽管福特纳姆&梅森（Fortnum & Mason）——可能是全球最老牌、最具声誉的百货店（早至1707年）——会热情地从它这里进货，梅森烘豆最终还是停售了。因为它无法确保继续和主要的高端超市做生意，而这些高端超市占据了大部分英国日用商品市场的份额。

个中原因只有品牌背后的年轻企业家本·梅森（Ben Mason）知

晓。或许是因为无法扩大生产规模，或是遇到了定价问题或其他困难。我们知道的是，他的品牌故事肯定没有任何问题。这个故事先是说服了福特纳姆&梅森，后又因为太有吸引力，当本·梅森出现在热门电视节目《龙穴》（Dragons' Den）上时，引得投资人争相入股。本最后以20%的股份为代价收到了一名投资人5万英镑（约6.5万美元，超过45万元人民币）的投资，还有其他投资人愿意花更多的钱买更多的股份（福斯特数据，2016年）。该品牌的网站现在还在，我们可以去看看这个能表达其品牌目标、愿景、价值的简短故事（见图9.1）。人们也并不意外该品牌有这样一个好故事，因为本在做食品之前就做过广告（可以查看其领英主页：linkedin.com/in/masonben）。

---

梅森烘豆，健康又美味，一锅搞定一餐饭。使用洋葱、大蒜、西红柿块、培根和多种美味食材手工制成。

在其他很多国家，烘豆都是一种美味的家常炖菜。为什么我国却只有工厂制造的廉价罐装烘豆？

二战——这就是原因，受战时习惯影响，我们现在吃的还是战时配给食品。

我是本·梅森，我要把新鲜的烘豆带回大家的餐桌——让锡罐消失。

梅森烘豆，新鲜制成，可于冰箱或冷冻室存放。可搭配面包、烤马铃薯，亦可单独作为可即刻出锅的高蛋白午餐。

售价低至 2.2 英镑。

---

图 9.1　梅森豆子品牌故事

图源：经本·梅森授权使用

从符号学角度看，这个故事中有几个值得关注的特征，向我们解释了为什么投资人愿意为它花钱。

◆它在挑战被当作理所当然的事。英国人心目中的烘豆都是锡罐包装的，但是如果有更好的替代品，就没有理由继续让这种做法主导自己的餐桌。

◆它利用了一个能很好地引起人们共鸣的符号学符号，即"二战"，紧接着又是"战时配给食品"。这两个小小的词语有一种魔力，能在消费者脑中构建出一套完整而强大的概念，包括艰苦卓绝、轰炸、被毁掉的家园和城市、疏散中的儿童、食物短缺，让读者立即找到了一个强大的理由认为自己被罐装烘豆误导了，因此也有理由去买这种新出的、新鲜的产品。

◆这个故事中有一对二元对立关系——"其他国家"和"我国"。这让消费者突然发觉，他们也有资格获得某种产品，这是别国的人已经拥有而自己还未享有的。

◆请注意，在故事结尾，作者用了一个三句式排比（我们在第八章讲过）。这里有三种用餐建议，暗示了一套使用该产品的完整方式。

想想你在学习本书过程中所做的项目，写一个能体现公司或品牌存在理由及其价值所在的简短故事。要把上述要素都纳入其中。找出一种理所当然的观念并挑战它。利用至少一种能激发人们的情感、记忆或想象的符号学符号。最好是那种在明显存在于二元对立关系中其中一方的元素——这就是你的企业需要提供的服务。在故事结尾使用三句式排比，展示自己周全的思考。

# 用符号学捕捉市场变化

如果你在一个企业待的时间够长，你必然会遇到变化。你应该顺应它。你的大部分竞争方或客户的竞争方，对企业的设定都是这样的：

1. 稳定；

2. 通过低价购入、高价卖出的模式持续售卖产品或服务。

在保持稳定、持久和保持灵活、面向未来之间，存在一种拉锯。不论我们喜欢与否，每种商业类别都会遭遇变化。如果我们可以让自己时刻准备好应对变化，就能使其成为一种竞争力。你或许会遭遇某些超出本书探讨范围的变化。有的产品你以前需要花钱买，现在已经免费了。又或许，你所研究的行业已经变成了不道德的商业操作的温床。或许这些不是你能用符号学解决的挑战。但是，还有很多我们常见的商业变化是在你能力范围内，可以利用娴熟的符号学技巧这一优势来解决的。这些变化包括：

◆ *产品和服务类别的发展趋势已经改变，或出现了新趋势。比如，益生元产品、新型瘦身能量补给品、电子游戏产业从游戏产品到游戏服务的转变。市场驱动型的变化，会导致竞争方组织做出调整，造成消费者心目中的此类产品的替代品发生变化。这些变化会对消费者行为产生连锁效应。*

◆ *消费者自身促成的态度和行为的变化。我们可以理解品牌方和市场人员会对某些人群，比如千禧一代和Z世代感兴趣。对那种因需求的变化或某种新出现的行为而产生的细分消费群体，他们通常也会*

感兴趣。比如，素食主义者（在很多国家迅速增加），或是微型企业家（刻意让自己的生意保持较小规模的创业者，通常是因为这样能维持让自己想做什么就做什么的状态）。

你可能觉得自己已经嗅到了流行的风向，这些趋势以各种事实为表现，包括竞争者的市场份额、销售数据、消费者或购物者行为中可量化的改变。而你即使不明白也需要理解的是，为什么会发生这样的变化，或者它们意味着什么。符号学可以帮你找到答案，继而找出应对策略。回想我们在第五章讲到的自上而下的分析。如果你在那一章跟随指导做了练习，那么你已经完成两个阶段的分析了。第一阶段涉及将各种历史性和区域性的情况对应到不同文化对待事物（如心理健康及烘豆）的不同方式上。第二阶段是意识形态的分析，需要对烘豆和心理健康在理念层面的状态进行发问。比如，阶层和品位问题对烘豆品类有何影响？罐装食品是不是对新鲜食品的模仿？在心理健康产品的用户和提供者中，谁掌握着主导权？

用符号学来理解变化，能让你不再依赖销售数据之类的内容，不再受限于自己的想象力，因而能拿出适应当下消费者需求的产品和服务，可以是能荣登美食家推荐榜的爽心美食，也可以是一种有影响力的心理健康服务。

## 开发具有领先优势的符码

对于竞争者的动向，几乎所有的企业都有强烈的好奇心。即使是非营利组织和非政府组织，也会随时关注那些会被其客户和赞助方当作第二选择的组织机构。和竞争者做比较的方式虽然很多，但一般而言，企业还是会在业务层面做对比，比如，弄清其价值定位、广告花费、宣传活动是如何利用线上营销以及其他因素的。

如果你仅仅考虑以上因素，当然也没有问题，但符号学研究中还需要加入其他元素。因为符号学有着独特的识别符号学符号的能力，要定位竞争者，你不仅可以参考他们在搜索引擎上使用的优先关键词，还可以锁定他们用来为客户构建特定现实情况、指导客户行为的符号学符码。

或许你正在为某酒水品牌做调研。拿金酒举例好了，在自下而上的分析的资料包中，你可以纳入各个金酒品牌的网站、广告和其他营销宣传内容。在分析过程中，你可以识别出这个产品类别中的几种符码：

◆有的品牌依赖一套法国符码，这套符码能激起法国人之外的消费者脑中跟这个国家相关的观念。这些观念包括"精致"和"优雅"。比如，口感粗犷、采用经典包装的巅城金酒（Citadelle）。

◆有的品牌用的是北欧的符码，它能激起消费想象中的"未经污染的大自然""雪域"等画面，还有"干净""清新"等观念。比如，米勒（Miller，2019）谈过的瑞典和芬兰金酒。

◆有的品牌卖的是"英式"尤其是"英伦风情"的概念。相比于优雅的举止和未经污染的自然，这些概念更与18、19世纪的伦敦历史记忆有关。这座城市在18世纪满是金酒铺。当时金酒实在过于普及，其风靡程度堪称具有破坏性，所以议会通过了8项法案来抑制其发展（Difford，2019）。到了19世纪，伦敦的小金酒铺已经被大的酒廊取代（Warner，2011），这些酒廊建筑豪华，一周要接待超过50万顾客。这都是"伦敦金酒"（London Gin）这个当代品牌能唤起的大众记忆。

　　这里只是举三个例子来开个头，如果你对金酒感兴趣，想要深挖这个品类，你就会发现还有很多符码在发挥着作用。有的品牌靠的是"聚会"的符码，会展示一些让人心生向往的模特、出入豪华场所的名流等。有的品牌利用的个性和个人主义的符码——展现这种金酒是为有反叛精神的人准备的。如果你再深入挖掘，肯定还会发现更多内容——一个商品类别中的产品越多，符码也会越多，最后你会得到一个全貌。在这幅全景图中，使用某些符码的竞争者会多些（因为很多品牌的主张都是一样的），而用某些符码的品牌很少。然后就要自己确定一下，这些符码未被完全开发，是因为当中存在错误，还是因为它们太新，只能符合你从自上而下的分析中发现的刚出现的观念和趋势。

# 利用符号学矩阵进行创新

　　在第六章，我们说到了几种创造性思维和进行创新的技巧。你或许还记得符号学矩阵（图6.1），这一工具能赋予你一种特殊能力，去找出消费者未被满足的需求和需要解决的问题。这些需求和问题正是品牌可以涉足并为客户提供新东西的地方。实际上，各种企业文化通常都接受这一点：最好的创新是能够回应实际需求的创新。是否能做到这一点，正是那些较小的、累积性的、不被人需要的创新与那些真正有破坏性的、能破局的创新之间的差异；也是无人问津的创新（比如《时尚COSMO》，于1990年推出的一款酸奶）和让人们的生活发生实际变化的创新之间的差异。

　　比如，俄亥俄州立大学（OSU）的一些专家正致力于开发一款新型医疗工具，这款工具是以自然为灵感的。众所周知，患者都害怕注射打针，因为很痛。俄亥俄州立大学的科学家和工程师发现，蚊子这类昆虫可以悄无声息地刺穿我们的皮肤，吸食我们的血液，等到结束了才会被发现。这其实是靠昆虫吻部的各种机制配合达成的，如果你对它们到底怎么做到这一点的感兴趣，你可以读读《科技日报》（*Science Daily*）的俄亥俄州立大学创新专题相关文章（Grabmeier，2018）。

　　所以，创新其实包含两部分：一部分是识别需求或问题，另一部分是找出解决方案。多数失败的创新都无法完成第一步，他们给出的解决方案并不针对具体存在的问题。比如，上文中的杂志就没搞清楚为什么消费者会需要一个杂志出版商卖的酸奶。人们对无痛注射的需求就很清晰，利用符号学矩阵就可以识别出这些需求。下面是我为俄亥俄州立大学的医疗创新做的符号学矩阵（见图 9.2）。

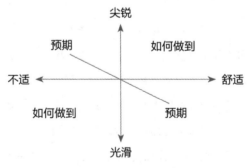

图 9.2　无痛注射针

　　医疗、国防、空间探索等领域存在的问题一般都是外显的。我们从一开始就知道，患者讨厌抽血，士兵会很辛劳，宇航员在失重环境下上厕所、洗衣服都很困难。其他商业活动领域，如众多面向消费者的品牌所在的领域，都持续存在一种创新驱动力。或是出于自身发展需要，或是内在或政策性的原因，或是由于企业所有者认为这是唯一能推动其发展的方式，出现了很多不必要的创新，比如杂志做的酸奶，这个产品都不具备符号学矩阵存在的条件。

不论是为了促进某个产品类别拓展新的价值，还是为了跟上竞争者的步伐，如果你明确知道非创新不可，但不知道要满足什么需求或解决什么问题，你就可以把符号学矩阵用起来。一旦你找到了答案，比如，要让消费者在对自身外表不自信的情况下也能感觉良好（如多芬的"真美行动"），让消费者摆脱"必须让孩子一直保持干干净净才能开心的状态"（如亨氏的"污渍很好"活动），你就快找到有价值的创新点了。你可以把它用到营销、品牌宣传、产品设计里，甚至都不需要组建什么科学家、工程师团队。

## 改变品牌外观形象

品牌通过大幅度改变包装和其他视觉传播内容来改变其形象，从来都不只是为了改变品牌形象，这当中肯定存在某种原因或目的。我把这些目的归为了一类，因为它们都能通过改变品牌外观来达成，不一定需要整体变更在售业务或产品类型。符号学在解码符号和象征上的功能广为人知，因此，对事物外观做一些小变化，是一种被商业从业符号学家广泛接受的常见认知。下面几件事，都是可以通过改变品牌外观做到的：

◆让品牌看上去是专为众多市场细分中的某一类喜欢特定视觉元素的消费群体而设置的，比如儿童、男性等；

◆让品牌突出其素食主义、有机生态的特色；

◆让品牌看起来更高端，或者说更"值钱"；

◆让品牌要么更具本土特色，要么更有"国际范儿"；

◆让品牌看起来要么更加亲民、友好、自然，要么更加庄重、官方、有可信度。

在这种情况下，请使用第四章所讲的自下而上的分析技巧。搜集各品牌信息，包括包装、广告展示、照片墙账号发布的照片等各种你能找到的任何形式的视觉材料。尽量找到你负责的产品所属类别的所有大品牌，再找几个初入这个市场的品牌，被边缘化的品牌，还有已经因过时而被挤出该市场的品牌。根据你的研究题目，列出目标市场中能让消费者认为传达了特定含义的符号学符号。完成这些任务后，你可以看到符号是如何被分组成符码的。如果你发现有几组符码都在传达相同的信息，也不用惊讶——这实在太正常了，比如，仅仅在一个商业类别里，就有众多表达"高级"的方式。

在处理自己手中的任务时，请注意以下符号：

◆儿童产品的常见特征：可爱的卡通动物；像由孩子所画（但经常又不是）的粗糙绘画；经授权使用的卡通形象，比如小猪佩奇和迪士尼电影《冰雪奇缘》中的艾莎公主；不呈直线整齐排列而以奇怪的角度排列的圆体小写字母。

◆男性产品的常见特征：大量的黑色、炭灰色、深蓝色；运动类符号学符号，如"能量"一类的词，便于手抓的棱边，即使这个产品和运动毫无关系；把"男性"印在包装的显眼位置；含有男子气概的词句，如"斗牛犬""男性私人空间"。

◆有机产品的常见特征：用专业语言传达的健康类信息，比如"超混合蛋白"；精致的手绘图案和插画，特别是植物图；突出某些食物和配料，如韩国泡菜、豆腐；可持续农耕和渔业相关信息。

◆有两种主要符码常被用来表现产品的高级。你会发现，虽然因你身处地域不同，符码中的具体内容也会有所不同，但这些符码最基本的内容都是一样的。本质上，在把自己和大众市场区分开来时，全球的品牌的做法都一样，要么是采用300年前的设计，唤醒本国的伟大历史（通常包括繁复的装饰、精美的图案、金饰的细节），要么是转向极简风，比如苹果和芬缇美妆（Fenty Beauty），后者是流行天后蕾哈娜（Rihanna）创立的美妆品牌。

◆要传达"值钱"的概念，可以在包装上印上"价值""基本款""必备"等字眼，以及诸如"附赠20%"等语句，且要专门使用不多做修饰的朴素包装，向消费者说明他们没有为精美的包装付费。该方式去掉了不必要的图饰和装饰，最后形成了一种几乎算是"反设计"的原始审美，基于这种审美，各种包装都会变得毫无吸引力［英国森宝利超市（Sainsbury）里的"基础日用"分类就是一个例子］。

◆表达"本土"的符号学符号，显然要基于品牌处在世界上的哪个地方。比较一下你负责的产品类别和市场在全球和本地的竞争者，你很快就会发现区别。一个大的原则是，在非西方文化的消费者眼里，国际化品牌总有美国味。我的意思，它们总显得阳光、大胆、高傲，喜欢采用高饱和度的颜色、简单的图形（如果有图形的话），还会确保品牌名称是包装上最大的字。本土品牌则根据其自身的设计传统各有不同。非洲、印度和南美的品牌喜欢用排列紧凑的图案，当然根据不同的发源地又有所不同。某些品牌喜欢用当地地名做品牌名称或产品名称，比如纽卡斯尔（Newcastle）棕麦酒或贝尔法斯特（Belfast）茶。

◆亲民、友好、自然风的品牌喜欢和消费者开玩笑；想想雀巢的巧克力约克条（大大的棍状产品）和包装上粉红色的宣传语"不是给女孩子的"，这个玩笑开了十年，直到大众不再觉得这个说法好笑，雀巢才调整了策略来顺应这一情绪变化。相反，如果品牌想表现得更理智和值得信任，它会利用以下符号学符号：新罗马字体一类的衬线字体、纹章和徽章、品牌创始日期；"皇家""尊贵""领军"等字眼，以及其他彰显等级的标签，通常都是从军事史中借用的。

## 练习 15：制定策略方案

如果你在学习本章前文时还没制定方案，现在就请拿出在本书学习过程中使用的项目。你可以根据自己的业务优先级或从第二章的营销挑战热门榜上选择一个项目，也可以用我在书中一直讨论的案例：想打造高端品牌的新烘豆品牌，想与成熟女性对话，并从中找到创意点的心理健康板块客户。如果你已经完成了前面各章详述的练习，现在你手中会有大量资料和有趣的观察结果。请按下列步骤完成该项目：

◆重新看看自己或客户的商业目标。这家公司想要达到什么目的？符号学可以在什么地方做出贡献？要确保自己清楚该项目的目的。

◆要记住，你识别出的所有符号学符号和符码，都不仅仅是因其极富趣味性而存在的；它们的存在，是为了传达意义，要支撑某种现实情况，同时压制其他现实情境，为了告诉消费者如何采取行动。也要记住，你对符号、文本、符码的分析（第四章）都是和大范围的社会趋势和意识形态变化（第五章）相关的。

◆要持续关注商业目标、符号学符号的社会功能，从自己的见解和观察结果中，找出 3 到 5 个最好的见解。这些见解会让你对原本熟悉的事物有新的认知，让你以全新的视角看待普通的事物和观念。对于何为见解，本章前面已给出很多建议。

◆针对你的每一个见解，或是你的整体见解（如果它们之间联系紧密的话），你都要给出商业方案。你觉得应该对手中的品牌做什么，或是想让你的客户做什么？是否应该根据消费者的需求变化或市场所在地的变化重新打造品牌？为了与竞争方相区别，品牌是否应该采用某种特定方法？为了打造一个面向成熟女性、素食者、儿童的更友好的形象，你是否知道品牌当下应该做什么？

把你的建议全部写下来。不用考虑美观，只需要把信息写下来。要明确自己想说什么，为什么这样说。把想说的都说完后，我们就可以考虑该如何传达所有的策略方案了。准备好以后，请翻到第十章。

第十章

# 让成果展示对
# 受众更友好

**第十章**
**Chapter Ten**

## 本章预览

　　本章将讲述如何用一种能吸引读者、易于理解且适用于现实商业场景的方式来传播自己的符号学研究成果。你的目标是，确保自己努力完成的调研项目以及从消费文化的岩层中挖掘出来的宝贵见解能够为人所欣赏和使用，最终要让客户再次找你合作。如果你是为自己工作，那你的目标是让自己感觉到获得了真正实用的成果，而不是在做完调研后，好像是写了一本天马行空、无法出版的小说初稿，只能丢到抽屉里积灰。你要能感觉到自己对时间进行了充分的利用，为自己的品牌或企业提出了一定的愿景，找到了一个方向，而且这是无法用其他方式做到的；你还得知道，在未来你会因为什么或该在什么时候使用符号学研究。你有了这些目标后，我将在本章根据自己在 20 年间为品牌客户提供符号学方案、为新进入符号学领域的研究人员提供培训的经验，告诉你如何将自己的符号学研究成果分享出去。我把我的建议总结了 20 条，分成了两组。

　　第一组是适用于所有商业调研报告的建议，但本书将特别强调符号学报告。这些建议涉及各种话题，包括如何回应利益相关方的需求，如何减轻报告受众的负担——办法就是要详略得当、有所侧重，以及如何打造一个让消费者迫不及待想要了解的产品。

　　第二组是专门用于符号学项目的建议。建议包括：确保真实性（使用证据、保持谨慎、脚踏实地）；运用并展现真正的专业能力；对自己的工作进行质量把控；自信坚定地应对针对方案有效性、可信度、偏向性的质问。上述建议可以让你区别于其他能力不足的竞争者，提升你在业内的可信度，而且也会是促使你竭尽全力完成工作的动力。利用符号学，你可以拓展自我能力的界限，这是符号学真正的乐趣所在，也是部分研究人员将其作为终生事业的原因。

# 适用于所有营销方案的建议

## 回应利益相关方的需求

### 建议1：成为客户的"自己人"

如果你是为内部或外部客户提供符号学研究服务，对方需要使用你的调研成果，那么我建议你在开展工作时把自己当成对方的一员。这不仅能让你获得他们的喜爱，还能保障未来有更多的合作机会。这意味着，在行为上，你要表现得站在他们这边，以他们的优先事项作为自己的优先事项。你是以哪种形式来记录自己的调研成果的？写报告、编手册，还是准备演讲？你是否知道自己为什么需要采用这种形式？报告受众都有自己的需求和目标，也许需要协调你的调研项目和其他人的调研项目，并把二者的成果进行结合。他们可能需要把你的调研中最重要的成果用简报的形式在一个大公司内部进行发布；你也许需要准备一份书面营销策略或做一场现场报告，并且要完全按他们的要求来展示你调研得出的最佳方案。你要弄清谁才是最需要你的调研的最终受众，然后致力于减轻他们的负担。

以下是一个可怕的负面案例。一名专业的消费者调研人员在做一项结合多种研究方式、由多个服务方共同开展的调研项目。这个项目的时间非常紧迫。服务方中的一人是符号学家。该消费者调研项目的客户需要一套详尽且实际的建议，当中要有强有力的见解，且需要用可视化的方式呈现。但他们最后却拿到了一篇长达30页的文章，当中包括符号学家的一系列认识。他尽其所能地写出了话题相关的所有内容，直至才思枯竭。把这份文档交给客户时，符号学家说他已经耗尽心力，无法再给出任何新想法了。请不要让自己变成这样，把自己和客户都搞得精疲力竭，你应该先弄清客户需要你写出什么样的文档，按他们要求的规格来做设计。

### 建议 2：写商业报告而不是实验报告

有的市场调研报告是按照科学实验报告的惯用模板来写的，最容易犯这个错误的是那些具有社会科学的学术背景或是接受过更传统的市场调研机构培训的研究人员。大多数市场研究从业人员都很熟悉这种报告结构，报告通常会包括背景、目标、方式、结果、讨论和结论。你运气好的时候，才能看到他们把商业目标和研究目标分开，并在结论中给出方案。用实验报告形式按照时间顺序来写报告也是可以的，因为其内容联系紧密，有一定的逻辑，最重要的是，能服务于科研群体的需求。也就是说，实验报告看上去可行，是因为其能帮助真正需要了解研究过程中的每个细节的科学家，因为这正是科学成果的主要评估方式。

我相信，把所有报告类型放到商业环境中以后，你可以立即看出问题所在。事实上，没有多少人会在意你在调研中使用的微观方法论的细节。他们需要知道的是，如何利用你的调研成果来及时地解决实际问题。你得告诉他们需要做什么，你写的报告要能帮助他们完成目标，否则你会失去这个客户。他们会失去耐心，会寻思"为什么你要告诉我这些"。你需要从头到尾掌控全局，确保你所说的所有内容最终都能服务于同一个商业目标，并与此目标相关。

建议 3：要为不同的受众提供不同版本的报告

如果你产出的调研成果会为一家大组织所用，并会面向不同的受众，为了易于他们理解，你得设计各种版本的报告。或许你的客户或调研的最终用户会喜欢一组短小的视频，每个视频用 3 到 5 分钟说清楚一个特定话题或达到一个商业目标。或许你可以把调研成果转化成一个可用的工具，比如做成一个图册，以给设计者以启发；或者为市场人员准备一本互动性的品牌手册，甚至是一副定制游戏卡牌，以激发或刺激对方的创造性思维。随着项目的开展，如果调研的最终用户想要开一个品牌研讨会，那么游戏的形式会特别有用。调研时开研讨会是常见情况，特别是在为广告机构、品牌策略咨询机构或是自己的品牌方客户做调研的时候。

可执行的结论性内容是必须要有的，如果我不提这一点，那就是我的疏忽。越是高层的调研成果使用者，越没时间来读深度报告。你既要满足他们的即时性需求，又要试着让他们主动去挖掘背后那个较长的故事版本，而我们采取的办法就像是做水果蛋糕，首先要有蛋糕本身，就是那些不容遗漏的重点，将之放进一个简报中，然后再加进水果，即在其中塞进各种有趣的见解。

## 对报告受众好一点

### 建议 4：要让读者觉得自己很聪明

谁都乐于认为自己既聪明又有创意。在读报告时，比起考验你，他们更喜欢去验证自己的专业度和见解。你可以让他们拥有这种体验，这取决于你对报告优先级的安排，你要把让自己觉得很聪明的内容放到第二位。要有意识地避免使用神秘兮兮的专业术语、模糊的用词，不要让读者不得不停下来翻词典，更要避免大段不易理解的理论知识。这些内容或许能让你感觉自己简直是个符号学大师，但也会导致读者无力理解，对内容充满抗拒。对方花钱请你做调研，可不是为了让自己感觉糟糕的。一位年轻的符号学家跟我分享了她的一次参会经历。她当时非常兴奋地加入了一场对话，对方在该专业领域非常出色。这位符号学家说："我从头到尾都觉得自己对符号学简直一窍不通。"这就是你要避免的情况。要真诚地付出努力，把人们纳入符号学，向他们表明他们有能力将符号学作为一种日常思考的工具。

你得单靠书面材料就把事情说清楚，而且读者不需要受过多高的教育就能理解其内容，这是让读者开心的有效方式。

### 建议 5：语言精练

虽然我在建议 4 中一直强调用词要直白易懂，但有时候符号学仍需用到专业词汇。这时候，你得帮助读者减轻他们的思想压力。你可以利用本书教过的一些技巧，比如把关键词定义做成表格，单独成文，或在报告最后给出术语表。如果你要做一份电子档，你可以考虑在较难的词汇上加入超链接，让读者可以直接访问所需信息。

另一种帮助读者理解术语的办法是，确保自己对术语的准确使用。你要形成清晰的思路，明白自己用的"符号""符码""需求""趋势""文化"和其他此类专业性或"准专业性"的词汇是什么意思。每次用到这些词时，你都要紧扣其含义。在符号学和消费者调研行业中，整体上笼罩着一丝晦暗不明的氛围，大家总喜欢用心理学和专业性语言来指代各不相同的内容。你没法阻止其他人含糊其辞或是滥用连自己都不确定的词语来加深这种困惑，但你可以选择做另一种表率，在需要用到比较晦涩的词语时保持思维清晰、条理分明。读者会因此而感谢你的。

建议6：用有记忆点的图片和贴切的比喻写出生动的报告

一份符号学研究报告如果对受众没有吸引力，通常并不是因为它枯燥乏味。符号学家操作选题，一般都是因为发现该主题本质上充满趣味，自己有很多精彩的故事、惊人的发现可以讲，虽然有的内容和客户的商业目标无关（这些内容就不该放到报告里）。很少有符号学家的报告因为无聊而不够吸引人。

一旦发生这种罕见情况，原因就很讽刺了，竟然是由于研究人员过于专注于商业问题，牺牲了资料的趣味性，比如省略了品牌和消费者的具体交流内容和相关文化背景。结果会导致一种在商业期刊中常见的情况，即那些有价值、有意义的内容总是枯燥乏味、毫无活力。这种报告只是一味地要求品牌必须要去抓取和表达意义。这样给出的笼统建议虽然是正确的，但会让读者感到迷惑：符号学到底价值何在？我们为什么需要符号学？

电影制作的一个原则是："展示，不要说教。"你可以向客户展示克莱斯·奥尔登堡（Claes Oldenburg）和安迪·沃霍尔的作品；作品一旦被看到，就能自见其义。把你做田野调查时带回来的最厉害的照片展示给客户。如果你准备做一个口头报告或书面报告，要大胆做出各种贴切的比喻。我曾经用以下语言形容一些零售店、产品类别和产品："好像是被人吐出来的"（店内的标志物过多）、"便秘一般"（产品类别过于保守，缺乏竞争活力）、"从动物园出逃的动物"（从货架分区上溢出来散落在超市走道上的商品）。要想达到最佳效果，你的比喻需要符合受众所在地的文化——有的文化地域性极强、真实粗犷，有的则更讲求精致。

建议 7：分出一些调研成果给用户，让他们成为报告的共同出品人

在第三条建议里，我提到广告机构和品牌策略顾问机构都喜欢给客户开研讨会，好让客户接受自己的想法，满足他们的掌控感。如果你为自己调研的最终用户或利益相关方组织了这样一场会议，请抓住这个机会。会议气氛越活跃，大家就越能像一支队伍，你的调研成果就越容易被重视、被使用、在业务中得到推广。

作为一项有价值的活动，符号学研究和其他此类活动一样，需要我们花费毕生时间去掌握，但它能很快上手。它是一个哲学分支，永远伴随着各种挑战，但也是一种实用的、高超的本领，有很多能够人手相传、即刻见效的技巧。你可以组建一个小组，给每个成员分配一个品牌、一个符号学符码或是品牌规划里的某个元素。教他们识别符号学符号，或安排他们进行自上而下的分析、创建符号学矩阵或是第六章所讲的任意一项创造性活动。

要想让一个素未谋面的调研用户积极地参与其中，一个办法是把

自己的见解和符号学知识变成一个游戏，比如棋牌游戏或一套写上提示信息的卡片。该游戏可以做成实际的产品，需要大家当面一起做，也可以做成在线上平台远程操作的形式。关于游戏设计，你可以读一读贝蒂·阿达穆（Betty Adamou）的作品《市场调研中的游戏与游戏化》（*Games and Gamification in Market Research*，2018）。

## 写一份让人爱不释手的材料或做一个让人想用的产品

### 建议 8：大胆利用视觉图片

在符号学研究中，视觉图片是一种证据，而不是装饰。不要只是为了表达"哺育"或"自由"的概念，就用"双手捧着种子"或"在草地上蹦蹦跳跳的女孩"这种有些土气的配图。我们有必要尽量避免这种情况，原因如下：

◆你和受众交流的时间有限，他们的注意力也有限；

◆你要充分利用文档中的每一个元素，向客户传达有价值的意义——任何内容都不能只是用来占位置的；

◆装饰图或插图会让你和受众都难以识别哪些图片才是有意义的、支撑你的观点的资料。

让人惊讶的是，在报告中加入各种插图却丝毫不能帮助读者理解的情况比比皆是。根据我的经验，这种情况常发生在符号学新手身上。他们对符号学符码和自己的目标都还不太理解。正如第四章所说，符号学符码并不是外观相似的一堆符号学符号，也不是"主题"。如果你在写报告或准备报告时是从"主题"出发做思考的，那就忽视了符码的功能，即符码支撑着某种现实情况，并能指导消费者的行动。

以下图片将向我们展示：我们该做什么、该避免什么。

符码：庆祝

聚会

◆夜店上座率上升

◆喝酒

◆跳舞

购物

◆购物疗法

◆小吃和糖果

◆廉价时尚

图 10.1　避免把图片用作一般插图

图源：壁纸分享，胡安·卡米洛·纳维亚（Juan Camilo Navia，左）；免费图源（Freestocks Org，右）

图 10.1 中的这些图片都是没用的。读者本来就知道跳舞和购物是怎么一回事。这些图之所以被放到这里，是因为作者对自己宣称已经揭示出的符号学符码并不自信，且确实拿不出真正的证据来证明该符码的存在。这一符码究竟包含哪些符号？一般出现在什么位置或场景中？在消费文化中起到什么作用或有什么目的？以上问题都没有得到解答，最终的幻灯片里并没有和符号学相关的视觉内容，展示的都是传统定性研究也能轻松给出的内容，它在很大程度上是围绕各种主题甚至是定量研究相关的东西。

图 10.2 和 10.3 则对如何传达调研成果给出了另外的建议。

图 10.1 里提到了"购物疗法"以及夜店的上座率,似乎都是指向消费者行为。作者似乎(但不明确)是想告诉我们和消费文化相关的内容,而不是关于某个品牌或产品类别的。当我们想谈论消费文化中的一些明显的符号学符号时,用图 10.2 的处理方式会更好。在图 10.2 中,符码的功能被清楚地展示了出来。表中给出了符码的名称,说明了其功能,并附上了符号学符号案例,这些符号就是符码得以发

符码:庆祝

**功能**:引出与聚会、自我犒赏、兴奋、幸福、仪式感相关的意义

**包含的符号学符号**:甜食,气球、纸帽子、纸口哨等装饰物;野餐和游行等庆祝仪式。

图 10.2 消费文化中的符码的证明视图

图源:YOLO(生命只有一次,You Only Live Once)主题上衣照片,奥多比(Adobe)。聚会猫卡通图,经作者安东尼·克拉克(Anthony Clark)授权使用。

挥其功能的基石。

　　这件上衣的照片出自一个图库，但上衣本身并不是为了创建图库而生产的，事实上，印着"YOLO"的衣服在 2019 年非常流行。与之类似，这只"聚会猫"也不是为了被放进图库而被制作出来的。图中的上衣和"聚会猫"都是符号学符号在日常环境中的真实表现，至少对某些消费者群体而言是如此。"YOLO"一词和"聚会猫"都是网络文化风貌的一部分，某些消费者群体常会碰到它们。在这张幻灯片中，二者并不是插图，而是信息点（如果再加入一张实体店内的 YOLO 上衣在售图，效果会更好）。对于很多会上网的消费者，它们是两件会在日常生活中看到的物品，这些物品告诉消费者，什么时候该庆祝，该怎么庆祝，甚至该产生什么感受。图 10.2 这种方式，能传达出自上而下的符号学分析成果。正如第五章所说，自上而下的分析所讨论的，是消费文化，以及消费者在日常生活中用作行为指南的各种意义的面貌。

　　现在我们来看图 10.3。

　　图 10.3 展示了一种传达自下而上的分析成果的方式。正如你在第四章所学，自下而上的分析是将广告和包装中的文本分离出来，找出其所用符码和组成每种符码、作为符码基石的符号学符号。在自下而上的分析中，研究人员不会对消费者所面临的所有信息和生活经历进行评价，只会去分析特定的资料内容，实际上，他们只分析与某种产品类别相关的内容。图 10.3 展示了一个洗护类产品品牌。该产品类别非常宽泛，而"庆祝符码"则向我们展示了它的一个侧面，关于纵享欢乐、不顾一切、鼓励馈赠和自我犒赏。

　　请注意，图 10.3 和图 10.2 的格式和排版相同。首先指出符码的
名称，说明其功能，然后展示作为证据的信息点。实际上，图 10.2
和图 10.3 展示的是同一种符码。它们作为一组信息，展示了庆祝符
码在某种特定产品类别中是如何体现的，而该符码也属于更为宽泛的
消费文化面貌中一部分。此时，自上而下和自下而上分析的结果能被
轻易地联系到一起，该符码的功能和特征都能受到这些视图证据的
支撑。

---

符码：庆祝

　　功能：引出与聚会、自我犒赏、兴奋、幸福、仪式感相关的
意义

　　包含的符号学符号：甜食；彩色纸屑、气球和其他装饰品；
暑假等季节性场景；野餐和游行等庆祝仪式。

---

图 10.3　产品类别中的符码的证明视图

图源："别扫我的兴"（Don't Rain on My Parade）主题沐浴露，经露诗（Lush
Retail）公司授权使用。"彩纸蛋糕"（Confetti Birthday Cake）和"沙滩
派对"（Beach Party）主题沐浴露，经科蒂（Coty）公司授权使用。

采用这种方式，让图片有效地为你服务，能让你的调研成果发挥更大作用，因为图片能让所有人更清楚地看到符码的样子、在什么时候出现以及在营销中是如何使用的。

如果你按第七章所述，把符号学与人种学或语篇分析进行结合，那么在选择视频片段和消费者的口头话语的时候，也可以用这种基于证据的方式来处理自己的支撑性材料。

### 建议9：讲故事

大部分市场调研人员都清楚，做报告和汇报需要讲故事。对于如何才能讲好故事，我的建议是，要让读者同时频繁地接触虚构性和纪实性文字。这两种写作方式中都有非常厉害的技巧，可供市场人员加以利用。我在这里只想介绍其中的一种，那就是"节奏"。相较于直抵灵魂的文学小说，商业受众会更喜欢快节奏的"惊悚片"。下面我将介绍如何才能在做汇报时让你的受众坐得住。

第一步是要放出钓饵。告诉受众你有办法解决他们的问题，不管是重新定位品牌还是用其他办法。告诉他们，通过你构建的产品宣传策略，他们将会取得怎样的成功。该策略会和消费者的实际生活切实相关。为了帮助客户，你用了各种精心挑选、有可信度的符号学符号，且即将向他们展示。

你要带他们领略一段简短而丰富的旅程，把他们从商业问题带往解决方案。纳入方案的材料必须是能推进故事发展的，即，要能推动方案进程的。受众更想直接看到该采取什么行动，然后专注于该主题。

回到阐释部分。我知道，你也想谈谈自己在调研时用了哪些漂亮的方法，但这个任务可以交给由之得出的见解、方案和有记忆点的视觉证据来完成。你可以把那些精妙的项目设计、样本采集和分析方式的详情都放到附件里。

建议 10：写报告时同步进行自上而下和自下而上的分析

　　写报告或做符号学研究成果汇报时，要确定好自己在报告中将如何处理项目中的自上而下和自下而上的分析元素。根据我的经验，你有两种选择。

　　首先是，你在写文档时应该把报告分成两个不同的板块。第一个板块的标题可以是"消费文化"或"印度北部的符号学面貌"之类的。该部分内容为自上而下分析的产物，要给出各种极富见地的观点，展示有记忆点的照片，让观者感到自己是在用一种全新的眼光看待这个世界。紧接着的第二板块，标题可以是"经解码的品牌和竞争者"或"产品类别符码和符号"。该部分主要对广告和包装进行分解。如果你选择用这种方式写作，读者后续会更加关注报告的后半部分。第一部分则会被视为"背景"或"上下文"，没人会回过头再看。这是一种遗憾，因为在前半部分的自上而下的分析中，符号学家对消费文化做出的某些思考其实可以成为有价值的人类学成果。

　　如果你想采取其他方式，这里有另一种选择。我们可以把自上而下和自下而上的分析的见解和各种证据交错编织进整个报告。如果你想说说自己从某些品牌包装上发现的符号学符号的意义，你就可以展现一下你的自下而上的分析能力，一边对其进行解码，一边讲讲这些意义如何与更大范围的社会相关。图 10.2 和 10.3 展示了识别符码表现形式的两种办法：符码可以体现在包装上（自下而上），也可以体现在消费者生活中自然出现的特征中（自上而下）。你要利用自己从自上而下的分析得到的见解，揭示在自下而上的分析中引起你注意的品牌和传播内容的细节。我们可以通过将消费者的生活和品牌提供的内容进行意义上的关联，让自上而下和自下而上的分析同步进行。

### 练习 16：准备一份报告或简报

拿出你在本书学习过程中一直在推进的项目，可以是从第二章的"营销挑战热门榜"中选择的独立项目，也可以是跟随本书案例进行的烘豆项目或心理健康项目。

根据建议 1 至建议 10 的详述内容，接着采取以下步骤：

◆问候客户或利益相关方。和他们打招呼，弄清在准备报告或简报之初怎么和他们站到同一阵线。对于你将成文的这份调研报告或其他形式的成果，他们能做什么？

◆可以考虑做一个视频、游戏或其他更具互动性和体验感的成品，而不是一份报告。想想你的利益相关方是更愿意参加一场研讨会，还是更愿意坐着听讲座？

◆组织整个报告时，要时刻围绕着客户的商业目标。要随时关注这些目标，制作一份日程表，讲述把这些目标从问题变为解决方案的整个过程。

◆报告的目标是使受众变得更聪明、更有创造力、更受鼓舞。要尊重受众的智慧，帮他们挖掘符号学方面的技能。

◆语言要简洁、直接、准确。鲜活而有记忆点的案例能让报告更生动。要让像视觉图片、视频片段和话语之类的例证，起到支撑性证据的作用，让它们能证明你的观点。在写报告或简报时要能在自上而下和自下而上的分析之间灵活切换。

# 针对符号学营销方案的建议

## 实话实说

建议 11：所有的说法都要有证据支撑

如第六章所示，为激发大家的创造性思维，符号学提供了一些出色的工具和资源。如情况需要，创造性思维和想象力是无价的。有时候，这也正是我们的客户和利益相关方要求我们提供的。在本书中，我们讲到一个有关心理健康产品的简报，该简报出自一个想要快速得出创意的客户之手。而在其他很多情况下，利益相关方需要你来告诉他们某些事情的真相。比起在你的可靠指导下通过改变店面布置来售卖高端烘豆，他们更想搭上你想象的快车。他们需要的是你给出与某些实际情况切实相关的意见。

这类对于强有力的见解和可信赖的意见的需求十分常见。因此，在绝大部分情况下，我会自动采取以下措施。我会努力为自己提出的建议提供支持性证据。这样做不仅是为了确保客户理解并相信我的分析，也是为了确保我的分析和品牌的生命相关，和品牌可以凭其经验进行开发的消费者相关。对于某个品牌的包装具有何种意义，如果你做了某种设想——也许你认为该品牌传达的含义是"天真"或"高尚"，那么问问自己，有什么证据能支持你的这种看法。面对关于该品牌或包装的意义的其他看法，我们又该如何反驳。如果证据表明，该品牌更能佐证包豪斯式的严肃风或美式极简主义，或是该品牌是在嘲讽贵族风而非遵从于它，你会怎么办？

建议 12：提出合理的观点

在我试图向客户说明某种他们可以采信的真相时，我会遵循以下准则。

◆给出的各种说法之间要有关联。如果你说自己评估过某事，就得确保这件事能够被评估。如果你说自己发现了某种趋势，就得确保你知道自己说的那个词是什么意思。如果对方需要更清楚地了解你所说的真相和事实的情况，你要能说得明白。这样做不只是为了符号学家自己，也是为了防止受众感觉到自己被糊弄，让客户不会因为一些看上去不够直白的说法而心生疑虑。

◆要给客户减负，让他们能根据自身业务背景中的已知事实，判断出你的说法确实可信。要克制自己，说话时不要把范畴讲得过大或太有野心——比如，声称自己发现了适用于全人类的普世特性，说什么"自己的说法一旦成真，就能推翻几个世纪以来的哲学和科学认知"。你应该专注于手中的任务，即推广某种产品，不要卷入学术争端，以保护自己在研究和商业领域的声誉。

◆避免使用专有语言，因为这种语言往往会掩盖话语的含义，使其变得模棱两可，而非揭示和阐明含义。对自己通过符号学发现的事物，你不需要自己重新赋予一套命名，它们已经有名称了。如果人人都使用同一套话语体系，大家就会更轻松。

## 做个真正的专家

建议 13：要进行解释，别只是描述

本书在方法相关章节详细介绍了符号学项目可能遭遇的问题，以及如何避免它们。也许最常见的问题就是，有的研究过于关注对广告和包装中的符号学符号的自下而上分析，却未能明确指出研究涉及的符码，且研究没有与消费者所处的更宽泛的消费文化中的自上而下元素进行关联。比如，你的初稿可能写成这个样子：

> 该品牌的钢笔，因具有光亮的金属质感表面、流线型外观，会让人联想到跑车或其他类型的汽车。

你可以抓住一个点来说，但你做此解释，需要有证据支撑，这些证据要能反过来帮我们了解钢笔和跑车之间这种相似性有何含义。这一点非常重要。不要只说一句"它看起来像跑车"，然后就结束了。如果的确有证据表明该物品借用了某种汽车符码，你要弄清个中原因。该汽车符码对于使用它的人而言有何作用？为什么会存在？这就是符号学研究的与众不同之处，它可以解释为什么事物会是这个样子，而不是简单描述事物的外观。

建议 14：要谈论符号学符号和符码对消费者的影响，而不是对你的影响

要克制自己对个人品位的表达，除非情况适用。在大多数项目里，客户付钱给你是为了让你告诉他们消费者有何感受，而不是你有何感受。有时，当研究人员对符号和符码并不十分确定，并利用他们的分析时间再做焦点小组和给包装分类的练习时，就会出现对个人品位的表达，有时候则是因为项目卷入了政治因素或研究人员在某个主题上投入了个人情感。

要克服上述问题，就要坚持功能理论，不要简单地列出符号、符码和趋势，而是要指出这些内容为消费者做了什么。这些功能的证据，要从消费者对这些符号给出的反应和回应中挖掘。几年前，我在做一

个与康复治疗和药品相关的跨国项目时，得到了一个有趣的发现。那时的英国，诸如节食营养品或感冒药之类的包装上者写着"同类疗法"，意思是该产品源自某个思想流派，暗含的意思是，其采用了一种理论：如果某物质被认为是引起某种身体问题的原因，则可以利用少量该物质来治疗这种疾病。从那以后，我在前往美国会见消费者、探访商店时，也看到了"同类疗法"，但其意思却是"自然成分"，他们对这种含义的运用更加普遍。你的任务，就是要发现并搜集这些差异，同时不要对同类疗法进行自我解读。

建议 15：练习批判性思维

批判性思维是指你要对自己提出的重大观念保持谨慎，要像对待那些声称自己解决了世界性难题的商业对手一样谨慎。如果你想要表达某种观点，比如女性的需求、千禧一代和 E 世代加班的原因、导致当代社会和政治剧变的原因等，请在开口之前三思。你多大程度上确定自己的言论是正确的？是否存在可以被合理论证其正确性的其他解释？

如果你是理科出身，或许你会发现这其实跟零假设测验一样。在就自己最认同的解释写出一篇天花乱坠的文章之前，你要先看看其他解释和观点的支持证据，这是一种很好的训练。

如果你非常确定自己的答案是正确的，那么你要思考，该答案有何特质或局限性？请先找找这种解释不适用于什么情况，以检验其局限性。就算客户和其他利益相关方喜欢大胆、自信的发言，但如果他们能依靠你对这些重大观念的批判性评估而认识到其适用的边界在哪里，那么他们也会更加满意。

## 质量把控

建议 16：使用内容充实、有对比性的案例

不要试图围绕单一文本或信息点展开整个分析。你可能发现了一张非常迷人的切·格瓦拉（Che Guevara）或玛丽莲·梦露（Marilyn Monroe）的照片，但不要单用这一个材料写整篇文章，除非你是在做学术性或创意类的写作。如果你的重点是取悦商业受众，你就要知道，他们一旦看到你用一个单独的例子说了许多内容，很快就会心生疑虑。不论你谈的是一个品牌，一个流行文化志，还是一种能佐证某种潮流或能让某些消费群体兴奋的观念或价值，都要找出至少一个对比案例，向受众展示其差异。

这个习惯会带给你回报的，比如能提升受众的接受度，因为读者和利益相关方能因此感觉到，他们能够通过这些证据自行进行判断和对比。

建议 17：始终清楚研究课题和阐释性材料之间的界限

我们在第五章详细说过这一点。在项目早期，你已经遇到了各种各样的文字、广告宣传、市场调研报告、销售数据等有趣的资料，所有这些都在彰显某种现实情况。比如，某公司内部认为某品牌极受追捧，但从销售数据来看情况恰恰相反。又比如，一项购物行为调研的结果与消费者声称的情况并不相符。你桌上摆了一本食物相关书籍，你觉得当中关于各个地区菜肴含义的见解非常有价值，但是对于有关科学和人类生理的知识，你又保持高度怀疑。在项目早期，你需要决定哪些本身模糊不清且需要解释的内容能用作资料，而哪些又该用作值得信赖的阐释性材料。要知道为什么你会这样决定，为什么你接受了某些说法而对其他说法保持怀疑。这样，你在写报告或简报时才能

做到立场鲜明。

如果各种文件或其他文字部分可用，你无须因此就接受其全部观点。或许某位作家在谈到购物时说得很对，但其关于人类思想的看法却是错的。

## 坚定地应对质疑

建议 18：谈到研究的有效性时要信心满满

如果有人质疑你的符号学研究，他们很可能会对有效性发难。他们会问的一个关键问题是，你怎么知道自己的发现是正确的？你除了要给出认真的功能分析，以及用具体证据有效支持自己的说法（这些证据具备消费文化向其居民所传达的符号学意义），在与那些对研究有效性确实感兴趣的人对话时，你还可以采取以下办法。

如果你把解答问题时的符号学研究过程和技巧当作工具或手段的话，那么在这里，研究的有效性就在于这些工具能在多大程度上成功找到其想要的答案。如果你想寻找某种符码或趋势，那么你通过研究方法或过程找到的，就该是真正的符码和趋势，而不是其他东西。这就是证据和批判性思维的重要之处。

调研成果的有效性可以通过交叉论证、相互确证和多方共识来得到加强。交叉论证可以将你的见解和使用其他研究方式得出的见解进行比较。你也可以看看是否有人对你研究的主题进行过定性或定量研究。客户的部分工作内容是否解释了这些报告之间的联系？弄清其他调研项目的发现是否和你的发现一致。你们是否描述了同样的现象，只不过是从其他角度出发的？

你还可以鼓励自己的客户、研究的最终用户或其他利益相关方，让他们就你的资料及其特征形成自己的观点，以此进行确证并达成共识。这就是为什么我热衷于让符号学研究尽量变得透明。在研究实际资料时，我尽量为受众提供可视化的证据，并呈现出符号学研究的思维过程，而不是掩盖数据分析的细节，将其变成一种暗箱操作。我喜欢给读者和研究的用户提供足够多的原始材料，让他们看看我对早餐麦片或时尚品牌的解释，看看我提供的东西是否合理，论证是否扎实。

建议 19：你可以验证自己的资料分析的信度

对该关键词的定义取自重测信度这一概念。试想一下，你手中有 40 个家居物品广告。你用符号学方法对其进行了分析，根据经验，你可以从中找出 5 种符码，无一缺漏，也不存在你无法解释的信息点。如果你之后再拿出另外 40 个广告样本，对其进行相同的分析，应该会出现相同的符码，不会在第二次分析时产生不同的符码或虽然产生了相同的符码但却有遗漏。如果这样做以后并没有成功获得重测信度，则可能存在不同的原因。比如，样本量不够大。在这种情况下，你需要不断搜集样本，直到分析的信度有所提升。

关于信度的另一个方面是，如果你的研究可信，那么其他符号学家在分析同样的资料包时应该能得出同样的结果。我发现，对方作为符号学家，即便跟我风格不同、受到的是另外的传统训练的影响（这种影响也许是存在于其他国家的某种社会功能），情况也是一样的。比如，即便研究方式和角度相同，拥有不同背景的符号学家，如分别在瑞士研究语言学、在法国研究人种学、在美国研究逻辑学的人，会采取不同的工作方式。即便是这样，我发现，在被要求对品牌、产品类别或消费文化的某个面向做出解释时，大家依旧会给出同样的答案，这就是对研究信度的一种确认。研究信度本身并不能保证其有效性，但这是有效研究的一种关键品质。

### 建议 20：学会灵活应对

如果你遵循了本章所有的建议，那么你很可能已经绞尽脑汁地让自己在研究说明的言辞上尽量做到客观、不过激了。即便如此，你还是希望能进一步避免产生偏向性。所有接触过行为经济学的人都知道，人在思维和决策中总是带有大量的偏向性。总体上，我们都极易倾向于只看到自己想看的，还会从自身并不全面的视角出发来解释事物，并且会忽视那些自己不便察觉或与自己的世界观不符的细节。

符号学研究没有试图直接终结分析和报告中的偏向性，因为我们都知道这是无法做到的。与品牌、营销宣传和消费者的照片墙账号一样，研究报告也是由符号学符号和符码组成的，它们的DNA中就带有偏向性。在现实生活中，符号学研究也鼓励我们关注这一点，即语言和现实呈现不可能不带任何偏向性。应对这个问题的一种普遍做法是，如果偏向性无法消除，那就灵活处理它。为了达成我们的目的——商业调研项目的目的，你要在报告中灵活纳入一些能帮助读者理解的内容，即说清楚你自身拥有的特殊背景。如果这是一个跨国项目，而作为分析者和报告作者的你是俄罗斯人或德国人，你就要先做出说明。这能帮读者充分了解你的情况。如果你的研究只是针对非常特殊的品牌和消费者，在他们身上才见效，也即具有偏向性，那你也要说明。请清楚地说明情况。这样的透明度会强化而非弱化研究的有效性。

### 练习 17：检查好作品质量再发布

你在印发自己的报告或是将成果呈现给某位读者前，为保证质量，请最后再检查一遍。做检查是为了确保你对自己所说的全部内容充满信心，当中没有任何不确定或模糊不清的内容。必要时，你要为自己的项目设计和分析做出合理的解释。

根据建议 11 至建议 20，请采取以下步骤：

◆检查自己是否为所有观点提供了支持性证据。是否使用了充足的证据来帮自己说服观者或读者，是否展示了对比性案例。

◆检查所有说法是否内在统一。这些观点是否具有可信度，是否能在很大程度上消除读者或观者的疑虑？

◆如果你指出了某些符号学符号和符码，要确保自己解释了其存在的原因，而不是简单地对其进行描述。检查自己是否专注于谈论这些符号和符码如何是影响消费者的，是否克制住了表达自己对其有何感受的冲动。

◆要乐于通读自己的报告，以确保其"毫无错漏"。对某个符号学符号或消费者行为，如果存在不同解释，要将其找出来并堵住该漏洞，就像你对待第一个出现在你脑中的解释那样进行思考。

◆要确保自己清楚如何区分可研究资料和阐释性材料。要知道该怎么评估自己研究的有效性和信度。在附录部分留出一两个说明项目灵活性的段落，让读者了解研究人员的文化背景。

做完最后的检查，这项工作就完成了。把自己的调研成果分享发布出去吧。祝贺你出色完成任务！

下章内容涉及行业争议和符号学的未来。现在请翻到第十一章，看看你的符号学探险之旅在世界范围内和不同的历史时期会有何不同。

# 第十一章
## 符号学的争议与未来

第十一章
**Chapter Eleven**

　　设计本章的目的，是为帮助所有参与到符号学发展的最前沿研究中的服务提供者和研究成果的使用者。本章将讨论：符号学是如何随时间的发展而变化的？符号学在世界上的不同地区有何差异？学完本章，你可以就以下典型问题形成自己的观点：

　　·符号学在市场研究行业是什么地位或应该具有怎样的地位？符号学属于理科还是文科，还是介于二者之间？在提供符号学研究服务的研究人员在日益拥挤的市场上奋力争取一席之地时，该问题有时会成为大家争论得热火朝天的主题。

　　·技术与社会变革对符号学有什么影响？我们能否让符号学研究自动化？符号学在网络文化中能发出什么声音？符号学和诸如社交媒体平台和虚拟现实等科技产物之间可以发生怎样的联系？

　　·当今英语商业领域为人熟知的商业符号学应该是起源于西方的，但同时也成为一项日益普遍的、国际化的研究活动。符号学新手该如何去了解印度、中国、拉美等地的符号学研究成果呢？

　　·在全球商业界都对预测并塑造未来产生兴趣时，符号学家该如何回应？对于商业未来学，符号学可以做什么，符号学可能会有怎样的未来？

　　我们对上述问题的思考，就是对符号学进行的自上而下的分析。自上而下的分析是符号学的一部分，涉及意识形态、政治、经济和社会变化。本书第五章的主题就是其在商业和营销问题中的一般应用。

# 符号学是一门科学吗

在符号学中，有一个能解决所有问题的好办法，就是先问问是谁想知道问题的答案。谁对符号学是否具有科学性感兴趣？20年前，商业符号学还处于"婴儿阶段"，该话题的出现通常是为了回应那些符号学领域之外的人。这些人是第一次接触并以局外人的角度看待符号学，自然会对其有效性存在疑问。他们想知道"符号学怎么保持客观？""这与某人的观点有何区别？"等问题，这些是初步的质疑。有研究人员非常认真严肃地回答了这些疑问，并展示了符号学研究方法如何具备经验性与合理性。"解密符号学"（De-mystifying semiotics，Lawes，2002）一文就是一个例子，这是英国商业符号学界较早的一篇论文，和本书一样，该文构建了开展符号学研究的基本程序，探讨了客观性和主观观点之间关系的各种相关问题，并在整体上遵循了科学哲学原理。

在我撰写本书的2019年，商业符号学的世界已然发生了改变：如今，对于符号学科学性的质问来自其他方面。虽然正如你将在本章后几节看到的那样，符号学正迅速发展，但符号学的商业空间也在发展和改变。相比符号学出现之初，现在符号学研究服务有了更多的个人研究服务方。自从看到符号学在提升品牌盈利方面带来的变化后，符号学研究的用户变得对其越来越有信心，于是提供研究服务的人数也越来越多，竞争越来越激烈。为了吸引客户，他们在相互竞争时会努力地想做出更新颖的、不一样的、更有技术含量的、更高效的研究，即便这些亮点并不一定遵循研究方法的整体性。目前，关于符号学的争议涉及对符号学研究方法的科学性的证明。这些争议通常发生在研究人员之间，他们从市场角度出发，站在各自的立场上各执一词。

2018 年，由于受到各种批评声的影响，也由于我听到了众人在个人服务领域的争论中以符号学名义做出的各种大胆说辞，我决定做一张暂时性的意义导图，展示市场调研行业对自身研究方式的看法。我把成果放到了"科学和符号学：是何关系？"（Science and semiotics: What's the relationship? Lawes，2018a）一文中。我在文中详细记录了自己探寻某些问题的答案的过程，还有很多口头引述的样本资料。这些引述的样本资料都是市场调研人员对彼此提出的质疑，以及我基于重要性的考量对符号学和科学进行的界定。

我得出的暂时性结论是，某种研究方法刚刚进入市场调研领域之初，会因其新颖的一面而招致怀疑。符号学在 21 世纪初刚被用到英语商业领域时，情况正是如此。自此之后业界出现的新发展，比如行为经济学，亦如是。刚开始，某种事物还很新颖，人们会疑惑其是否具有生命力，也会对某些看似复杂的内容抱有怀疑态度。这就是为什么符号学花了这么多时间，才终于让人们看到其商业价值。这个过程被艰深的理论和牢不可破的行业话术耽误了多年。

一种研究方法或工具出现了很久，并积累了一定的可信度后，人们就会采用特定的考察方法对其进行定性，即在文理科的二元对立关系中选一边定下来。当其被定性在某一边，后来的实践者又得努力把它从中解放出来，以彰显自己与众不同。

比如，定量研究，一种久经考验的度量法，涉及对象的集中性和分散性、相关性及多元化统计数据等，几十年来，它在市场研究的文理分类中就被安稳地放在"理科"一方。如此划分的好处是，人们会认为定量研究是一种可信且有效的研究方式，而坏处是它总被视作枯燥乏味的。所以人们一直努力要将其从理科中解救出来，使其变得更易接触，令人感到刺激。大数据（其自身也是一种符号学符号）的到来又加剧了该任务的紧迫性。从业人员有时开玩笑说，我们开发出来处理大数据的数据科学，其实只是一种更新潮的、在以更性感的方式包装之下的统计学而已。

表面看来，符号学在文理分科中似乎会落到"文科"一方。在少数情况下，商业调研服务提供者会批评符号学过于花哨和讲究技巧（事实上本书也收到过这样的批评，至少有人暗示过）。此时他们想表达的是，为了面向更广的受众，他们已经对符号学进行了简化。在更多的情况下，人们会说符号学"过于"有文科性质——过于注重创意、过于内化、过于随性、成果过于模糊、效率过低。这种对符号学的批评通常不是来自外行，而是来自作为符号学研究服务提供者的个人或公司。这些人想要别人看到他们对符号学的拯救，其方法是，对符号学进行量化，借用认知心理学、神经心理学或其他理科语言来修饰符号学，并通过自动化以使其更高效。人种学中也出现过类似尝试，人们想用量化的和科学的方法重新塑造它，即便这种做法会相应地弱化符号学对有见地的、创新的思维的重视，而后者才是人种学受到重视的原因。

和我引述的 2002 年和 2018 年的文章一样，我会在本节中提供两种方法来解决上述问题和争议。第一种选择是，我们可以参与这些争论，选择一方进行辩护。在本章乃至全书中，我都在介绍符号学科学理性的一面。因为我发现，这一面在符号学实践过程中作用重大。然而，该领域的从业者中也有很多艺术和人文学科背景出身的人。他们可以举出很好的符号学案例，说明符号学研究在创意方面也毫不逊色。如果你对此感兴趣，在探索符号学的过程中，你也能享受到视觉艺术和其作为后现代理论分支带来的乐趣。众所周知，这些学科很喜欢纳入各种好玩、即兴、幽默的内容。

　　第二种处理问题和争议的方式是退后一步，将争论本身看作人类的一种有趣的行为怪癖，是需要用符号学进行研究的对象。此处，我们可以清楚地看到该如何区分阐释性材料和可研究课题这两种信息，这也是我在全书提及的。看待事物时，第二种方式可能是一种更全面的符号学方式，要求你对争论的内容、形式和状况进行符号学研究。比如，是谁在对符号学的科学地位发表意见？他们又在对谁表达看法？争论内容是哪几条，获胜方能得到什么好处？以上两种方式有所不同，但是都能让你根据自己对重要性的考量收获某种程度的乐趣。

---

## 符号学是一门理科学科吗

　　符号学中既有文科分支也有理科分支。这是一个跨学科的学科。在英语商业领域所熟知的形式下，符号学源于理科且采用的是理科的当代表达方式，比如本书，在一定程度上就是忠实于理科和理性探究的基本原则的。

　　在消费者调研及营销行业，为保住在创新和产品开发上的前沿地位，服务提供方会相互竞争。这会导致行业内的争论，于是产生了一种说法或传言，即符号学的形式过于自由，且过于强调创意，因此需要用科技或理科语言加以挽救。

　　你如何看待这些争论，要选择卷入其中，还是仅仅作壁上观，将其作为一种文化性的因果现象，这本身也是一个需要你做出的符号学决定。

# 新的技术革命会冲击符号学吗

毋庸赘言，近年来人类文化在全球范围内发生的最大变化，就是科技变革，它也是使得这种"全球文化"得以出现的原因。最先对符号学做出思考的学者，都有其各自的专业领域，包括语言学、人类学和形式逻辑学。他们都在 20 世纪早期做了一定工作，而且应该也没有想到，人类生活会在这 100 年间里发生如此巨大的变化。互联网在公共生活中得到普及。消费者涌入互联网，在全世界范围内形成了各种新的关系，产出所谓的"内容"。突然之间，网络文化出现了，随之而来的各种观念、意识、风俗、习惯，都在争相告诉人们在网络空间应该如何与彼此相处。

与此同时，技术本身还在继续前进。智能手机出现了，然后是一系列由互联网驱动（并有赖于互联网而存在）的事物——我们称之为"物联网"。在（很多人当作重要生活工具的）脸书、听得 ①（Tinder）等平台上展示的日常生活的表象之下，是众多其他类型的技术在发挥作用，只是我们看不见。

2018 年，脸书遭受了一次国际性丑闻的打击。一则新闻指出，多达 8700 万名脸书用户的数据被不正当地分享给了剑桥分析（Cambridge Analytica）——一家有政治背景的咨询公司。该事件让消费者大为震

---

① 音译。Tinder 是国外的一款手机交友 App，其基于用户的地理位置，每天"推荐"一定距离内的四个对象，根据用户在脸书上面的共同好友数量、共同兴趣和关系网给出评分，得分最高的推荐对象优先展示。——译者注

惊，很大程度上是因为，大家主要把脸书当成一个维持社交关系的工具，直到此刻才猛然意识到，脸书实际上在靠打广告赚钱。

脸书有一项特殊功能是精准广告投放，因其拥有大量客户相关信息，能按不同的年龄、性别、地理位置、工作、情感状态等向受众发送广告。脸书从来没有对此保密，事实就是，它会为了更精准地投放广告而保存用户数据。2018 年的这则丑闻之所以是丑闻，原因在于信息泄露，而不是因为脸书保存了用户数据。但是那一刻，很多消费者看清了一个现实：技术优势也有其阴暗面。

在商业领域和政府层面，人们都在朝新技术领域狂奔。与此同时，谷歌也出现在了伦敦的市场研究协会的 2019 年度大会上，并介绍了其在增强现实技术上的最新进展。这项技术让我们可以在一层信息上叠加另一层信息，把我们通过智能手机或平板电脑的相机镜头看到的现实变成一种以全新方式与我们产生交互的内容。你可以对其进行标注、改变其外观，或是加上一层视觉提示信息，来帮你指路或使用某种服务。

所有这些科技活动和电子数据，都在一刻不停地记录并最终塑造着人类行为，在影响其他行业的同时，必然也会影响消费者观念和市场调研行业。新的工具和研究方式的出现，是为了满足商业领域对于先进的技术解决方案的需求。情感分析就是一个例子，该工具的出现，是因为我们能通过技术做到这件事，而不是因为我们需要一种新的情感理论。

人种学也变得越来越数字化了。一方面，我们现在能用几年前无法想象的方式看透手握智能手机的消费者的生活。另一方面，当研究设计是由科技而非见解驱动时，这种数字化的人种学正面临着被降级为数据搜集方式的风险，而数据搜集也是调研机构竞争的战场。为了争取项目，他们最后只能依靠对消费者在网上提供的各种内容的搜集规模和搜集速度，而不是基于理论功能做出的原创性的透彻的数据分析。传统的定性研究也在经历变革。品牌方已经发现瓦次普的用处，建起了消费者的瓦次普群组，并直接在群里发问，以获得及时的回复。这必然能给他们带来某些优势，但也让研究机构没有足够时间进行定性分析和思考，而后者是其赖以获取报酬的原因。

正如我们所预计的，跟其他所有事物一样，作为一种为市场人员提供的商业服务，符号学已经受到了科技发展的影响。符号学技术化的最初尝试不可避免地集中在量化方面，因为这是我们可以用现有技术达成的——和很多科技创新一样，它是为解决问题而生的。然而，符号学的技术进步还处于早期阶段。从行业角度出发，我们看待符号学时，思考的仍然是我们该怎样使其适应依然处于初级阶段的技术能力，而不是问我们该怎样发展技术以便能在概念层面上推动符号学的发展。

本章余下内容将稍做展开，进一步讲解面对技术革新和数码时代的到来，符号学应对的三种方式。

## 社交媒体与网络文化中的符号学

符号学和技术的第一次互动是，网络文化出现并成为消费者生活的一部分，这是每个符号学家都不会忽视的。对于全世界大批的消费者和专业研究人员而言，想要查找任何话题的相关信息，谷歌搜索都是首选。去谷歌上搜一下描述战后婴儿潮、X 世代、千禧一代和 Z 世代之间差异的信息图表，你会发现很多相关内容。而且这些内容是把他们按其对科技的使用情况进行了区分（也许是因为没有人能找到其他可以描述年轻世代的方式）。千禧一代还在用脸书，Z世代喜欢用照片墙。越年轻的消费者上网的时间越多，越爱在线上平台购物，越喜欢写评论，越愿意为了更快地获取实际的产品和服务而支付额外费用（Dyer，2018）。

　　人们的社交生活也变了。大家会给所有的东西拍照，特别是自己和食物。旅行方式也变了。那些相对私人的时刻，比如婚礼和新生儿的到来，全都变了，因为"无图无真相"，这已经成了一句俗话，意思是"只有视图证据才能让我们获知事物的存在和发生，使其成为现实的一部分"。好友圈变了，恋爱关系也变了，这些关系的经营方式也变了。我们口中的网络原住民，指的是那些根本无法了解人们在社交媒体账号存在之前是如何生活的人。那时候，电子游戏还没有侵占其他类型的数字娱乐方式，比如音乐和电影（BBC，2019）。

　　对于所有的符号学者以及人种学和语篇分析领域的文化研究同仁而言，这种情况极其令人兴奋。人类发展出了新的存在形式，只需要掌握科技的基本用法，比如发自拍、加关注、当影子写手、美化自己、成为关系营销专家或"网红"来创造一份事业等。由网络文化产生的可用数据非常丰富。有的网络平台最初的设计目的可能是精准的广告投放，但也恰好吸引到了某些消费者。他们围绕某类经验或政治原因生成了强大的、拥有丰富信息的亚文化，如妈妈网和推特。你一旦开始看网络文化相关的人类学和符号学书籍，就会停不下来，还会迅速发现自己已经开始计划做个人项目了。

　　还有一点值得注意，主流的定性研究服务提供商已经注意到线上社群的价值，因此开始在家工作。社群也是可以按照市场调研的目的，像建人工湖一样加以设计的。这种社群通常能够维持几天或几周，它们介于自然生成的线上社群和刻意为之的焦点小组之间；能够产生有价值的网络数据——各种评论、谈话、照片、视频片段、声音文件等内容，只要你能够说服受访者上传。不管你就职于一家或多家机构，还是说，你是独立提供符号学研究服务的个人，这些机构是你的客户，你都可以向他们展示一下从符号学角度分析他们手中的数据能得出什么结果。你可以找出很多符号和符码，唯一的问题是，要弄清楚什么时候不该再盯着网络行为，而是要走出门看看。

## 机器学习和人工智能

现在出现了一些商业产品，试图量化符号学。这些产品还处于发展早期，还在尝试让符号学顺应现有科技发展，而不是利用科技来让符号学发展得更好。现有的科技能做的就是计数：根据图片的视觉特征进行分类整理；有时也可以识别人脸，但经常出错；可以做到最初级的机器学习。机器学习技术可以基于过往经验更好地对图片进行分类整理和识别，最终实现预测。结果是，与调研项目的设计和任务相适应的产品开始涌现。

这些产品通常会聚焦于视觉图像，其代价是忽视了其他类型的符号学符号。此类产品能够根据事物外观和外在的内容将其整理分组，如静态广告，甚至还会进行分组命名，意图通过命名进行阐释。这种处理方式的结果是完全量化的。这类研究的用户或买家能由此制造出具有视觉吸引力的图像，其结果是，30% 的婴儿用品广告都在"象征自由"，或都在传达"哺育"这一核心意义。我们有时候将之统称为"量化意义"。

如果人类能够用符号学做到的只有这些，那就太让人失望了。如果研究人员仅仅是根据各种内容表面上的相似性把一堆堆资料进行分组，而且错误率还挺高，最后却发现自己根本没法说出什么是符码、那些"量化意义"或"核心意义"具体想表达什么，他们就根本无法增加符号在学术或商业上的吸引力。如果人们用符号学只能得出这些东西，那么符号学当初就无法发展壮大，这和本书在前文讲述研究方法时所讲的问题一样。面对那些问题时，有抱负的符号学家努力地表明了和焦点小组调查对象的不同之处，因为后者也很擅长将广告和包装分门别类并命名，而做到这些不需任何符号学知识。符号学一词的意思并非"基本的图片分类能力"，它指的是一整套需要人工操作的技巧，是从纷繁的资料中，从方方面面提取信息，而这些信息是目前我们所能开发出的识别软件还无法识别的。

到底资料中的哪些内容是只有符号学家才可以看出来而现有软件无法识别的呢？我在 2018 年为商业平台领英写了一篇文章，名为"你能做符号学研究而机器没法做的 10 个理由"（10 Reasons Why You Can Do Semiotics and A Machine Can't, Lawes, 2018b）。为什么说人类在阐释文本和符号学符号上要比现有技术强得多？原因如下：

1. 人类对文本极其敏锐。人类研究人员能根据类似的符号学符号的意义，告诉你某个符号学符号的意义；要想具备这种对多样性和高度依赖上下文的灵活性的处理能力，科技还有很长的路要走。

2. 人类研究人员可以理解反讽，这在某些文化中非常重要，包括网络文化。只有知道符号学符号传达的某个信息到底是不是认真严肃的，我们才能知道这个符号的真正意义。

3. 人类研究人员可以识别并阐释仿真。你也许还能想起来，在第五章，我建议大家把查找仿真证据作为自上而下的符号学分析的一项关键技巧。

4. 算法决定了机器的能力上限。机器可以进行经验学习，但它只能学到从当下开始产生的经验，而无法回到过去，重新上一次人类学和艺术史课程。

5. 人类擅长紧跟政治和意识形态的变化。比如"大英帝国""让美国再次伟大"之类的说辞，其中包含的意义和微妙意味都会随着时间的推移和地点的不同而有所区别。

6. 由于符号学和呈现息息相关，人类符号学家对于图像的形式和内容都很敏感。他们可以告诉你，在果汁包装上，正面的橘子如果用实物照片、艺术插图或卡通图片，分别会让消费者对品牌的质量和价格产生什么看法。

7. 人类符号学家可以"存在"自我认知和反身思维，比如会"复古"。如果你想对更具自我意识的时尚群体进行品牌宣传，这一点非常重要。

8. 人类能敏锐地意识到空白、奇怪的静默等在资料中具有含义的、不正常的停顿。这是现在的自动化符号学产品远远无法做到的，自动化产品必须完全依赖可视的、实际存在的事物进行识别和分类。

9. 智能产品不擅长理解人类的肢体语言，因此无法快速、准确地进行视觉评估，而人类可以对遇到的所有人做出这种评估，比如判断某人在某种特定情况下自不自在，他出现在这个地方的原因可能是什么。

10. 最后，自动化的符号学产品无法总结出符号学理论。因为它们不知道什么是符号学符号，无法区分符号和未承载意义的事物；也不知道什么是符码，无法对符码、对行为产生的影响进行功能分析。最重要的是，它们也无法评价现实的表征。如果符号学非得具备某种特性才能和邻近学科（比如人种学）区分开来，那么这个特性就是：符号学特别关注表征的艺术，而众多的意义正是依靠表征得以传达的。如果没有符号学理论，我们对其他人类及其传播内容的阐释能力将会退化到和机器同等的水平。

在上述段落中，我详细解释了为什么科技无法完成符号学研究。我们想让符号学顺应现有的科技发展，其实是在阻碍符号学的整体发展，这会把我们自己禁锢到简单的图像分类活动中。而后者是任何焦点小组都能做得更快甚至更好的事。在讨论科技的最后一节，也就是接下来一节，我会另有侧重。相较于试图让符号学去适应还在发展初级阶段的科技，我们可以反过来问，如果尝试去开发一些能够支持已有的符号学的卓越功能的技术，情况会如何呢？

## 增强现实和其他科技创新

我在 2018 年写了很多关于科技的文章，做了很多相关采访。也有编辑和记者希望我谈谈未来符号学家可以怎样利用科技，我们是否可以发明出符号学所需的工具。当时我只是模糊地想到了两个案例，现在则更清楚地认识到了这两个案例之间的共同之处。第一个案例关于一个已经有数百万用户的技术领域，我们也搜集了很多信息，是关于消费者想如何与之互动的，这些信息有助于我们对未来的产品进行设计。该技术领域就是电子游戏。另一个例子是一种尚未进入人们日常生活的尖端科技——增强现实。众多科技品牌都在思考如何应用这项技术，毕竟消费者在为它花钱之前需要先知道其价值和益处。

电子游戏领域十分有趣，毕竟其全球市值高达1350亿美元（Batchelor，2018）。该产品类别在消费者交互上做得非常出色。关于人们想用科技做什么，该行业已经产出了大量可以量化和定性的信息。原来，人们想用技术实现的远不止无脑的射击游戏。他们想建出能长久存在的建筑，有时候还能展现出非凡的建筑天赋（Minecraft，中文名为"我的世界"，Markus Persson/Mojang制作）；想要讲述徐徐展开、内容详尽、与人类境况相关的故事（The Sims，中文名为"模拟人生"，EA游戏制作）。他们热衷于探索宏伟的版图，喜欢收藏（如育碧游戏发行的《孤岛惊魂》以及各种全开放世界的游戏）。

以上种种非常类似于我们符号学家在工作中想做的事情。我们也在探索一张宏伟的版图，一张关于思维的版图而不是真实的方位图。符号学是一项终生事业，因为它需要我们穷尽毕生去探索，才能详尽勾勒出整个版图。研究者就是在做一项无止境的符号学符号搜集工作。他们要用这些符号来为客户讲述故事，构建高楼。因此，符号学家真正需要的科技产品，和那些电子游戏领域的巨头差不多——在其互为竞争的庞大产业中，那些最受欢迎，也取得了最大成功的游戏，我们想要的产品就需要具备与之相同的品质。

增强现实技术激动人心，虽然它目前对于大部分消费者而言它还很新。人们还没有什么一手体验，但开发者非常热衷于展示对它的应用。谷歌探险项目就是一个处于持续开发阶段的工具，它可以应用于教学领域。在该技术的帮助下，老师可以让学生进行虚拟田野调查，从南极大陆到马丘比丘，去世界各地探索（见 vr.google.com）。学生只需要用手机拍摄全景照，进行编辑后，再通过虚拟现实平台和其他人共享，就可以在上课时自己创建一场虚拟现实探险。编辑层正是让符号学家感到激动的地方。用户可以通过加照片、批注、视频片段等对全景图做标注，使其具互动性。还有一种更明显的应用，是利用该技术让市场研究汇报更激动人心，但大部分的符号学应用还只是为研究人员提供一种注解场景的方式，比如给超市过道或购物商场加注解。这项技术给研究人员提供了一种挑选自己的符号学符号的方式，在开始识别符码、意识形态结构和其他符号学元素的时候，能识别出意义未明的文本，对其进行可视化的标注，并把各种观念碎片搜集或关联起来。

这就是科技可以促进符号学的发展、提升其能力的几种方式。

### 练习 18：科技因素和新的符号学项目

如果在学习本书过程中，你一直在做某个项目，那么学完上一章后，你应该已经准备好给客户或利益相关方做汇报了。现在，你该想想下一个项目是什么样子，提前做个计划了。科技会不会在你接下来的符号学研究方法中占据重要地位？它又会扮演怎样的角色呢？

科技在你的下一个项目中会是怎样的角色？你会不会把重点放到网络文化和线上群体上？你将如何决定自己是否要在项目中纳入各种尚未数字化的资料和分析技巧？你会不会对项目进行部分自动化处理？如果可以，你在项目设计中会注入较低还是较高的科技含量来帮助自己完成符号学项目研究？

拿出你在学习本书过程中一直在用的日志，记下自己的想法。作为一门专业，符号学研究不是坐在家中等客户来提方案的。作为符号学家，你在完成所有研究任务过程中已经拥有了极大的自由。在提升个人研究技巧、开发自己的研究兴趣点的同时，未来的你能做出怎样的项目，在某种程度上取决于你想如何塑造它。

# 新兴市场中的商业符号学

下面我将介绍几种方式，教你通过学习非西方文化和新兴市场（比如印度、中国、拉美）中的商业符号学著作和出版物来提升你的符号学能力。

虽然在英语商业领域最为人所知的符号学是起源于西方的，即欧洲和北美，但相比以往，符号学现在已经愈发国际化。很多国家的研究人员和市场人员都在产出本土生长的符号学成果，并在国际平台上发表，在各种场合发声。全面关注符号学的发展状况，有一个显而易见的好处，就是你能学习到本国以外的国家和文化中的各种内容。你可以了解从消费者生活的种种有趣之处中提取的精华，比如，中国的年轻消费者如何理解孝道和忠诚，或许还能了解印度人所打造的珠宝广告中那些特有的、与众不同的符号学符码。

第二个好处是，你可以接触非西方的思想家，认识那些对西方符号学研究方式该如何提升这个问题有看法的人。比如，在 2018 年于孟买举行的国际符号学大会上，阿尼班·乔杜里（Anirban Chaudhuri）就对西方符号学研究方式提出了有意思的批评。乔杜里指出，在西方，符号学的商业用户一直热衷于使用"失效－主导－涌现"模型，该模型按时间顺序解释了符号学符码的命运。因为人们想利用符号学跟踪并预测各种变化，所以出现了一种流行的比喻说法，即符码会随着时间的推移而经历线性变化。符码一开始都是以全新的、激进的、涌现的方式出现的，在被大众接受后逐渐占据主导，最终又会"失效"并沦为"冗余"信息。"冗余"意味着它们已遭到淘汰，被划到了文化版图之外。如果你会阅读商业著作，应该能够注意到，这和西方商业领域的人士期待中的创新事物的表现完全一致。创新产品会有早期用户，之后会变成主流，最后落后一步的人也都登上了末班车，此时，那些沉着而具有超前意识的消费者早已离开这个市场了。

虽然对西方的研究用户而言，该变化模型非常有诱惑力，但问题在于，它或许并不直观正确，或是无法普遍适用。它可能在一定程度上具有文化特殊性，尤其不适用于解释非西方文化或消费者行为。

乔杜里提出的正是这一问题，和大多数印度符号学作者一样，他指出，印度人看待时间的特殊角度是：时间并不是线性的，而是由诞生、死亡、重生的无尽重复构成的。了解到印度思想对时间的不同处理方式，这也许意味着，西方将时间理解为线性过程的习惯在解释印度的生活和社会上可能不太奏效——甚至完全无用。由此，我们学到了两个层面的知识。

首先是了解了印度——印度人对时间的处理方式很特别。与此同时，我们也会用全新的批判思维方式看待那些在西方被视为正常的符号学研究方式，怀疑其有问题。或许我们的直线思维在他们看来无异于写科幻小说。这种困惑也许令人费解，但也会启发我们去提升和精进自己的符号学实践能力。我们可以用新的方式、带着审视的眼光来看待自己的工作。

接触这些产生于各个国家的关于文化、意义和呈现的作品，能让你了解到众多不同的文学类型。有的可能明显属于符号学，其所用理论和方式并不会破坏西式符号学研究方式的哲学基础。这种文字内容的优势是，易于理解而且适用于全球的英文商业领域。这一领域就是喜欢用大众化语言、直线思维和理性阐释。

有的作品或许也属于符号学，但其对理论和方法采取了明显不同的应用方式。如我们所见，在追溯社会变迁时对时间的看法和隐含意味，乔杜里的理念和印度文化就大不相同。你还可以看看一本具有突破性的杂志——《中国符号学研究》（Chinese Semiotics Analysis），上面通常会发表一些挑战西式思维和做法的文章。

在"中国符号学及其未来可能对一般符号学理论产生的影响"一文中，李幼蒸又发展了这种理念——符号学本身就是文化的产物，通过"非西方的或东方的符号学"的发展，其作为一门学科也可以得到提升。这篇文章发表于《中国符号学研究》第一期，它为现已创办了10年的杂志铺开了舞台，让众多来自中国和其他文化的作者能共同开创出具备国际关注度的符号学新局面。为服务国际读者，《中国符号学研究》已经推出英文版。你可能还会对国际符号学研究协会及其开办的世界符号学大会感兴趣。该大会迄今已举办了14届，2019年将在阿根廷举办。该会议主要还是学术会议，会特地囊括来自日本、拉美、俄罗斯、芬兰和其他国家和地区的各种国家级或区域性符号学学派参与其中。

你看到的文字内容，不是明确地从符号学角度出发探讨各个国家的文化、意义和表征，但会有教育意义和实用性。特别是读到人类学和人种学调研成果时，你会大有收获。我们知道，人种学和符号学并不相同，人种学的摄像和行为对所述主体采取的视角与符号学不同，但又和符号学紧密相关，所以你也不能错过这门学科。

你可以着手创建一个书单，建议参考颇具威望的伦敦东方及非洲研究学院在网上列出的人种学课程，从中你可以看到有很多本章尚未提及的研究课程，与东西非、日本、中东等世界其他地区相关。在该学院推荐的书单中，你可以看到很多有用的论文集，比如《非洲视角：身处文化、历史和表征中的读者》（*Perspectives on Africa: A Reader in Culture, History and Representation*，Grinker、Lubkemann and Steiner，2010）、《日本人类学指南》（*A Companion to the Anthropology of Japan*，Robertson，2005），以及该学院出版的原创研究杂志，比如《非洲文化研究杂志》（Journal of African Culture Studies）。还有各类文集，可以让你对特定地区的研究迅速走上正轨，为你的研究设计提供信息。虽然符号学和人种学有所不同，但符号学家在看人类学和人种学文献上花的时间也绝不会是浪费。

# 展望符号学未来

如果你是从事符号学的专业人员，你总会被问到两个关于未来的问题，而你可以利用第五章中介绍的自上而下的符号学分析技巧来回答。第一个问题，关于你所负责的商品类别的未来发展趋势和新兴符码。如果你对社会变迁的见解能吸引到他们的眼球，他们又会问你第二个问题，关于人类、文化以及同等宏大的概念的未来。

## 我所在的行业有什么新兴符码

购买和使用符号学研究服务的人会询问某一行业中符码的变化，这是可以理解的。他们想知道在前进的路上会出现什么样的观念、价值和设计趋势，比如酒水、运动或零食行业的近期前景如何？如果你的项目涉及识别符码及其功能，即由这些符码支撑起的现实规范和情况，那么你要能按其出现的顺序——进行识别。如果你在分析时手中握有历史材料，那么它能带给你莫大的帮助。幸运的是，获取能展示品牌和产品类别变迁的过往广告案例并不困难。你很快会发现，你能形成一幅由符码组成的视觉图景或时间线，展示"母婴""小吃""休闲"等观念是如何随时间发生变迁的。符码会随着观念的改变而改变。由于符码变了，使用符码的品牌和宣传活动也会经历从流行到衰败，最终被其他品牌和宣传活动取代的过程。对于那些对从前、现在和未来的线性故事非常感兴趣的客户，我会针对该产品类别，用图 11.1 的模型图来传达自己对时代变迁的看法。

如果你的客户看重这一点，而你也想在分析成果中传达关于时代变迁的故事，你就能用上这个图。如果你有五六个符号学符码需要进行图示，你可以先找出最具主导性的两个，即在你做研究的当下，传播最广且对消费者最有影响力的两个符码。把它们放到中间，然后把剩下的符码根据其现在处于涌现状态还是失效状态放到两侧。

我在本书中尤其强调自上而下的研究。你如果做过一些自上而下

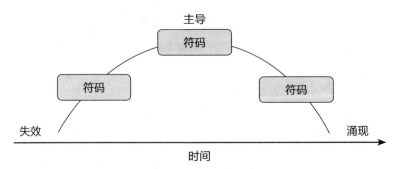

图 11.1 展示符码随时间变迁的工具

的思考，就应该已经具备一定的阐释能力，来说明你的符码为何存在，在社会中可以达到何种目的和功能。所以你能很好地向客户解释你为什么会给出这样一张图。你不仅能够描述这些符号学符码变迁的状况，还能指出其中的原因和影响，并对未来的发展给出有依据的预测。你的那些关于权力、意识形态、历史、政治和经济的自上而下的研究题目，都将为你提供你需要的见解。

## 未来等待大家的是什么

如果你讲出了一个关于时代变迁的好故事，大家还会让你展开讲一下。人类会何去何从？我们对当前的社会变迁应该做何考量（而社会总在变迁），对未来应该有何期待？

在第六章末尾，我介绍了如何用树状图表述那些关于社会和意识形态层面的大范畴变迁的自上而下的观点。树状图比图 11.1 的简单弧形图要复杂，因此对于忙碌的客户而言也更不好理解。其优势在于，能够纳入在同一时期发生的多种变化，而越大的枝丫所容纳的概念范畴越广。树状图能更好地帮助我们生成对所处社会及其未来发展的格局更大的想法或答案。而且经过一段时间的符号学实战后，你也会不可避免地往这一类型的课题发展。

我强烈建议你画出自己的符号学树状图，对社会变迁和我们可能面对的未来得出自己的观点。我不想影响你的研究，没准你自己马上就能有重大发现。我只能说，你或许可以考虑以下主题，比如虚拟现实、生物科技以及人类逐步转向实时信息流的当前变革。有的作者谈到过超人类主义（Ranisch, Sorgne, 2014），它仿佛是一个利用哲学把我们从身体中召唤出来的过程。据我观察，这项工程从 1990 年代开始就在西方文化中逐步拉开了帷幕。我把问题交给你们自己，请自行决定要怎样应对这些话题，你对什么样的未来最感兴趣，这样的未来会发生在世界上哪个地方？

　　本章内容涉及较大范畴的话题和观念。在你把脑中关于世界上的各种文化、我们在历史上所处的位置等内容整合到一起时，你会生出一种极度的渴求，想要更多地了解符号学，提升自己的符号学研究能力。下一章，我会尽我所能地为大家分享如何才能保持这种势头，持续地提升自己的技能。

# 第十二章
## 激发符号学灵感的
## 七种途径

第十二章
**Chapter Twelve**

如果你读到了这里，那么我希望你因为自己能够用符号学做到的事而感到兴奋。符号学研究可以成为一个持续终生的项目，你可以从中收获新的见解和经验来充实自己的头脑，从而培养更强的分析能力。本章不是要给你列书单，也无法穷尽所有能激发你思维的事物。这是一份精心整理的指南，可以为你介绍我接触过的各种媒介和我千方百计获得的种种经验。我之所以追寻这些媒介和经验，是因为我发觉，它们能增加我对世界各地文化的常识储备，能激发我的创造力和分析思维，有时还能解答某些符号学问题。我在此与你分享这些收获，目的是让你能设计自己的行动计划。

如果你接受了这种研究风格，将之当作一个持续进行的项目，那么你从中学到的所有东西迟早会在商业实践中有用武之地。我会在本章给出很多案例。你可以根据自己的情况进行学习，量入为出，也可以在学习列表上自行添加内容，但要确保按计划行事。只要能进步，用什么方法都是可以的。

本章将介绍以下七种获得灵感的方式：

1. 产品设计和架构。

2. 视觉艺术和图像设计。

3. 娱乐媒介：电影、电视、游戏。

4. 小说。

5. 报刊杂志和其他非虚构内容。

> 6. 社会科学和人文学科。
>
> 7. 旅行和其他亲身经历。

# 第一种：产品设计和架构

我和桃乐茜（Dorothy）一起待了一天，下午也快要结束了。我们还在一家大型百货店的家居区转悠，桃乐茜指给我看很多符合她品位的东西。从我多日来所做的消费者研究来看，这是我听到她说"怪"的次数最多的一天。我渐渐明白了桃乐茜在赞扬某种居家用品时的想法。在我们逛街的过程中，一套刀叉或碗碟很容易被她归为以下三类。

## 正常

这类物品可能很高级或市场价格是多数人负担得起的；不论什么情况，它都具有一脉相承的传统设计和经典的好品位。酒杯就是标准酒杯的样子，餐盘就是白色的圆盘。这类物品不对桃乐茜的胃口。她想找的是有点不一样的玩意儿。

## 极端

这类物品都是很新颖的，不管什么设计风格，都得是其中的极端案例，而现代主义风格尤甚。比如不对称的、带尖角的餐具。结构非常新颖前卫的容器，可能会让购物者一眼看上去不知道该怎么用的那种。这又有点超出了桃乐茜的舒适圈。

## 搞怪

恰到好处地位于"正常"和"极端"二者之间。这是桃乐茜的"乐园"。不论是装饰性的茶碟、面包盒还是调料架，只要产品能显示出足够特别的设计感，能突破"正常"的界限，但又不过火，就能让桃乐茜看了开心。通常来说，只要能打破一些常规的设计特征就够了。

那天下午，我从桃乐茜身上看到了她对消费主义有多么热衷，她对归属感的需要，以及她对周围和家中事物的品位。她搜集了很多有趣的东西，相较于传统风格，她更喜欢温和的现代主义风格，这样不会显得过于突兀或招致负面评价。我们可以从中得出一些见解，这些见解不仅对家居用品的制造者，对所有想要得到启发的人也都有用。

并非每一项创新都得让社会发生天翻地覆的变化。有时候，你只是想让消费者放弃以前常买的东西，转而选用你的新产品。很多人和桃乐茜一样，喜欢购物和尝试新兴事物，但不喜欢过于激进的改变。为了满足这种保守而谨慎的实验性消费者，你可以识别出那种适用于自己的产品类别的设计传统，选择打破其中一条就行。不用一股脑地全然推翻它们，一条足矣。

虽然大多数消费者对设计并没有很深的认识，但你自己对它的兴趣有助于符号学研究。当你在市场上见到值得关注的物品和产品时，你对设计的了解能给你更多的阐释性材料。你可以去看设计展或阅读业内杂志，如《设计周》（*Design Week*），以此了解产品和家具、艺术和建筑是如何融为一体的。一段时间后，你就能认出稳固的美

式夏克（American Shaker）家具，艺术装饰风，如由费奇（Fitch）[1]
为英国度假村布特林（Butlins）设计的室内泳池（见《达乌德》，
Dawood，2019年），现代主义风格的本世纪中叶的冰箱、法国新艺
术派的台灯。你能认出伊斯兰艺术品中精致的几何图案，理解在某些
文化中地毯的重要性，知道为何身处这种文化的人喜欢在家里光脚，
也能理解为什么人们在夏天会用印度农民用的那种椅子一类的藤编家
具（Nandan，Gupta，2018）。

　　建筑与设计关系密切，本书也有提及。我提到过美国、德国、泰
国等地的建筑。虽然能够亲自参观各种伟大的建筑物是一种荣幸，但
当你发现自己身处一个陌生的城市时，你也能通过看展、看建筑相关
的书籍来增加对建筑的知识。我对建筑为数不多的了解，帮助我给出
了很多精彩的符号学评论，从消费者的浴室装置到商场的购物体验，
不一而足。

# 第二种：视觉艺术和图像设计

　　艺术作品和图像设计是一个倾注了人类心力的宽泛领域，这些设
计能向你展示无数珍贵的、他人难以想象的看待世界的方式。本书篇
幅有限，所以我会挑选一小部分经历进行分享，这些经历给我带来了
巨大改变。

---

[1]　Fitch 由罗德尼. 费奇（Rodney Fitch）创立于 1972 年，并于 1982 年上市——
世界上第一家通过上市方式得到认可的设计公司。——译者注

### 朝鲜的图像设计

朝鲜的图像设计使人陶醉，有时候很美，展现出一种迷人的胜于现实的奇幻之感。相比于照片，朝鲜的图像设计更钟爱绘画和图示。从政治画报到比目鱼罐头的标签，都采取了一种纯真且完整的风格，线条简单，色调明亮。带笑的工人、家庭主妇，奶牛和西红柿，所有的一切都仿佛属于某个冻结的时空。1948 年，为了不受外界影响，朝鲜民主主义人民共和国的开国元首金日成关上了朝鲜的大门。在文化上，它亦如同一家闭门谢客的店铺。因为未受西方乃至全球的设计潮流的影响，其日常生活中的设计风格像是被一个个时间泡泡捕获定格了。糖果盒子装饰着色彩浓重的艳丽玫瑰，像是产自 1953 年，但实际生产日可能是 1953 年至今的任何时间点。明信片展示的国家建筑和农场，采用的是简单的多角形，和苏联的现代主义设计相仿。各种画面上总是阳光普照，田野碧绿，蓝天白云。就算是战争场景，他们也处理得既壮烈又尽量平和，既惊险又能给人以安慰。如果一个品牌想要表现自己的没有威胁性、温馨怡人，或想采用一种 20 世纪中叶的复古风来吸引西方消费者，应该从该地区的设计中找出各种珍贵的符号学符号。

尼古拉斯·邦纳（Nicholas Bonner）是一位朝鲜图像设计收藏家，他在几十年间到访朝鲜很多次，并于近期展出了自己的收藏，展览名称为"朝鲜制造：朝鲜日常生活中的图像"（North Korea: Everyday Graphics from the DPRK），它最近的成品还有一本同名书籍（Bonner，2017）。该展览还有线上资源（Phaidon.com）。

## 亚瑟·贾法

亚瑟·贾法（Arthur Jafa）是一名非裔美国艺术家，他的 7 分钟长的影片《爱就是讯息，讯息是死亡》（*Love Is The Message, The Message Is Death*）从 2016 年制成后就在各艺术影院巡回播放。这是让人撕心裂肺的 7 分钟。影片是对非裔美国人文化由心而发的真实写照，是对我们失去的人的一首挽歌。它记录了极具天赋的诗人说唱艺术家克里斯托弗·华莱士（Christopher Wallace）罕见的早年事迹，他在 24 岁死于枪杀；记录了奥巴马吟唱《奇异恩典》（*Amazing Grace*）的画面；记录了马丁·路德·金二世，还有那些满心恐惧、默默无闻、经历着警察暴力侵扰的平民成人和儿童。这是一部黑人电影，黑人成功的路径只有成为运动员和演艺人士，虽然这些名流备受美国主流文化推崇，但针对黑人的种族主义和暴力行为依然存在。

这部影片收获了巨大的观影量。在艺术论坛网站高敏（Hyperallergic）上，瑟夫·罗德尼（Seph Rodney，2017）描述了自己在一家艺术影院的专设场地的大荧幕上观看该短片的经历。他说，影片结束时，所有人都一动不动。每个人都稳稳地坐在自己的座位上。然后影片重新开始放映。他还告诉读者，所有人都应该明白一点，看这部电影时是可以哭的。看到这个建议时，我觉得很满意，虽然它来得有点晚了。我已经看了，而且哭得难以自抑，花了 30 分钟才平静下来。内特·弗里曼（Nate Freeman）也在《艺术新闻》（*Art News*，2018）上对这部影片进行了深度探讨。弗里曼也指出，他观看该影片时，大家都哭了。很难想象有人无法从中获益，而我要把它当作符号学家的必看影片来推荐，如果你对视觉传播和情绪作用之间的关系感兴趣，那就一定要看。

## 安德烈斯·古尔斯基

安德烈斯·古尔斯基（Andreas Gursky）是一名德国当代摄影师，他最为人称道的是大幅群像作品，或是其拍摄的人工环境、城市文化或自然环境中的多人互动场景。在 40 多年的职业生涯中，他拍出了极其细致的亚马逊后台工人巨幅全景图、芝加哥商品交易所的金融交易员群像、朝鲜人的典礼体操表演、一家大型 99 美分店内的购物者群像。他拍的购物者照片能为商业符号学者提供最直观的教学，而他所有的照片都对人类境况给出了这样或那样的见解。

《99 美分》（99 Cent, 1999；99 Cent II Diptychon, 2001），是一张展示超市内部的照片，视角自天花板的监控摄像头出发。超市沉浸在一片人造灯光中，没有任何自然光源，没有窗户，超市内没有钟表，畅通的走道从巨幅照片的一边延伸至另一边。画面中也没有门。让人感觉无法从超市中逃脱。

摆着货物架的走道两边塞满了包装好的商品，多数是食品、零食和碳酸饮料。我们可以从前景中看到奇巧（KitKat）和罗洛（Rolo）之类的品牌。和货架齐平的所有品牌仿佛都在喧嚷中吸引人的注意。走道上有几个购物者正在查看商品。从这个角度看，他们就像是掉进迷宫里的老鼠，一场物理实验中无知无觉的小东西。他们是购物者，在动用自己的自由意志，享有挑选的自由，完全沉浸在自己的任务里。这个艺术作品可以传递的一个信息是，人们的自由是虚幻的。不论你是对自由意志还是面向消费者的经销感兴趣，还是仅仅对货架上出众的包装设计感兴趣，这张照片都不容错过，它是世纪之交具有决定性意义的照片之一。

# 第三种：娱乐媒介：电影、电视、电子游戏

和上一节谈到的艺术一样，本节也有一整个世界等待着探索，该领域涉及的文字内容不多，我只介绍一些在我的符号学之旅中不容错失的事物。

## 日本惊悚片

《切肤之爱》（*Audition*，1999）是一部由三池崇史（Takashi Miike）导演的日本惊悚片。影片讲述了一对情侣的故事。一位是中年丧偶的男子青山重治，另一位是内心苦闷的年轻女子山崎麻美。青山爱慕着山崎，同时也在欺骗她、物化她。山崎看似美丽而脆弱，实际上却是一个残忍的凶手和虐待狂。她也对这个爱人实施了报复。

西方文化一直以来都青睐惊悚片。近几年我们沉迷于僵尸，这类形象在无数的小说和电子游戏中出现。如果你是西方人，你可能认为自己知道惊悚片该是什么样。如果是这样，你可得好好看看日本惊悚片，它不仅能带你认识日本惊悚片，也能让你见识到自己在家里可以产生多少惊悚感。

西方惊悚片非常强调动作。故事节奏快，惊悚元素非常具象，如互咬的僵尸，拿重型武器互殴的人。严格说来，僵尸都算不上自然产物，它们通常被用来隐喻现实世界中的问题，如从众心理、疾病的肆虐。相反，日本惊悚片更多是关于心理逻辑方面的惊悚和悬疑。当中可能有冗长的梦境、幻境、人物幻觉和超自然元素，比如日本传统神话和民间故事中的鬼怪。

　　《生化危机》（*Resident Evil*）系列电子游戏，由三上真司（Shinji Mikami）和藤原得郎（Tokuro Fujiwara）为卡普空（Capcom，1996－2019）制作，是东西方文化的一次碰撞。该系列游戏富有日本特色，比如其中那些玩家必须解开的谜题、错综复杂的故事情节，还有让西方玩家兴奋的僵尸角色。日式惊悚会让符号学家生出疑问，为什么人们会害怕某些特定事物？它也表明了日本人所推崇的扣人心弦的故事讲述理念和西方惯用的手段有何不同，对所有广告从业人员或想要讲好品牌故事的人来讲，这都是极具趣味性的。

## 美剧中的道德困境

　　《绝命毒师》（*Breaking Bad*，2008－2013）是一部背景设定在墨西哥的犯罪剧集。这是一部新西部片，意思是，曾风靡一时的西部片（里面都是19世纪美国狂野西部的持枪牛仔）的一种当代演绎。现在，西部片已经不那么流行了，而美国西南地区也不是电视观众熟悉的故事背景地，观众早已见惯了将繁华的纽约或洛杉矶等作为故事发生地。除了复兴西部片，《绝命毒师》还带回了一种美国传统，那就是巨幅风景画，只不过这次是用摄像机进行捕捉。风景画在美国历史上有重要地位，这是白人定居者描绘新家园的方式。广阔而色泽饱满的天空，红色岩石地形和仿佛无尽的黄沙，从另一个角度看，这也是对白人定居者心中那种永不止歇的可能性和野心的一种视觉隐喻，同时，头上的广阔天空、脚下的漫漫黄沙和压抑渗人的高温也为《绝命毒师》的主角建起了一座无形的监牢。

　　近乎毫无限度的自由和严密的束缚是剧中角色面临的核心道德困境。这个故事讲的是，一名看似温和有礼、遵纪守法的化学老师，如何在几个月中逐渐走向道德败坏，变成了一名令人闻风丧胆的毒枭。反英雄主义的主角沃特·怀特（Walter White）身上的束缚是，他到了癌症末期，快死了。此外还有家庭的压力：如果不能想到保护家人的办法，在他死后，他的家人就会穷困潦倒。而怀特对自由的体验也来自癌症。他知道自己将不久于人世，于是挣脱了那些教人谨慎行事、遵纪守法的道德自抑和外在约束。他开始自己熬制脱氧麻黄碱，最后还给自己找到了正当理由去消灭那些阻碍自己做生意的人。

除了自由和束缚，《绝命毒师》的主题还包括家庭的意义和一个人明辨是非的能力。这些主题和电视剧《黑道家族》（*The Sopranos*）和《护士当家》（*Nurse Jackie*）一样，这些作品都是当下最优质美剧的代表，它们满载着对这个国家的文化和道德价值观的见解。对于美国或其他地方的符号学家来说，这些都是丰富的研究资源，能够让人清楚地看到在美国消费者眼中什么才是重要的。

# 第四种：小说

布兰奇夫人（Dame Blanche）是荷兰、比利时地区的一道甜食的名字，这道美食并不复杂，就是香草冰淇淋配上奶油。我是在荷兰做德国餐饮文化研究时知道它的。关于德国烹饪，我们需要知道的是，这是一个相对平淡的菜系。虽然在特殊的庆祝场合还是会出现繁复的甜品，但日常的德式烹饪都比较低调，通常就是肉配土豆，只有两三种配料的炖菜。这和法式烹饪大不相同，也证实了一种德式思维，那就是，直截了当好过花里胡哨。

在荷兰时，我抽空阅读了德国作家赫尔曼·科赫（Herman Koch）

的小说《晚餐》（*The Dinner*，2009）。这本书在欧洲售出了 100 万册，主要讲的是两对中产夫妇的困境。其中一位丈夫叫泽格（Serge），是一名野心勃勃的政客，正要参选。但是，两个家庭的两个正值青春期的儿子惹上了案子，而且消息被泄露了，此事就需要他们担起身为父母的责任了。书中多数情节都围绕两对夫妇一起别扭的共进晚餐。两位男士是关系不太好的兄弟。另一位叫保罗（Paul），本书正是站在他的视角进行讲述的。他对泽格的评价十分尖锐，不存在丝毫讨好。在保罗看来，泽格就是典型的"卑鄙无耻的荷兰人"。泽格总觉得只要是自己喜欢的人，肯定就会喜欢自己。他只看得到事物的表象，却看不到表象之下的东西。

通过保罗这个人物，作者科赫再三地把话题拉到食物上，只是为了强调泽格和其他人的失败。从保罗的角度看，泽格就是那种会对法式乳酪高谈阔论，吃的却是布鲁西干酪的人，而在保罗看来，后者只是糊弄没见识的老外的假货。

到了在这家高级饭店吃甜点的时候，泽格点了布兰奇夫人。这是"因为他的想象力着实有限……实际上，能在这个地方的菜单上看到这么直白的一道甜品，我都惊呆了"。

当然，这部小说中也有反转，之后读者会发现，保罗此人比泽格更加道德败坏。然而，对于那些对德国饮食文化感兴趣的符号学家来说，不管最后谁是故事中真正的坏人，本书提供的信息已经够多了。科赫非常了解德国人和法国人对食物的看法。乳酪、甜点、总有土豆和肉汁的餐饭，都是强有力的符号学符号，这些实物向我们展示了角色对正常行为的看法和他们的各种小偏见。用维基百科搜索"德国菜"，你会看到对布兰奇夫人的平实描述及其做法，但它不会告诉你这道甜品的含义，以及它可以传达什么意境。如果你因为符号学研究工作而需要旅行，请读一点当地流行的小说。你如果想了解其他年代的人，就读他们那个时代读的小说，这些小说描绘的就是他们眼中的世界。

　　我不觉得一个文化上势利的人可以成为精通符号学的人。我们没必要因为有足够的理解能力，就逼自己去读那些艰深的文学作品。如果你想了解当下消费者的想法，就去看他们看的东西。如果你确实需要看那类完全不符合自己品位的小说，可以看看对这类小说的评论和相关讨论。不管是由前电视制作人及其同人作者詹姆斯（James）所著、卖出了100多万本的《五十度灰》（Fifty shades），还是丹妮尔·斯蒂尔（Danielle Steel）的作品，言情小说都是所有书籍类别中卖得最好的。斯蒂尔写了146本小说，是有史以来销量最高的小说作家之一。我不爱看言情小说，我决意不对这类作品"另眼相看"，读了两本分析该领域的作品，获益匪浅。一本是《五十位作家评〈五十度灰〉》（Fifty Writers on Fifty Shades），这是一部针对《五十度灰》的书评集，编辑是洛瑞·珀金斯（Lori Perkins，2012）。另一本是珍妮丝·拉德维（Janice Radway）写的《阅读浪漫小说》（Reading the Romance，1984）。本书是一部社会学范本，它对一种未得到充分调研的现象进行了研究。拉德维采访了几十位美国工薪阶层的言情小说读者，然后分析了他们的阅读习惯和喜欢的作品，这一行为令人尊敬，而且在学术层面也成果斐然。

　　如果某部文学作品在消费者中很流行，那就读读看，或者至少看看与之相关的信息。小说中的符号学符号和与之相伴的符号学分析太过丰富，因而不容错过。

# 第五种：报纸杂志和其他非虚构作品

我喜欢记者写的书和其他面向大众的非虚构文字，我们研究的很多消费者也是如此。在出版圈，非虚构作品被认为是受欢迎且能赚钱的那类出版物。在文学和学术圈，这类作品则令人忧心甚至遭受蔑视。山姆·里斯（Sam Leith）是《旁观者》（*The Spectator*）杂志的文学编辑，他2018年在《卫报》（*The Guardian*）上发表了一篇评论"为什么越来越多关于纳粹和未来的书让我灰心"（Why yet more books about Naris and the future make my heart sink）。对这个在他看来过于膨胀的类别，他感到绝望：

大量书籍自信地对未来做出预测，提纲挈领地解释了我们是如何走到此时此地的（全都和基因、某种商品或是十二场关键战役相关），或是承诺会用读者友好的方式用短短 356 页纸囊括人类的境况，让你轻松掌握宇宙的基本规律，或是给你一个能改变个人命运的万能公式。

有的作家，特别是学术领域的作家，有时候不喜欢流行的科学技术以及科技报道，因为这种文字通常不讲研究方法（评估研究是否有效的关键一环），而是将之弱化成一桩奇闻轶事，或者总是有失客观。对我而言，想要在了解和认识到这些批评后，还不至于放弃报纸杂志和非虚构作品所传达的内容，办法就是，把这类文字整体当作另一种虚构作品。你可以回想一下前文讨论过的符号学家的困境，即如何对待或许会有趣的文字。你可以将其当成对这个世界的真实评价，因此也是一种阐释性材料，或是把它当成一种文化产物，因而需要对其进行符号学研究。对报纸杂志以及面向大众的非虚构作品，我偏向于采取第二种策略，这种文字不必去适应学术研究的条条框框。

把非虚构作品处理成一种虚构作品，让我有机会领略奇闻轶事报道的另一番乐趣。奇闻轶事是一种新闻报道风格，人们会期待作者进行有深度的分析，但不一定非要保持客观。作者可以成为与自身相关的故事的一部分，并以第一人称向读者讲述作者的切身体会。芭芭拉·埃伦赖希（Barbara Ehrenreich）是一名美国记者，她隐藏自己的身份去调查低收入工人的生活现状，为此她做过酒店客房服务员、家政女工、售货员等工作。《五分一毛》［*Nickel and Dimed: On (Not) Getting By in America*, 2001］这本书详细记录了她在这几个月中如何挣扎求存，由于工作收入低、社会地位低，经历了怎样的身心压力和日常羞辱。此书为西方的贫困文化纪实调查设立了一个标杆，其后出现的优秀作品包括波莉·汤因比（Polly Toynbee）写的《努力工作》（*Hard Work*，2003）和更近期的詹姆斯·布拉德沃思（James Bloodworth）的《雇工：卧底英国低收入群体六个月》（*Hired: Six Months Undercover in Low-Wage Britain*，2019）。他们共同为身处富足的英语国家的贫困劳动者绘就了一幅生动的群像。

除了《五分一毛》，埃伦赖希还写过十几本书。在《要么笑要么死：正向思考如何欺骗了美国和世界》（*Smile or Die: How Positive Thinking Fooled America and the World*，2009）一书中，她以自己所患的乳腺癌和由此与医疗服务系统产生的联系为立足点，发起了对正向思维言论的批判性研究。在我思考如何向大家介绍这本书时，我原本很想说这本书"很有勇气"，但我没这么写，因为作者要批判的正是这样的情况，她说：没得癌症的人就是这样，居高临下，用激昂的语言鼓励患者，最终对其进行压迫。她说，抗癌才不是一场战斗，你无法用正向思维斗志昂扬地战胜癌症。还有，引发全球金融危机的可能正是这瘟疫般毫无保障的正向思维。这类文字会把你引向更多与之相似的内容，最后你几乎会看完所有关于低收入工作者、正向思维、纳粹、Z世代等恰好被呈现到你眼前的话题。这并不能让你成为这方面的专家，但能让你成为另一种专家，即，你会熟知这类文章的写作方式，而写作方式正是需要我们用符号学研究的那类事物。

# 第六种：社会科学和人文学科

作为符号学生命之源的学术领域每年都会出现新著作。心理学、社会学、社会语言学、人类学、文化研究学、社会地理学、历史和哲学，都会给出越来越多我们穷尽一生也无法学完的教学内容和更刺激的知识探险。当我研究自己在该领域的阅读习惯时，我认识到，学术研究所展示的对人们的行为、人们如何应对压力的解释力很吸引我。人们承受压力时，会表现出情绪，个人的自身价值会变得重要，这个人会试图整理自己的社会关系，调整自己在世界上的位置。如果你要向消费者推销什么，你其实是在向大众做推销。你只需要仔细观察大众是怎样应对具有挑战性的环境的，就能学到很多跟消费者相关的知识。

如果你关注政治或政见辩论，也许你已经注意到了，当人们遇到和自己坚信的观点相悖的证据时，通常会变得更坚持自己的主张，而不是发生改变。你可能觉得这难以想象，如果想更多地了解这是为什么，你可以看看传奇社会心理学家莱昂·费斯廷格（Leon Festinger）与其同事亨利·里肯（Henry Riecken）、史丹利·沙赫特（Stanley

Schachter) 合著的《预言失败时》(*When Prophecy Fails*)。该书首次出版于 1956 年,时至今日,其阐释力也丝毫未减。你如果听说过认知失调,那其实你早就遇到过费斯廷格了。认知失调是一个运用广泛的心理学术语,它描述了我们在同时持有两种相悖的想法或认知时会出现的不适状态。《预言失败时》介绍了作者领导的一组研究人员设法加入美国一个小型末日崇拜组织后发生的事。该组织坚定地认为世界末日即将到来,还指出,确切日期就在几个月后,到时候会出现凶猛的洪水,外星人会用飞行器把该组织成员接到安全地带。不用多说,不管是洪水还是外星人,最后都没出现,而为了应对这种与预言不符的情况,很多该组织成员又强化了自己的信念,而不是放弃了它。有几个人还进行了更多的传教活动,并加倍努力地把自己的信仰传播出去。

费斯廷格对这种情况的分析有很多有趣之处,其中一点是,他对这些人的分析结果各有不同,这种差异取决于,在有明确证据表明世界并未毁灭之后,他们是否能得到团体成员的支持。那些没有社交关系做支撑的人,在之后几天里倾向于放弃自己的信念,要不就是带着怀疑和迷惑的态度继续相信。而那些在该关键时期能从团体成员那里获得大量社会关系支持的人,就会沉浸于这种仿佛无懈可击的理念中,还会更加坚定地向其他人传播该理念。符号学家对《预言失败时》一书最感兴趣的地方,不是其认知心理学价值,而是其中的社会行为,特别是交流模式。对研究消费文化的市场人员来说,这些内容吸引人的地方在于,在面对与自己观点相悖的事实时,人们是如何保有并坚持自己的观点的,在这些信念得到社会支持后,这些人如何变成了特定观念的大众宣传员。也难怪各个品牌都热衷于在自己的用户中建立社群，因为这样才能更好地塑造死忠粉丝。

时间往前推进 50 年，我们来看看那时学术界又出现了哪些激动人心又极具说服力的著作。《爱，为什么痛？》（*Why Love Hurts: A Sociological Explanation*）出版于 2012 年。作者伊娃·伊卢兹（Eva Illouz）研究了法国、美国、以色列、德国等国当代人在爱情中经历的失落与痛苦。对 20 世纪战后西方文化强调个人主义、导致"性格"让位于"个性"的过程，作者进行了一番充满见地的评论。她介绍了人们在爱情选择的博弈上有何变化。曾经，恋爱中的推力是女性的保守——谦虚和对婚前性行为的拒绝。而后来，这股势力变了，变成了男性的欺瞒。

伊卢兹说，上述观点的证据是，大量现代观念的出现，比如"承诺恐惧"以及现代文化中的一些做法，比如人们会表现出对爱情的失望。如果你在和网上认识的人约会，觉得失望了，你可以闭口不谈，不再多想，也可以选择和其他人讨论此事，把它发到自己的博客上，用能被当下文化理解的语言做一番解释。在 2019 年，你可能会改一下自己在听得上的状态，说一些诸如"不想猜来猜去""戏别太多""厌倦了心碎"之类的话。你还可能开始用一些心理学概念来解释自己的经历，如"心理相容"。你可能会有存在于某些地区的特有观念，比如"美国白人"认为浪漫的伴侣应该在彼此面前完全透明，没有秘密。说到在爱情中让自己失望的事时，你可能会将问题说成他"玩儿消失""用假身份骗我""对我进行心理控制"。其中一些问题在一个世纪前并不存在，在非西方文化中也没有。有的问题甚至是近 10 年到 15 年间才出现的。

伊卢兹提出的这些看法各有其有趣之处，因为它们能揭示人的某些面向，揭示某些当代全球最畅销的爱情小说中的一些现象。如果你贩卖的是娱乐内容，或是在销售某种疗法或自助教程，或是要推销自己的平台，比如听得，在吸引那些想恋爱的人这方面，伊卢兹的作品显然是能发挥作用的。更重要的是，如果你是广告从业者，或是想讲出一个能吸引大众且针对恋爱中的人的品牌故事，那么《爱，为什么痛》能为你打开一扇窗，告诉你一种大众化的而非私人的经验。

## 第七种：旅行和其他亲身经历

你度过的最不平常的日子是什么样的？你有没有曾经出现在一个出乎意料的地方，或是遇到过出乎意料的情况？你是怎么做的，又是怎么应对的？我从没想过自己有一天会去迪士尼主题乐园玩，毕竟，如果我想给自己放个假，我通常会选择那些有历史建筑、没什么小孩的地方。话虽如此，我还是和一个年轻的亲戚一起在佛罗里达的迪士尼世界度假区玩了整整一周。这是一次彻底的沉浸式体验：我们住在度假区的高端酒店区的一家波利尼西亚主题酒店。我们去灰姑娘的城堡前拍了照，当时工作人员还热心为我们示范了怎样摆出戏剧性的姿势。我们惊讶于一场迪士尼电影人物的盛大游行，虽然游行的人物我只认识几个。我们一周内只出去一次度假区，还是偷偷去了与该度假区竞争的环球影城，这座影城就在路的另一头。那时，我已经彻彻底底地在迪士尼的迷你世界中浸淫过，相较而言，环球影城更成人化、先锋化，几乎可以说是放浪形骸了。我们坐了从各种不可思议的角度上上下下的过山车，甚至耐心地专门排了队，以确保自己能坐到第一排。在人行道上看到蓝军兄弟（Bluesmobile）呼啸而过的时候，我们还放声尖叫、欢呼。

我们为之欢呼的这辆车，是由两位演员驾驶的轿车，此二人并不是真的蓝军兄弟。蓝军兄弟是由丹·艾克罗伊德（Dan Ackroyd）和约翰·贝鲁西（John Belushi）在经典同名喜剧片中饰演的角色。该片发行于1980年，导演是约翰·兰迪斯（John Landis）。而此处开车的两位演员就是符号学符号。他们穿得跟风靡一时的虚构角色一样，他们走进了这些角色，替真的蓝军兄弟接受这些疯狂的掌声。即使你没看过，这部影片本身也是值得这些掌声的。这种对虚构节奏和布鲁斯乐队的重建，让人仿佛看到詹姆斯·布朗（James Brown）、约翰·李·胡克（John Lee Hooker）、艾瑞莎·富兰克林（Aretha Franklin）、雷·查尔斯（Ray Charles）和凯伯·凯洛威（Cab Calloway）等20世纪中期的美国音乐巨人正在奏响自己的音乐。这在符号学上很有趣，因为这些艺术家都没出演该片，艾克罗伊德和贝鲁西本身是天赋型喜剧演员，但并没表现出特别的音乐素养。我年轻的玩伴和我一起加入了为两位演员欢呼的人群，而他们是在扮演另外两位假装是音乐家的演员。开车的人也没有穿成詹姆斯·布朗或艾瑞莎·富兰克林的样子，当然，这些原型人物早就不在人世，无法加入他们。这里有众多的符号学符号共同作用、产生意义，一层又一层。而那些存在于多层呈现之外的实体现实，早已是我们无法触及的了。这两座主题公园，都以各自不同的方式，创造出了一个密封的体验空间，当中所有的事物都并非现实，而那些符号学符号，从米老鼠的耳朵到两名穿黑色西装开着轿车的男人，就是真正有意义的地方。

从这次非常个人的、第一手的体验中，我开始认识到为什么后现代理论家让·鲍德里亚（Jean Baudrillard）曾经想写一写迪士尼。这种盈利巨大的休闲旅游胜地，贩卖的就是符号学符号，以及意义。他们卖的不是什么"真的"米老鼠，因为米老鼠本来就不存在，也不是真正的艾瑞莎·富兰克林，因为她已经不在了。

这类活动，或许看上去只是你的一种休闲方式，实际上却是一个参与观察、进行符号学思考的机会。迪士尼乐园并不是我自己在计划旅行时的首选，但是，符号学教会了我，在面对能获得新体验、开展新活动的机会时要说"可以"；尤其是这些活动看上去是我不会做的，我就更要去了。我在迪士尼和环球影城都学到了很多：如果你能让消费者与其记忆或情感相连，把生活中的事物与大家对孩童时代或少年时期的怀旧情感相连，或是将备受喜爱的二维娱乐场景变成鲜活的现场，现实世界其实完全不必存在。这样一来，即便你没有实体产品可卖，或你的东西不太实用，这些现实情况都不再构成对盈利和品牌忠诚度的阻碍。

如果你从事营销行业，你的工作应该会将你带到全球不同的地方。在第七章，我谈到了如何用田野调查的方式设计一场符号学研究之旅。我给过一个建议，关于怎么才能注意到当地环境中的不寻常的特征：或许是一家人造的 19 世纪太妃糖店，或者一座资本主义的闪亮丰碑。为了激发大家的符号学思维，我也给出了一些批判性的问题和提示，比如"我曾在哪里看到过这样的东西""存在选择的地方，就存在意义"。在休闲旅行途中遇到此类事物时，你随时可以用上这些工具。要敞开心扉，接受任何事物，即便是那些你不确定自己是否会喜欢的体验，或是你怀疑自己并非其受众的产品。如果你带着这些符号学工具去看待它们，你就会发现，大多数有生命力的符号学作品之所以能被写出来，都是因为作者愿意让自己去接触流行文化和大众文化中貌似肤浅的一面。

本章介绍了任何人都可以加以利用的各类媒介和体验，可以用以激发自己的符号学思维，加强分析能力，最终把营销做得更好。当然，肯定还有很多内容我没有讲到。你的想象力和批判性思维或许还能受到其他文化形式的启发，比如运动、音乐、话剧、诗歌和工艺品。如果你能时刻把书中讲到的这些思维工具用起来，那么，人类在文化上下的任何功夫都不会让你感到失望。不管你个人的兴趣点或你的追求和爱好是什么，只要认真研究，你最后都能从中发现满满的符号学符号、二元对立关系和其他宝藏。

在给出这个好消息后，本书也要宣告完结了。我希望你用本章以及前文所有内容，计划一场自己的符号学冒险之旅，变成一名高超的品牌传播专家。当你在这条即将成为自己事业的道路上继续前进时，你会乐于使用本书提供的附加资源。本书出版商科干出版公司（Kogan Page Ltd）、本人的网站和社交账号上，还有很多对你的符号学项目设计和实践有所帮助的工具和资料。希望符号学能同时为你带来商业上的成功和个人的愉悦和成就感。为营销人员和研究人员在探索符号学的道路上提供支持和帮助，是我本人为之不懈努力的长期目标。

# 参考文献

Adamou, B (2018) *Games and Gamification in Market Research*. London: Kogan Page

Barthes, R ([1957] 2009) *Mythologies* (trans J Cape). London: Random House Vintage

Batchelor, J (2018) Global games market value rising to $134.9bn in 2018, Gamesindustry.biz, www.gamesindustry.biz/articles/2018–12–18–global–games–market–value–rose–to–usd134–9bn–in–2018 (archived at https://perma.cc/N8MY–RMJF)

Baudrillard, J ([1968] 2005) *The System of Objects* (trans J Benedict). London: Verso

Baudrillard, J ([1970] 2016) *The Consumer Society: Myths and Structure* (trans CT). London: Sage

Baudrillard, J ([1981] 1994) *Simulacra and Simulation* (trans S Glaser). University of Michigan Press

BBC (2019) Gaming worth more than video and music combined, www.bbc.co.uk/news/technology–46746593 (archived at https://perma.cc/68G3–QH65)

Bloodworth, J (2019) *Hired: Six Months Undercover in Low-Wage Britain*. London: Atlantic Books

Bloom, P (2018) *Against Empathy: The Case for Rational Compassion.* London: Vintage

Bonner, N (2017) *Made in North Korea: Everyday Graphics from the DPRK.* London: Phaidon Press Ltd

Brook, S (2004) Spin−off brands 'more likely to fail', *The Guardian*, www. theguardian.com/media/2004/sep/07/marketingandpr (archived at https:// perma.cc/EDR5−N4B5)

Chandler, D (2017) *Semiotics: The Basics* (3rd edition). London: Routledge.

Chaudhuri, A (2018) *Metanoia of Semiotic Analyses − Representation and Mediation at Individual and Collective levels for Marketing Effectiveness.* Semiofest, 25 October. Mumbai

Chopra, M (nd) Why 'Curry' is not Indian, Desiblitz, www.desiblitz.com/ content/why−curry−is−not−indian (archived at https://perma.cc/U5ET− 6VNL)

Dawood, S (2019) Design inspiration: the best studio work from April, *Design Week*, www.designweek.co.uk/issues/29−april−5−may−2019/design− inspiration−the−best−studio−work−from−april/ (archived at https://perma. cc/W5BP−PQGP)

Difford, S (2019) History of gin (1728 − 1794) London's gin craze, Difford's Guide for Discerning Drinkers, www.diffordsguide.com/ encyclopedia/1058/bws/history−of−gin−1728−1794−londons−gin−craze (archived at https://perma.cc/VXS2−QHP5)

Dyer, S (2018) *Gen Z Spending Habits: an Infographic*, Alabama Media

Group, www.alabamamediagroup.com/2018/03/07/gen–z–spending–habits–infographic/ (archived at https://perma.cc/27KS–UZHY)

Economist, The (2018) China: Facial recognition and state control, The Economist, https://youtu.be/lH2gMNrUuEY (archived at https://perma.cc/D53J–5D4Q)

Ehrenreich, B (2001) Nickel and Dimed: On (Not) Getting By in America. New York: Metropolitan Books

Ehrenreich, B (2009) Smile or Die: How Positive Thinking Fooled America and the World. New York: Henry Holt

Entertainment Software Association (2015) Video games: attitudes and habits of adults age 50–plus, ESA Research, www.theesa.com/esa–research/video–games–attitudes–and–habits–of–adults–age–50–plus/ (archived at https://perma. cc/7FCD–49Q2)

Entertainment Software Association (2019) 2019 Essential facts about the computer and video game industry, ESA Research, www.theesa.com/ esa–research/2019–essential–facts–about–the–computer–and–video–game–industry/ (archived at https://perma.cc/3V38–6BQD)

Festinger, L, Riecken, H and Schachter, S ([1956] 2009) When Prophecy Fails: A Social and Psychological Study of a Modern Group that Predicted the Destruction of the World. Eastford, CT: Martino Fine Books

Floch, JM ([2001] 2014) Semiotics, Marketing and Communication: Beneath the Signs, the Strategies (trans R Orr Bodkin). London: Palgrave

Macmillan

Foster, A (2016) Dragons' Den: Baked beans business wins backing, Food Manufacture, www.foodmanufacture.co.uk/Article/2016/01/25/Dragons–Den–investment–in–baked–beans–business (archived at https://perma.cc/7S25–K5AA)

Freeman, N (2018) The Messenger: How a Video by Arthur Jafa Became a Worldwide Sensation – and Described America to Itself, ARTnews, www. artnews.com/2018/03/27/icons–arthur–jafa/ (archived at https://perma.cc/84QH–LMQR)

Grabmeier, J (2018) Looking to mosquitoes for a way to develop painless microneedles: Research finds four keys to piercing skin without hurting, *Science Daily*, www.sciencedaily.com/releases/2018/06/180625192757. htm (archived at https://perma.cc/9BH7–PNCH)

Greer, G ([1991] 2018) *The Change: Women, Ageing and the Menopause*. London: Bloomsbury

Greimas, AJ ([1966] 1984) *Structural Semantics: An Attempt at a Method* (trans D McDowell). University of Nebraska Press

Grinker, R, Lubkemann, S and Steiner, C (Eds) (2012) *Perspectives on Africa: A Reader in Culture, History and Representation* (2nd edition). London: Wiley– Blackwell

Hammersley, M, and Atkinson, P (Eds) (2019) *Ethnography: Principles in Practice* (4th edition). London: Routledge

Ilouz, E (2012) *Why Love Hurts: A Sociological Explanation*. London:

Polity Press

James, E (2011) *Fifty Shades of Grey*. London: Vintage Books

Jefferson, G (1990) List construction as a task and resource, in G Psathas (ed) *Interaction Competence*. Lanham, MD: University Press of America

Jong, M de, Kamsteeg, F and Ybema, S (2013) Ethnographic strategies for making the familiar strange: Struggling with 'distance' and 'immersion' among Moroccan–Dutch students. *Journal of Business Anthropology*, 2 (2), 168‒86

Kanjilal, S (2016) The Indian curry is merely a figment of the British colonial imagination, Quartz India, https://qz.com/india/639435/the–indian–curry–is–merely–a–figment–of–the–british–colonial–imagination/ (archived at https://perma. cc/EJ47–LAZY)

Koch, H ([2009] 2012) *The Dinner* (trans S Garrett). London: Atlantic Books

Lawes, R (2002) De–mystifying Semiotics: some key questions answered. *International Journal of Market Research*, 44 (3), 251‒64, https://doi. org/10.1177/147078530204400302 (archived at https://perma.cc/FY88–V47F)

Lawes, R (2018a) Science and Semiotics: What's the relationship? *International Journal of Market Research,* 60 (6), 573‒88, https://doi. org/10.1177/1470785318787944 (archived at https://perma.cc/2HTF–YT2Q)

Lawes, R (2018b) 10 Reasons Why You Can Do Semiotics and A Machine Can't, LinkedIn, www.linkedin.com/pulse/10–reasons–why–you–can–

do-semiotics-machine-cant-dr-rachel-lawes/ (archived at https:// perma.cc/YPD6-YV9Y)

Lawes, R (2019) Big Semiotics: Beyond signs and symbols. *International Journal of Market Research*. 61 (3), 252 - 65, https://doi.org/ 10.1177/1470785318821853 (archived at https://perma.cc/TKF2-A8SV)

Lawes, R and Blackburne, N (2011) *Rebranding Charmin: a case study in semiotics*, World Advertising Research Center, www.warc.com/ content/paywall/ article/mrs/rebranding_charmin_a_case_study_in_ semiotics/93691 (archived at https://perma.cc/C5N5-MW5N)

Lawes, R, Herridge, J and Vayne, J (2019, March) Chaos Magic: what brands can learn from Britain's occult revival. Workshop presented at Impact, the annual conference of the Market Research Society, London

Leith, S (2018) Why yet more books about Nazis and the future make my heart sink, *The Guardian*, www.theguardian.com/commentisfree/2018/ sep/24/ books-nazis-future-publishing-literary (archived at https:// perma.cc/ F86N-DZLE)

Lerner (1980) *The Belief in a Just World: A Fundamental Delusion.* Plenum: New York

Lerner, M J, and Miller, D T (1978) Just world research and the attribution process: Looking back and ahead. *Psychological Bulletin*, 85 (5), 1030 - 51

Lerner, MJ and Montada, L (1998) An overview: advances in belief in a just world theory and methods, in Leo Montada and MJ Lerner (Eds) *Responses to Victimizations and Belief in a Just World* (1 - 7). New

York: Plenum Press

Lévi-Strauss, C ([1958] 1963) *Structural Anthropology* (trans C Jacobson and B Grundfest Schoepf). New York: Basic Books

Lévi-Strauss, C ([1964] 1983) *The Raw and the Cooked* (trans J Weightman and D Weightman). University of Chicago Press

Li, Y (2009) Chinese Semiotics and its Possible Influence on General Semiotic Theory in Future. *Chinese Semiotic Studies*, 1 (1), 17 – 24

Little Global Chefs (2017) The concept of curry is a total lie, *Huffington Post: Life, The Blog*, www.huffpost.com/entry/the-concept-of-curry-is-a_b_9300310 (archived at https://perma.cc/2VEP-DFGP)

Miller, N (2019) The rise of Nordic gins, Harpers Wine & Spirit, https://harpers.co.uk/news/fullstory.php/aid/24729/The_rise_of_Nordic_gins.html (archived at https://perma.cc/N74Q-ZH6P)

Nandan, J and Gupta, S (2018) *Pukka Indian: 100 Objects That Define India*, New Delhi: Roli Books

Ndemic Creations (2018) Plague Inc. Receives Queen's Award From A Royal Visitor! Ndemic Creations, www.ndemiccreations.com/en/news/146-plague-inc-receives-queen-s-award-from-a-royal-visitor (archived at https://perma.cc/3BX7-4VE7)

Oswald, L (2012) *Semiotics: Signs, Strategies and Brand Value*. Oxford University Press

Perkins, L (ed) (2012) *Fifty Writers on Fifty Shades*. Dallas: BenBella Books

Potter, J (1996) *Representing Reality: Discourse, Rhetoric and Social*

*Construction.* London: Sage

Potter, J, and Wetherell, M (1987) *Discourse and Social Psychology: Beyond attitudes and behaviour.* London: Sage

Rabinow, P (ed) (1991) *The Foucault Reader: An introduction to Foucault's thought.* London: Penguin

Radway, J (1984) *Reading the Romance: Women, Patriarchy and Popular Literature.* University of North Carolina Press

Ranisch, R and Sorgner, S (Eds) (2014) *Post- and Transhumanism.* Brussels: Peter Lang

Rauch, J (2018) *The Happiness Curve: Why Life Gets Better After Midlife.* London: Green Tree

Robertson, J (ed) (2005) *A Companion to the Anthropology of Japan.* London: Wiley–Blackwell

Rock, L (2018) Life gets better after 50: why age tends to work in favour of happiness, *The Guardian,* www.theguardian.com/lifeandstyle/2018/ may/05/ happiness–curve–life–gets–better–after–50–jonathan–rauch (archived at https:// perma.cc/Y6W4–QF63)

Rodney, S (2017) Confronting the Limits of Catharsis in a Video About Black American Life, Hyperallergic, https://hyperallergic.com/352008/ confronting–the–limits–of–catharsis–in–a–video–about–black– american–life/ (archived at https:// perma.cc/G9NP–KG2N)

Sheehy, G (2007) *Sex and the Seasoned Woman: Pursuing the Passionate Life.* New York: Ballantine Books

Snyder, M (2018) What we know as 'curry' has a long and curious history, *The Takeout*, https://thetakeout.com/what−we−know−as−curry−has−a− long−and−curious−history−1798252495 (archived at https://perma.cc/ APJ8−7TL4)

Statista Research Department (2017) Brands of toilet paper ranked by the number of users in the United Kingdom, Statista, www.statista.com/ statistics/304028/leading−toilet−paper−brands−in−the−uk/ (archived at https:// perma.cc/BG6Q−4D8X)

Statista Research Department (2019) Number of PwC employees worldwide from 2013 to 2018, by region, Statista, www.statista.com/statistics/189763/ number−of−employees−of−pwc−by−region−2010/ (archived at https:// perma.cc/ GK4S−38C4)

Tempesta, E (2018) 'Witchcraft isn't a joke!' Sephora pulls 'Starter Witch Kit' that included a tarot deck and sage after facing backlash from practicing witches who accused the company of cultural appropriation, *Daily Mail Online*, www. dailymail.co.uk/femail/article−6161297/ Sephora−forced−pull−Starter−Witch−Kit−backlash−REAL−witches.html (archived at https://perma.cc/72UH−9JC5)

Thomson, J (2017) So THAT'S What Curry Is: The Difference Between The Spice, The Leaves and The Dish, *Huffington Post*, www.huffingtonpost. co.uk/entry/ what−is−curry_n_592d5ea2e4b0065b20b82803 (archived at https://perma.cc/ TQ6J−53WT)

Toynbee, P (2003) *Hard Work: Life in Low-pay Britain*. London: Bloomsbury

Trusler, C (2015) Evolving Identity: chasing an idea of home, Native News Project 2015, School of Journalism, University of Montana, http:// nativenews.jour.umt. edu/2015/evolving–identity–chasing–an–idea–of– home/ (archived at https://perma. cc/SN9P–KXPE)

Twilley, N, Graber, C, and Gastropod (2019) The Word Curry Came From a Colonial Misunderstanding, *The Atlantic*, www.theatlantic.com/ health/ archive/2019/04/why–we–call–indian–dishes–curry–colonial– history/586828/ (archived at https://perma.cc/W6V2–E6KU)

Warner, J (2011) Gin in Regency England, *History Today*, www.historytoday. com/ archive/gin–regency–england (archived at https://perma.cc/B25D– WMQ8)

# 致 谢

致科干图书的珍妮·沃丽池（Jenny Volich）和拉其恩·汉弗莱斯（Lachean Humphreys）：感谢你们看了我的书，贡献了专业的编辑技能，并由始至终对本书负责，最终圆满完成了这一出版项目。同样感谢你们提出的宝贵意见，在本书尚无人问津之时给予我无尽的鼓励。最后，谢谢你们的沉着与高效，你们的工作态度也深深地感染了我。